La Passion
selon saint Matthieu

ISBN : 2-85181-381-1
Titre original
Matthäuspassion
© 1988 Suhrkamp Verlag
Tous droits réservés
© 1996 L'Arche éditeur, 86, rue Bonaparte, 75006 Paris
pour l'édition française
Conception graphique de la couverture :
Susanne Gerhards

La loi du 11 mars 1957 interdit les copies ou reproductions destinées à une utilisation collective. Toute représentation ou reproduction intégrale ou partielle faite par quelque procédé que ce soit, sans le consentement de L'Arche, est illicite et constitue une contrefaçon sanctionnée par les articles 425 et suivants du Code pénal.

Hans Blumenberg
La Passion
selon saint Matthieu

Traduit de l'allemand
par Henri-Alexis Baatsch
et Laurent Cassagnau

L'Arche

NOTE DES TRADUCTEURS

Le présent ouvrage de Hans Blumenberg comporte de nombreuses citations, à commencer par le texte biblique, cité dans l'original allemand d'après la Bible de Luther. Nous avons choisi pour sa précision et la qualité de ses notes explicatives la Traduction Œcuménique de la Bible (Éditions du CERF / Société Biblique, abrégée dans nos références en TOB). Pour les autres ouvrages, nous avons utilisé de préférence les traductions déjà existantes et indiqué en note les références bibliographiques. Les autres citations ont été traduites par nous, toutes les notes explicatives placées en bas de page ont été établies par nos soins.

L'HORIZON

ARPENTER L'HORIZON

Posons-le d'emblée : arpenter l'horizon, cela n'existe pas, c'est un paradoxe, une prétention métaphorique de l'irréalisable. Celui qui chercherait à s'approcher de son horizon, pour pouvoir finalement l'« arpenter », ferait seulement l'expérience décevante de l'enfant qui découvre qu'à chaque effort qu'il fait s'ouvre devant ses yeux un nouveau cercle tout aussi inaccessible. Ce n'est qu'avec l'œil qu'on peut « arpenter » l'horizon, en le suivant dans l'une des deux directions possibles.

Le souhait paradoxal d'« arpenter l'horizon » a sa source dans l'ambiguïté optique de celui-ci : il *ouvre* le champ qu'il délimite comme « proximité » de ce qui pour nous est clair et accessible, de la possibilité que nous avons de nous orienter dans l'espace en fonction de la direction et de la distance. Mais il nous *limite* aussi à l'« étroitesse » de ce qui est proche, nous prive de ce qui, en chacun de ses points, serait circonscrit par un nouvel horizon, au moyen de l'*et cetera* de ces redéploiements dans un « lointain » à la fois attirant et troublant, que l'on qualifie du terme pathétique d'« infini ». On évite cela dans la mesure où l'on trouve dans l'« horizon de tous les horizons » la définition d'un *monde*.

La capacité du schéma spatio-optique à opérer la saisie de la « réalité » donnée dans l'expérience et dans le vécu ne s'est accomplie qu'avec la mise en relation du concept d'horizon avec le temps – c'est-à-dire avec la transposition de la proximité et du lointain métaphoriques dans les deux directions, passé et futur, déterminées à partir d'un présent. Dès lors, quiconque se fait fort ou accepte d'« arpenter » l'horizon, va et devra pour ce faire « contourner » tout ce qui est à l'intérieur du cercle qui circonscrit la position que de fait il occupe ou dans laquelle il se « transpose » par l'entendement. L'horizon devient le fond, devant lequel tout ce qui est au premier plan se détache et se « déroule ».

Quand ils deviennent réels, qu'ils le sont devenus ou qu'ils peuvent le devenir, tous les événements et toutes les figures se tiennent *devant* leur horizon. Ce qui relève du « fond » n'a pas de valeur en soi, pas plus que le fait d'être devant, en surface, n'est une disqualification. Isoler l'avant-plan de l'histoire, telle qu'elle a réellement existé, retire autant d'essentiel que de se polariser sur la primauté supposée de l'arrière-fond qui semble par là n'avoir obtenu que le rival de ce qui est sous-jacent. De même la primauté de l'« horizon d'attente » sur celui de la remémoration est-elle un effet momentané d'un mouvement de correction : le destin de toute perception est d'être partielle. Toute présence est tributaire des différents profils [1] qui, tels un fil conducteur, rappellent – sur le modèle de la métaphore d'horizon – que ce qui a été soustrait dans le donné continue à jouer un rôle : sauvegarder l'ouverture vers l'absent, parce que, et dans la mesure où, celui-ci n'est jamais ce qui est tout à fait absent.

C'est sur cette base conceptuelle que l'on peut penser à l'auditeur de la *Passion selon saint Matthieu* : à celui que Bach devait avoir nécessairement présent à l'esprit s'il ne voulait pas le manquer, ainsi qu'à l'auditeur de l'irrécupérable retard, à l'horizon duquel ont disparu les images et les symboles, les histoires saintes et les discours, les sentences et les chorals de la communauté de Bach – sans pour autant faire place à autre chose de comparable. Deux siècles de « critique » historique ont

---

1. « Abschattung » : terme de la phénoménologie de Husserl qui désigne la succession des aspects, des facettes de la chose dans l'acte de perception. P. Ricœur, dans sa traduction des *Idées directrices pour une phénoménologie* (Paris, Gallimard, 1985, p. 132) propose en note « profil », « aspect », « perspective », mais retient « esquisse » pour former un verbe. J.-P. Sartre dans *L'Être et le Néant* garde le terme allemand.

certes permis de savoir très exactement tout ce qui *n'a pu se passer* comme « il est écrit », mais ils n'ont pas non plus donné à voir ce qui s'est vraiment passé conformément à l'ambition initiale. En conséquence, il était inévitable de douter que ce Jésus de Nazareth eût jamais existé. Et l'on peut même se demander si la dépréciation historique de ce doute, déjà presque retombé dans l'oubli, n'a pas contribué à ce que l'on s'entende sur un minimum quant à l'image et à la réalité du personnage, par exemple sur le « kérygme [2] » réduit et détruit selon la recette philosophique ou sur ce maître qui enseigne à dire « Notre Père » à Dieu –, ce qui ne laisse aucune chance à l'auditeur de l'époque tardive de la *Passion* d'identifier celui dont il est question dans cette œuvre chantée et qui apporte les consolations.

Quel que soit celui que l'orgueil des théologiens a pu conduire à une vérité libératrice – tous ceux que la renaissance musicale de la *Passion* et l'ubiquité de ses diffusions et de ses enregistrements font accéder au seuil même de cette expérience, s'éloignent de l'œuvre par crainte de tomber dans la « naïveté », plus que cela ne les aide à affiner leur attention. Relativement à cette situation de l'auditeur, « arpenter l'horizon » ne relève pas de l'inventaire théorique, ne représente pas non plus un « changement dans la distribution » de l'horizon de la communauté de Bach « implicite », mais constitue

---

2. Le « kérygme » (« proclamation ») désigne d'abord, dans la patristique, la doctrine issue de la prédication du Christ et de la « communauté primitive » qui s'adresse au croyant, par opposition au dogme élaboré par les théologiens qui, lui, est destiné au clergé. Le concept de « kérygme », repris au dix-neuvième siècle contre l'historicisme des études consacrées à la vie de Jésus, est au centre de la théologie du Verbe de Rudolf Bultmann (cf. infra) : le « kérygme » a valeur théologique, et non historique, il est présence du Salut dans la prédication. Quand il utilise ce concept, Blumenberg fait allusion, la plupart du temps, à cette conception de Bultmann.

l'auditeur *encore possible* en tant que contemporain abandonné par sa tradition mais encore capable, ponctuellement, de s'en souvenir.

Ce dont il peut ou veut se souvenir n'est pas ici, comme en d'autres cas, affaire de méthode, pas plus que de système, c'est l'affaire de son affinité, de son choix et – je ne crains pas de le dire – de son goût. La dispersion et la concentration des positions d'horizon encore disponibles, par rapport auxquelles se donne et s'accroît l'« importance » de la *Passion*, les positions du vécu, de la réflexion et de la méditation, ne peuvent être autrement définies qu'« en faisant l'essai » de ce qui est représenté et offert. Il serait absurde, ce faisant, de renoncer à « l'appel esthétique ». Quoi qu'elle puisse être par ailleurs, la *Passion* de Bach est *aussi* un « appel esthétique » à ne pas rester indifférent à son contenu, à s'insérer dans son horizon pour les heures qu'elle dure. Et cela justement ne va pas de soi.

L'auditeur post-chrétien de la *Passion selon saint Matthieu* sera agité moins par la question obsolète de savoir ce qui *est* vrai dans cette histoire que par celle de savoir ce qui *peut* l'être. Si c'était un dieu qui était intervenu dans ce sérieux sanglant – a-t-il pu le rester ? Quel sens peut-il y avoir à le nommer ainsi s'il a figuré dans cette histoire, s'il l'a organisée, et en a fait l'instrument pour lui de la réconciliation, et pour d'autres du Salut ?

L'évangéliste Matthieu n'a pas rapporté le mot qui contient la douleur de la réponse à de telles questions. Ce mot, il figure dans le début tant apprécié, connu presque universellement encore, de l'Évangile de Luc, et il porte en lui l'une des orientations iconographiques de l'art chrétien, celle de l'Annonciation : la Vierge, qui doit mettre au monde un enfant, demande à l'ange : *Comment serait-ce possible puisque je n'ai pas connu d'homme ?* C'est par *le* grand mot même de la théologie que l'ange lui répond et conclut son message : *Car à Dieu il n'est rien d'impossible.* C'est là le mot-clé de tout ce qui doit suivre, et même de la Passion, bien qu'il ne figure pas dans Matthieu, parce que dans le rêve de Joseph que l'évangéliste privilégie – il pense secrètement abandonner la femme enceinte, étant certain de ne pas être le père de l'enfant – il n'y avait pas de précisions à demander sur les explications de « l'ange du Seigneur ». Cette version n'a jamais plu aux siècles de foi, on pouvait bien rêver, oui, mais pas au cœur même de la plus réelle des réalités, le devenir-homme du Fils de Dieu – il fallait au moins un ange en chair et en os, répondant à un nom bien précis, tel qu'il est passé depuis dans l'imagerie. Ainsi Matthieu refuse-t-il à son lecteur et à son auditeur les paroles mêmes qui, telles une transmission de la conscience divine, semblent avoir été directement captées au plus près du trône de Dieu par l'ouïe infaillible de cet archange.

Non dites, non répétées, présentes à tout « auditeur implicite » de Bach, ces paroles planent aussi au-dessus de la Passion, menaçantes pour quiconque voudrait s'insurger, comme Jésus s'insurge à Gethsémani : on aurait pu lui épargner et nous épargner cela. Ces paroles auraient alors rendu un tout autre sens : À Dieu, rien n'est impossible, pas même ça.

Si le message de l'ange à cette *Annunziata* toute hésitante nous irrite davantage qu'il ne nous paraît secourable, et nous semble plus rebutant que consolant, c'est déjà le résultat d'un apprentissage historique – et de sa systématisation philosophique. Qu'à Dieu tout soit possible devient, en tant que laborieuse conquête des histoires réunies dans la Bible, la condition même pour qu'on puisse accorder toute confiance à ses promesses et à la fidélité de son alliance.

À commencer par le fait que pour Lui – pour cet Unique, et pas pour tous les autres autour – quelque chose comme un monde fait *d'un Ciel et d'une Terre* était possible, un monde à qui il ne restait plus qu'à commander ce qui devait en lui et sur lui devenir réalité. Le premier pas, et le plus difficile, quand on « arpente l'horizon » est de ne pas regarder ce fait avec l'impassibilité de celui qui sait que cela fait précisément partie du *concept même de Dieu* – et de ne pas seulement vérifier si ce qui est défini par ce concept existe bien. Ce qui est indémontrable, les connaisseurs le savent depuis Kant. Dans la mesure où on la possèderait, la toute-puissance devrait être aussi proche de l'ennui que le fantastique. Si tout est possible, seules les voies les plus courtes sont plausibles, toute profusion de détails est superflue, et toute difficulté est exagérée. Plus ils se rapprochent du superlatif, et plus les puissants sont pris par la tendance à l'aventure. Et ce n'est là nul blasphème que de supposer que, pour la toute-puissance, le monde est devenue une aventure. Qu'aurait-elle pu faire d'autre ? Tout lui serait devenu monde, car « monde », cela veut précisément dire que la totalité du possible ne demeure pas dans le *possible*. Sinon tout serait déjà passé, avant même d'avoir commencé. Le temps et l'espace sont les repères essentiels d'un monde, dans la mesure où en son sein tout *n'est plus* possible à la fois et d'un coup. La création d'un monde à partir du néant mit fin à la-totalité-d'un-coup, au *totum simul* d'une éternité vide.

Avec le monde, la toute-puissance joue contre elle-même. Elle a renoncé à tout laisser en l'état pour affronter tout ce qui est le cas[3]. Ce n'est point que la toute-puissance ne risque rien en faisant tout risquer. Son invulnérabilité dans une simple *actio per distans* n'est pas seulement le mythe philosophique de la pensée-qui-se-pense-elle-même d'Aristote, laquelle laisse tournoyer éternellement des sphères incréées, sans prendre note d'elles. La

---

3. Allusion à la définition du monde de Ludwig Wittgenstein : « Die Welt ist alles, was der Fall ist », textuellement : « Le monde est tout ce qui est le cas ». P. Klossowski traduit par « Le monde est tout ce qui arrive ». *Tractatus logico-philosophicus*, Paris, Gallimard, 1971, p. 28.

même chose est aussi tentée, comme attitude souveraine, dans le commencement de la Création selon la Bible : faire être toute chose par la parole impérative. Toutefois, il ne se peut pas que la création par le Verbe soit allée tout à fait de soi, sinon il n'aurait pas été besoin de confirmer expressément qu'« il vit que c'était bien ».

L'était-ce ? Tout tient au fait qu'en tout cas cela ne *devait* pas nécessairement l'être. C'en était fini des courts-circuits de la toute-puissance. Elle s'accordait la finitude.

Ce qui moins que tout va de soi – qu'il y ait quelque chose en général et non pas rien – ce n'était pas cela qui pouvait être jugé « bien ». À travers Augustin, la théologie chrétienne a repris sans y prendre garde l'héritage métaphysique de l'Antiquité, selon lequel l'Étant est déjà comme tel le Bien, et seul l'homme a pu faire, par sa faute originelle, que le monde devienne pour lui une punition. Cette surestimation – moins de l'homme que du plus inoffensif de ses manquements – pouvait et devait faire oublier que le jugement du Créateur sur la « qualité » de son œuvre avait été rendu trop tôt : avant son achèvement.

Un « monde » est précisément ce qui à aucun de ses instants ne peut être qualifié de manière conclusive. Sinon il ne serait pas ce sur quoi et ce dans quoi la toute-puissance a pu se mettre en jeu. Il n'est rien qui soit bon par le simple fait d'être.

Si c'est là de la « spéculation », alors c'est de la « contre-spéculation » dirigée contre le reliquat de la métaphysique platonicienne qui, en accordant valeur de bien à tout étant, le rendait par là immanquablement « bon ». Mais le dieu de la Bible avait quelque chose à « rattraper », et le « Prologue » de l'Évangile selon saint Jean ne parle pas d'autre chose. Le *Verbe* du Commandement Créateur qui fit advenir tout ce qui est advenu, devait prendre en charge ce « rattrapage », comme si la toute-puissance n'avait pas assez donné d'elle-même en s'engageant dans l'aventure d'un monde fini. Cette rétention vint sous la forme de ce

Verbe même, par lequel le monde avait été appelé à l'Être, et elle vint comme un « morceau du monde », elle se fit chair. Il vécut sous la forme d'un homme parmi les hommes, lesquels s'étaient vu imposer la charge de l'aventure que constituait le monde pour la divinité. La toute-puissance assuma enfin la conséquence de n'avoir pas voulu rester telle. Elle ne reprit pas sa mise, elle surenchérit, et mit le Verbe sur le Verbe.

Elle n'avait pas besoin pour cela de faute à effacer, si ce n'est la sienne propre : ne pas avoir tout donné. Dans le cas seulement où il s'agissait bien de celle-ci, il est cohérent que cela ne pouvait être rien de moins que le *logos* divin lui-même – et que le fardeau qui lui serait imposé ne pouvait pas être moindre que celui que la victime de l'univers, l'homme, avait à porter : la tentation, la solitude, la douleur et la mort. L'aventure dans laquelle la toute-puissance s'était lancée en créant le monde échouait définitivement avec la Passion du « Fils de l'homme ».

Le sérieux mortel de la Création rattrapa le Verbe de la Création. Et ce que l'évangéliste Jean du haut de sa réflexion théologique tardive n'osa plus dire, son prédécesseur Matthieu le divulgue sans ménagement à travers la dernière parole de reproche que le crucifié adresse à son Dieu. Autour de cet instant et de ce cri gravite un monde qui ne « laissait aucun repos » à son auteur. Au milieu de l'aventure du monde, le *Logos* succombe, il se transforme en parole contraire au *Que l'Être soit* de jadis : il devient le *Eli, Eli* de l'anéantissement.

Avait-il été prévu que le monde serait jugé et qu'il serait condamné à disparaître de nouveau, quand il avait été trouvé « bon » au dernier jour de la Création ? Ou est-ce que cela n'excluait pas précisément de recourir au jugement et de mériter l'anéantissement ? Certes, le « Jour de Yahvé » pour le jugement des peuples était déjà une menace prophétique ; mais maintenant c'est Matthieu qui à plusieurs reprises fait que son Jésus se présente lui-même comme le Juge du Monde. L'évangéliste de la « plus dure » des Passions n'a pas pu envisager avec indifférence *qui* devait venir comme juge. Pour lui, c'était celui qui avait souffert « sur son propre corps » le désastre de la Création. Il ne rendrait pas d'abord et surtout l'homme responsable du mauvais état du monde, comme le fera Augustin pour servir la preuve de la liberté.

Schopenhauer fut le premier à corriger, et cela n'avait rien d'une argutie, la sentence de Schiller qui affirme que l'Histoire du Monde est le Jugement du Monde : *Le monde lui-même est le jugement du monde.* Ce n'est certes pas là le présupposé biblique, mais cela se rapproche de la présupposition passée sous silence de celui-ci selon laquelle le Verbe de la Création se rendrait avant tout justice *à lui-même* dans le Verbe du Jugement.

Matthieu ne sait rien de tout cela parce que l'identité de Jésus comme *Logos* est encore loin de lui. Avec cette identité, Jean ouvrira un abîme qu'il ne pourra plus refermer, parce qu'il n'a pas lu Matthieu – pour lui l'homme *est déjà jugé* selon la vie et la mort. Pour Matthieu viendra d'abord « ce jour », où beaucoup crieront, *Seigneur, Seigneur* (*kyrie, kyrie*) ; comme si pour eux le *Eli, Eli* de la Passion n'avait pas été anticipé.

Dans la Passion, la Création échoue, et, dans la Passion, celui qui est jugé se voit prédestiné à être juge. Tout ce qui prendra le nom de « grâce » a sa « raison suffisante » dans l'échec du monde. De ce fait, ce n'est pas, au travers de la Passion, « mérité », comme la « substance » mystique d'une provision infinie, mais, à titre de restitution, cela est exigé d'un monde au milieu duquel, en son centre catastrophique, *ceci* finalement s'est révélé possible. Et Jésus cria effectivement cette injustice au ciel, cria avec corps et voix ce que le monde par sa constitution même devait provoquer. Satan sera vaincu, c'est ce que promet la Passion ; de fait, Satan est vaincu, mais dans un autre sens qu'au sens du tentateur ; il l'est dans celui de l'accusateur, celui qu'il assumait dans le Livre de Job, paraissant devant Dieu *contre* l'homme, en tant que *diabolos*. Or un autre accusateur se présente devant Dieu *pour* les hommes, en cela qu'« il démontre » sur lui-même l'extrême de leur souffrance et de leur mort. C'est comme une parodie de la phrase même du premier chapitre de Job : *Et l'Adversaire se retira de la présence du Seigneur*.

Dans les présupposés de la *Passion selon saint Matthieu*, rien ne résiste plus, rien n'est plus inaccessible pour le contemporain dépourvu de foi que le Dieu qui peut être offensé, par sa créature, et jusqu'à l'exigence d'une expiation tout aussi incompréhensible. Il est indéniable que ce personnage ne saurait être extirpé des prémisses de l'œuvre – encore moins que de celles de l'évangéliste. Ne pas faire échouer sur cette difficulté l'accès à la *Passion,* telle doit être l'intention de toute tentative pour ajuster l'auditeur *encore possible* dans l'horizon de sa réception.

Que celui-ci *ait* un Dieu ou pas reste secondaire par rapport au *concept* qui lui permet encore d'appréhender ce que cela signifiait d'en avoir un. Car cela voudrait dire : jamais l'homme n'aurait dû être en mesure, par une désobéissance, de plonger son Dieu dans une telle amertume que celui-ci puisse, voire doive, se résoudre à n'accepter la réconciliation que par la souffrance et par la mort – quelle que soit du reste la personne qui souffre et meurt. Il a dû s'agir de davantage.

Dans la *Passion* de Bach, ce plus fait la différence entre la parole *et* la musique. Si on laisse de côté le rang « canonique » du texte, la musique transcende tout ce qui lui est « soumis ». C'est ce plus même qui résonne dans la *Passion*. Il sera toujours vain de vouloir le *saisir* ; en donner *une* version constitue déjà une exigence extrême qu'on ne peut qu'essayer d'approcher.

Le Dieu *offensé*, telle est la thèse initiale, sera le Dieu qui a *échoué*. Avec le monde, la toute-puissance manque l'intention qui était digne de Dieu – elle ne se brise pas *contre* le monde dès qu'il a été créé, mais seulement *en* lui : tel est le thème de la Passion. Quel qu'ait pu être ce personnage souffrant et mourant, le « Fils de l'homme » et le « serviteur de Dieu » – personne ne sait exactement ce que signifie chacun de ces attributs - : en lui, Dieu est abandonné de lui-même. Et l'on peut dire aussi pourquoi.

Dans l'horizon des indications bibliques : parce qu'il avait permis que la mort fût introduite au monde, et, selon Paul, comme conséquence du péché. De manière plus adaptée au texte originel : parce que le Créateur exigeait de son « image et ressemblance » qu'elle renonce à être comme il était lui-même. Dès lors tentation et limitation sont accolées de force pour devenir contradiction d'*une* seule et même existence. Il n'était pas besoin de tentateur, de serpent sous l'arbre aux fruits de la connaissance – l'initiateur de cette créature l'avait disposée à l'auto-présomption. Luther avait raison avec la dix-septième de ses thèses « Contre la théologie scolastique » de 1517 : en vertu de sa nature, l'homme ne peut pas vouloir que Dieu soit Dieu (*Non potest homo naturaliter velle deum esse deum*). Au contraire, il se désire lui-même pour Dieu et Dieu pour Non-Dieu (*Immo vellet se esse deum et deum non esse deum*). Il ne s'agit pas d'athéisme, mais du désir d'occuper la position du dieu unique, pour laquelle la simple revendication du *Moi aussi !* ne saurait suffire. La rivalité ne peut-être qu'absolue.

Au commencement de la Bible, le Dieu de Gan Eden n'est nullement offensé le temps de la durée d'un éon du monde. Il se sert du plus simple moyen, celui-là même qu'il avait déjà utilisé « en plus grand » lors de la création du monde : la finitude. En chassant l'homme de Gan Eden, il le coupe du plus important moyen de subsistance de sa rivalité. Dans l'illusion d'être « à l'image de Dieu, selon sa ressemblance », promis par le *Eritis sicut dii !*, issu de la bouche du serpent comme de l'opiniâtreté, l'homme perd la nourriture de l'arbre de vie, il est livré à son caractère mortel. La mort n'est pas inventée, elle est seulement libérée de l'emprise de son antidote.

L'homme ne va pas renoncer à la disposition qui est en lui : vouloir être comme Dieu. Seulement il ne pourra poursuivre ce dessein qu'au prix des monstruosités de son histoire. La combinaison de ressemblance à l'image de Dieu et d'échéance mortelle dans un monde de moyens finis d'autoconservation et de jouissance de soi implique l'échec de la Création.

Le *Logos* poursuivra l'homme jusque dans la mort.

Cela deviendra-t-il manifeste ? Le terme théologique de « Révélation »[4] suppose qu'il en va ainsi. Mais l'Histoire fait naître le soupçon que cela est devenu imperceptible. On peut entendre la *Passion selon saint Matthieu* comme la conjuration apotropéique de ce soupçon : elle vient s'opposer à l'imperceptibilité du sens de l'événement. Et même si celui-ci était vain, elle resterait audible.

Il est étonnant de voir le peu de cas que les théologiens font de leur source de révélation quand celle-ci heurte les critères que leur a prescrits une philosophie plus ancienne. La Bible ne sait rien d'un « Être Suprême » et d'un « Pur Esprit », elle oublie au contraire ce genre de superlatifs quand il s'agit de la colère redoutable ou de la susceptibilité de son dieu. Il punit et récompense, comme le ferait n'importe quelle majesté orientale dans Hérodote ou dans les *Mille et une nuits*, surtout si elle avait encore un peu de ce pouvoir qui avait pu créer un monde en six jours. N'est-on pas en droit de supposer d'un dieu qui s'emporte devant les manquements à la loi rituelle extrêmement complexe qu'il a instaurée, qu'il s'est lassé de son éternité d'avant le monde ? Qu'il avait eu l'idée du monde, et rien de moins, parce que sinon il n'aurait jamais joui de ce

---

4. L'auteur joue sur les mots « offenbar » (« manifeste ») et « Offenbarung » (« Révélation »).

pouvoir, il n'aurait jamais pu faire la preuve de sa sagesse et de sa bonté ? À quoi lui servait-il d'être omniscient s'il n'y avait rien à savoir ? Fallait-il que, selon le vœu de certains théoriciens des mathématiques, il se bornât toujours à compter ? Compter pour parvenir au repos : de quoi ? Il était plus sensé de parvenir au repos le Septième Jour après le Grand Œuvre de la Création et après avoir constaté que « cela était bien ».

Mais ceci est aussi une histoire. Et comme pour toutes les autres, on peut se demander dans quelle mesure elle est bonne. Comme elle démontre quelque chose, elle doit pouvoir être mesurée à l'aune de ce qu'elle réalise, par exemple en rendant plus compréhensible ce qui nous est incompréhensible : le monde par exemple – ou bien l'auditeur de la *Passion selon saint Matthieu* en cette fin du deuxième millénaire. Ou bien les deux. Car celui-ci devient témoin de ce que celui-là échoue avec le monde du fait de la mort. Que ceci doive être une péripétie, l'auditeur de Bach, au terme de la *Passion*, n'avait nul besoin d'en savoir quelque chose.

Mais de ce fait justement il faut que cet auditeur ait une sorte d'« hypothèse » pour expliquer comment on avait pu en venir à un monde qui pouvait – si ce n'est même qu'il devait – échouer. Vaut pour ce genre d'hypothèse ce qui vaut aussi par ailleurs comme critère des bonnes théories : elles doivent commencer par un point de départ simple et stable et mettre celui-ci en mouvement par un facteur minimal de perturbation. Que l'on pense ici, chez Épicure, à la « déviation » (*clinamen*) d'un unique atome par rapport à la verticale de sa chute. Ou bien à la répartition homogène de la matière dans l'espace chez Kant, au début de la cosmogonie de 1755.

De la même façon, la toute-puissance est simple et stable dans son éternité – si elle ne se lassait pas elle-même de posséder les attributs les plus sublimes, sans jamais « rien faire » d'eux. J'appelle cela ennui – mais cela s'entend, il s'agit d'un ennui au plus haut niveau : l'ennui de l'incompatibilité avec soi-même. Bien que rien ne devrait advenir, il faut pourtant que quelque chose advienne ; la disposition l'emporte absolument. Ne pas se servir de cette liberté ne serait plausible que s'il fallait accepter, sous la pression de diktats métaphysiques, que l'omniscience n'aurait pas eu besoin de se mettre elle-même à l'épreuve pour connaître l'issue. Sagesse qui correspondrait à un souhait bien tranquille de petit-bourgeois.

Dans l'histoire des théologies chrétiennes, le plus étonnant, c'est leur pusillanimité verbale, leur carence due à leur pauvreté lexicale. Ces théologies parlent toujours la langue des autres, surtout celle des philosophies : depuis la « Providence », nullement biblique, de la *Stoa* chez les premiers Pères de l'Église jusqu'au « kérygme » de Rudolf Bultmann [5] avec sa tentative de s'adapter à l'analyse du *Dasein* de Heidegger. En fait, les philosophèmes dominants du moment ont moins enrichi la langue théologique qu'ils ne l'ont bridée par des interdits d'expression. Ainsi l'aristotélisme de la scolastique classique était-il la quintessence des verdicts prononcés sur toutes les « relations extérieures » de Dieu, qui, en tant que « moteur immobile », ne devait pas même être « mu » par le monde qu'il avait créé. Il devait le reconnaître en lui-même, dans la mesure où tout ce qui constitue l'effet doit résider dans la cause.

Les grands mystiques furent les seuls à se créer leur langue par la *via negationis*, et contre les philosophies. Mais ce qui porte la Passion selon saint Matthieu, ce n'est pas non plus la langue des documents fondateurs de cette

---

5. Rudolf Bultmann (1894-1976). Théologien allemand, professeur à Marbourg, il est un des plus importants représentants de la théologie dialectique. Outre son analyse de la formation des plus petites unités narratives du Nouveau Testament à partir de la « communauté primitive », il a élaboré une philosophie de l'existence comme choix entre statut de péché et statut de la foi.

religion, laquelle aurait dû, en vertu du *Logos* qui s'était fait chair, s'avérer être une religion du pouvoir de la langue et qui au début s'était avérée telle. À la fin, c'était toujours une métaphysique qui trouvait indigne de dire ceci ou cela de l'*ens perfectissum*. Mais qu'était et qu'est-ce que la perfection ? En ce siècle encore, à Marbourg : la majesté voilée du propriétaire du monde, qui s'en tient à une capitulation sans conditions devant une mission dont le « contenu » ne saurait être interrogé, afin que l'obéissance puisse devenir une « résolution » conforme au philosophème.

Le dieu des philosophes est insensible, celui de la Bible est hypersensible. C'est pourquoi les théologiens parlent l'idiome de la philosophie, pour ménager *leur* dieu : pourrait-il supporter la langue de la Bible ? Pas seulement au sens que, dans cette « langue », il y a des mots que les philosophes reprochaient déjà au mythe antique et qu'ils prohibaient, mais plutôt dans le sens que ce qui est dit et rapporté attente à la dignité du concept d'un être au-delà duquel on ne saurait penser rien de plus haut (*quo maius cogitari nequit*).

Ce qui n'est pas dit, et qui toutefois est raconté, est pourtant que Dieu échoue avec le monde – qu'il est toujours à la limite de s'abandonner à la colère et de prendre la décision de tout rétracter, et de tout laisser courir à sa perte, tantôt d'une manière, tantôt d'une autre, et l'advenue au monde du *Logos* y change si peu qu'alors seulement la rétractation de la Création devient l'essence même de la volonté divine. Quiconque s'interdit de dire cela, ou se laisse interdire de le dire, doit s'attendre à ce que justement intervienne ce qui mena le christianisme des premiers siècles au bord de sa perte : l'« explication » de l'état du monde par un processus de dégénérescence de la génèse du monde, jusqu'à la séparation des « dieux » entre celui dont relève le monde et celui dont relève le Salut, y compris l'aspect purement apparent des actes de

Salut de l'un sous les yeux de l'autre dans le docétisme [6] de la Gnose. Elle préférait détruire le réalisme de la Passion et abandonner le « premier article », plutôt que de mettre en jeu la « pureté » du dieu étranger. Celui-ci n'avait pas le droit d'avoir lui-même échoué avec le monde, s'il devait pouvoir fonder pour lui et en lui le Salut des hommes.

Le « réalisme » de la *Passion*, sa langue, comme son adaptation musicale sont d'abord et avant tout un triomphe sur l'interdit gnostique de parler d'un même mouvement du Dieu du Salut et du Dieu du monde, de laisser l'un épuiser dans l'autre le destin de la créature jusqu'à la lie amère de la mort, destin qui sous le nom de « péché » ne faisait que porter le léger manteau de la décence, pour ne pas confronter le Susceptible avec la vérité de *son* implication dans le déclin du monde. En définitive, il fallait vraiment qu'il pût répondre de lui-même à la question ouverte dans ce contexte : la toute-puissance était-elle en droit de faire un monde « à l'essai », en courant le risque d'échouer comme aussi bien de réussir ?

À cette question, il n'y a pas de réponse qui soit immanente à la théologie. Toutefois l'auditeur de la *Passion selon saint Matthieu* y aura peut-être gagné le courage de pouvoir y répondre pour lui-même – quand bien même cette réponse serait : *Non*. Cela ne change rien au « réalisme » du Malgré-tout de cette question et de la Passion qui a eu lieu en elle.

La puissance explicative du dualisme de type gnostique n'a jamais tout à fait perdu son effet. Pourquoi cela ne peut-il pas être le combat de la lumière et des ténèbres qui trouve à s'exprimer dans la Passion ? La

---

6. Terme théologique créé et employé par les Pères de l'Église dans leur lutte contre les Gnostiques. Selon la Gnose, le corps du Christ n'aurait été qu'une apparence (« dokein ») sans réalité. Le docétisme supprime l'humanité du Christ au profit de sa divinité.

réponse d'une défense, peut-être désespérée, est la suivante : parce que, dans le dualisme absolu du Bien et du Mal, tout serait *permis* – et non pas seulement, comme dans le principe moniste de la toute-puissance, *rien ne serait impossible.*

UN SEUL AUTEUR, UNE SEULE HISTOIRE

Le jeune Werther qui, son Homère à la main, faisait l'apprentissage d'une nouvelle nature tout autour de Wetzlar (avant de remplacer Homère par Ossian), ne connaissait pas encore Friedrich August Wolf[7]. Du fait des circonstances, il n'eut pas non plus la possibilité de faire sa connaissance par la suite – comme cela devait arriver à son créateur. Il aurait autant perdu s'il avait dû admettre qu'il y avait plusieurs aèdes pour ces deux épopées, – et pas seulement celui dont par sympathie il croyait éprouver la nature –, que s'il avait encore appris qu'Ossian était bien, lui, l'unique auteur de ses œuvres, mais un faux et éventuellement un falsificateur : ce Macpherson qui devait de beaucoup survivre à Werther, un maître dans l'art d'éprouver les sentiments de son époque. La critique philologique a eu tôt fait de détruire ce qu'avait vécu Werther – et pourtant en y changeant si peu de choses que nous sommes toujours prêts à croire que Werther s'est laissé « transposer » dans l'expérience médiatisée du monde, bien que cela n'aurait pas dû être possible après tout ce qui allait encore survenir. Le subtil travail de la critique historico-philologique de la Bible a lui aussi si peu changé de choses que – bien que nous soyons nous-mêmes les héritiers et les débiteurs de ces démultiplications de quelques auteurs en un grand nombre – nous percevons toujours, à travers deux millénaires, le lecteur de la Bible comme le consommateur d'un unique auteur qui se porte garant de tout et ouvre l'accès à cette somme incalculable d'éléments hétérogènes qu'il a devant lui. Il n'est pas jusqu'au théologien moderne qu'on ne surprenne encore et toujours à lire la Bible comme le faisaient les « Pères »

---

7. Philologue et érudit allemand (1759-1824) selon qui l'*Iliade* et l'*Odyssée* sont le résultat d'une juxtaposition de morceaux épiques d'époques différentes.

de l'Église, alignant citation après citation, image après image, comme si « la parole de Dieu » était justement celle d'une unique volonté créatrice, qui ne se serait servie de tant de porte-paroles, de tant d'adaptateurs de sources et de textes originaux toujours plus nombreux que pour des raisons pratiques – un auteur qui ne se tient en retrait que pour ne pas gâcher le jeu de l'histoire, et se dissimule en faisant semblant d'être pluriel.

La théologie peut bien après coup se mettre de la partie – il n'en reste pas moins que, pour le lecteur le plus incrédule, il n'y a pas de meilleur conseil que celui qui s'adresse à qui voudrait lire son Homère sans tenir compte de cette dérangeante poly-paternité : lire le tout, *comme s'*il n'y avait bien qu'un seul auteur qui à chaque passage pouvait être expliqué et enrichi de sens par tous les autres. Et c'est là l'effet de l'horizon « artificiel » de cette espèce d'« herméneutique », c'est qu'elle ne peut pas revenir à l'horizon originel de tant d'auteurs – parce que pour elle il n'y pas eu d'horizon commun – mais qu'assurément il lui faut revenir à celui de la longue tradition des lecteurs croyants. Cet horizon ne doit pas nous être plus étranger que celui des auditeurs des aèdes de la Grèce archaïque, qui supportaient bien maintes choses vénérables, et qui ne s'en étonnaient pas, pour la simple raison qu'ils les avaient toujours entendu répéter ainsi. Avec des textes de cette dignité, la familiarité remplace le type d'intelligibilité que réclame le sens historique – et qu'il ne peut pourtant que si rarement produire, dès lors qu'il s'agit de davantage que des détails et des faits. La critique biblique des Lumières [8] a commis l'erreur de faire que chacun passait pour stupide à ses propres yeux s'il n'incluait pas dans la fréquentation des textes ce qu'il aurait pourtant

---

8. Pour des raisons de commodités, nous traduisons « Aufklärung » par « Lumières », bien que les deux concepts ne recouvrent pas exactement le même phénomène.

pu et dû savoir. Elle a enlevé sa légitimité à l'*expérience propre à* chacun. Il n'y a pas lieu d'en rester là.

Même s'il n'a pas de disposition pieuse, le lecteur est victime de ce morcellement dû à la démultiplication d'auteurs toujours plus nombreux parce qu'il se voit ainsi contester la performance fondamentale de tout lecteur : surmonter la discontinuité du substrat factuel avec ses propres moyens subjectifs et se créer un « sujet » comme vis-à-vis. Pourquoi faudrait-il que Homère, l'aveugle, doté de nombreux lieux de naissance – ah, je sais bien qu'on va me disséquer dans le « Gnomon » ! – n'en soit pas arrivé, au cours de sa longue vie, à toutes sortes de contradictions, d'autant qu'il n'existe pas de texte de référence écrit ? Pourquoi n'aurait-il pas été entraîné à se montrer prodigue envers lui-même du fait de sa gloire croissante, amené sans cesse à inverser les strates, à en intercaler de nouvelles, y compris pour empêcher que d'autres ne s'approprient la paternité de l'œuvre, et dans le but d'aller au devant des désirs de son généreux public, qui réclamait toujours plus de détails, toujours plus de couleurs et d'extravagances ?

Et puis : le dieu-auteur de la Bible n'avait-il pas lui aussi une clientèle insatiable, une demande débordante à satisfaire ? On s'en fera facilement une idée en comparant avec les apocryphes qui répondent à cette demande par des récits de l'enfance de Jésus et toutes sortes de miracles et de martyres d'apôtres dont l'imagination imitative est le plus souvent bavarde. Dans l'ensemble, le canon résulte aussi de décisions qui relèvent sinon du bon goût, du moins du moins mauvais. N'est-on pas en droit de comprendre a posteriori le résultat de cette sélection comme l'apparition d'un auteur singulier ?

Ne serait-il pas tout à fait insupportable pour le lecteur que le Seigneur du jardin d'Éden, qui, avec le sourire fourbe de celui qui sait, interdit l'accès à l'arbre de la connaissance, ne puisse plus être identique au dieu de jalousie du Sinaï ? Identique à celui qui, du haut de son volcan, lançait la foudre de son premier commandement à l'encontre de tous les autres dieux ? Non, c'est un dieu qui a déjà trop fait d'expériences avec sa créature, pour pouvoir encore obtenir quelque chose par la manière douce ; celui-là même qui vient de faire défiler devant lui les générations d'Égypte dont la servilité envers les idoles à têtes d'animaux est le résultat des promesses de bonne chère en échange de services cultuels.

Tout est à jamais perdu pour l'auditeur et pour le lecteur si, à partir de toutes ces histoires, il n'arrive plus à reconstituer l'unique histoire, dans laquelle il peut apparaître à ses propres yeux comme faisant un avec l'Un. Il faut qu'il puisse reconnaître le dieu qui a épargné à Abraham de sacrifier son fils, en cet autre qui, désemparé, ne sut rien faire d'autre, pour tenir sa parole, que de se faire offrir en guise d'agneau de sacrifice son propre fils – sans bélier de substitution – et qui de surcroît, cela révolte la conscience, l'accepta. Et qui pourtant laissa passer même cela de façon imperceptible, comme si de rien n'était. Et pour cause : il n'entendait pas trop se discréditer ouvertement avec son ancienne création. Ainsi, si le Messie est imperceptible, c'est pour « ménager » la gloire de Dieu, parce que toute autre modification apportée au monde n'aurait pu être qu'une manière de réprouver la Création. La cruelle clandestinité dans laquelle les actes de Salut ont été accomplis et leur absence d'effets deviennent ainsi discrétion due à l'unité de l'Unique. Plus qu'un artifice esthétique pour le lecteur : une provocation de l'herméneutique par la critique des textes.

Des questions d'importance théologique ne peuvent surgir de l'étude de la Bible que si l'identité de son « sujet » – en tant qu'« auteur », car il n'y a pas autre chose qu'on puisse savoir de lui – est fixée. Les fâcheuses lacunes ne commencent pas seulement avec le dualisme créateur-rédempteur du gnostique Marcion – le Créateur lui-même, et dans le cadre étroit de son action, suscite des énigmes quant à son identité qui ne sont pas celles d'un texte par ailleurs quelque peu confus.

Dans la tradition exégétique, la question qu'on s'est le moins posée a été celle de la multiplicité des individus humains. Au Paradis, les deux premiers humains n'ont manifestement pas encore engendré de descendance. Et il serait tout à fait plausible que cela soit resté en dehors du plan de la Création, puisque l'immortalité que garantit l'accès à l'arbre de Vie aurait rendu superflue *dans le temps du monde* la conservation de l'espèce par la procréation : à quoi bon davantage d'hommes que ceux créés de la main même de Dieu ? Tout ce qui est hors de l'état originel se trouve déjà placé sous le présupposé de la mort, introduite dans le monde, comme il est dit, par le péché – ou plus authentiquement : par les chérubins armés de l'épée qui *avaient en garde le chemin de l'arbre de Vie*. C'est péniblement que la femme enfantera parce qu'elle a suivi le serpent : il semble que, dans cette phrase, l'accent soit mis sur *péniblement* – mais qu'en aurait-il été s'il avait été mis sur *enfanter* ? Pour ce couple de premiers humains, le jardin était manifestement assez fertile pour ne pas leur faire éprouver de besoins. La prolifération ne cadre pas avec l'idée d'un Paradis situé dans l'espace d'un souriant jardin.

Pourtant, poser la question en ces termes ne suffit pas encore. Dieu, qui en tant qu'*Elohim* est un sujet-pluriel, a créé l'homme à son image et selon sa ressemblance. Il y a là un arrière-fond pluriel des *Elohim*, que l'on s'empresse d'oublier à partir du moment où il y a prétention à la singularité. Mais il existe un vague résidu de la création de l'homme à l'image d'un Dieu pluriel. C'est ici qu'intervient la parole qui met à jour la racine de la multiplication : *Il n'est pas bon pour l'homme d'être seul*, fait dire le « Yahviste » aux *Elohim*. Pourquoi donc n'était-ce pas bon alors qu'il était dit que le modèle à la ressemblance duquel l'homme avait été créé ne possédait pas de qualité plus sublime que la singularité, qu'elle défendait du reste en vrai zélote ?

Pourquoi l'être humain modelé de la main de Dieu ne pouvait-il pas aussi rester unique ? À l'abri des conflits, éloigné de toute tentation, surtout si la partenaire de procréation n'était pas nécessaire ? Le Dieu Un, l'Homme Un – y aurait-il eu alors une crise du Salut ? Si l'on pense au Sinaï et à la proclamation de l'exclusivité du divin, la conclusion s'impose que l'homme – toujours pensé comme unique – aurait été l'auxiliaire idéal pour l'accomplissement de cette prétention : *un* dieu, *un* homme. À quoi bon de l'autre côté ce fourmillement, source de toutes les rivalités et de toute méchanceté, donnant lieu à ce décalogue qui sinon aurait été magnifiquement superflu ? Non, *Elohim* ne s'en est pas tenu à son dessein de réaliser une stricte image de lui-même. Pour cela, il aurait fallu qu'elle fût cet Un, cet Unique, qui aurait pu être aussi bien seul, comme il avait lui-même accordé à son essence d'être seule. Étant un pluriel, l'homme gâchait ; il n'était donc justement pas l'image de Dieu placée au centre de toutes les distinctions. Car la multiplicité à l'image du modèle unique ne signifiait pas seulement que l'un enviait chez l'autre son privilège et ses biens, ou voulait accaparer pour soi à la place de l'autre les richesses de la nature encore disponibles. Elle impliquait aussi et surtout l'inévitable question, sans réponse, que l'on s'adresse à soi-même : pourquoi moi et pas lui ? Pourquoi lui et pas moi ? Même habillée de la rivalité entre nomades et paysans, l'histoire d'Abel et Caïn, avec sa conclusion meurtrière, était avant tout une manière de régler la question de l'indifférencié, né de la multiplicité et créé par elle : ce que l'un a, l'autre ne peut pour cette raison l'avoir – à moins qu'il ne s'impose par la violence ou par la tromperie à la place de l'autre, comme Jacob qui se susbtitue à Esaü.

Seul le dédoublement homme / femme ne semblait pas concerné par ce dilemme – mais qu'il y sommeillât cela ne devait apparaître qu'à la fin, lorsque la mission de fertilité eut perdu son intelligibilité et son caractère acceptable. Quand tous deux ne se donnèrent plus comme programme que d'« être des humains », ils devinrent rivaux et adoptèrent entre eux des manières d'ennemis. Ce qui paraissait avoir été évité dans les habits de la langue biblique, se réduisait ce faisant au paradoxe immanent de tout platonisme : l'Un est le Bien, incluant l'évidence que de ce dernier il doit y en avoir plus d'un ; le monde des phénomènes est l'exécution de l'injonction de valeur émise par le monde des Idées, mais en même temps il est la dévalorisation de l'idéal en tant que parfait, parce que la multiplicité n'est possible que dans le champ des frictions et des perturbations.

Le monde, dans son substrat, a pour conséquence que les copies ne *peuvent* satisfaire aux images premières. Et le fait que cela se soit même aggravé à mesure que l'homme s'est multiplié est une expérience qui n'a été rendue sensible que par l'explosion démographique et qui dépasse la limite des explications philosophiques. Depuis, chacun sait ce que cela veut dire d'être un individu parmi beaucoup d'autres – et même parmi beaucoup trop d'autres.

Quand on regarde la Bible, et ce vain attachement du lecteur à l'identité de l'auteur divin avec le sujet de l'histoire « sainte », il apparaît clairement que Dieu s'était trompé. Il se l'avoua à lui-même en s'écartant de l'approbation qu'il avait donnée à toutes ses autres œuvres : *Et Elohim vit tout ce qu'il avait fait. Voilà, c'était très bon.* Contredisant l'auteur du « texte sacerdotal », le « Yahviste » en vint pour la seule et unique fois à ce résultat qu'en dépit de la reproduction de l'image divine, ce qui avait été obtenu *n'était pas bon,* parce que justement c'était une créature unique. Sur quoi, afin de « corriger » la faute qui résidait dans l'essence de Dieu, et selon une procédure qualifiée d'irrégulière – usant pour cela très sagement de l'artifice de l'anesthésie – il prit cette côte, tant décriée, *et la transforma en femme.* Il n'a pas appliqué à cette œuvre de rattrapage son propre prédicat et n'a pas considéré qu'elle était bonne. Aussi l'auteur du « texte des laïcs » (le Yahviste) n'hésite-t-il pas non plus à faire aussitôt intervenir le serpent sur ce point faible.

Ce qui venait de surgir au monde, ce n'était pas en effet l'Homme *unique,* fait à l'image et à la ressemblance de l'auteur *unique.* Toutefois l'histoire ne peut être « lue » de la sorte que si de l'autre côté l'unité et l'unicité du sujet divin n'est pas détruite « de manière critique », comme devraient l'illustrer les significations que j'attribue aux figures du Créateur dégagées par la critique biblique.

LE COMMENCEMENT DE LA SAGESSE

Dans la salle des fêtes de la vieille et respectable école que déjà Thomas Mann n'a pas honorée jusqu'à la terminale, il y avait au-dessus de l'orgue et des portraits des réformateurs Luther et Bugenhagen – ce dernier pour avoir sécularisé ce qui avait été l'école du couvent – il y avait, écrite en lettres gothiques, cette sentence de la Bible : *La crainte du Seigneur est le commencement de la sagesse.* Comme, manifestement, on n'avait pas trouvé de quoi financer une nouvelle inscription, ou peut-être parce que les nouveaux maîtres ignoraient l'origine de cette sentence, le directeur en chemise brune continua après 1933 d'effectuer sous cette même sentence de sagesse ses prestations abusivement qualifiées de « discours », qui venaient se substituer à ce qui avait été les prières du lundi.

Un demi-siècle plus tard, l'« Association des Médecins de Lübeck » publia en 1984 une plaquette commémorative pour ses cent soixante quinze années d'existence. Parmi les contributions humainement les plus touchantes, on y trouve les « Souvenirs d'enfance d'un médecin de Lübeck », de Ulrich Thoemmes. Il n'est pas en mesure de produire un bon souvenir de son lycée, où il est entré en 1930, pas davantage de ses professeurs. Il y avait trouvé le ton extrêmement rude d'une école prussienne de cadets – au lieu de celui qui convenait à une ville libre [9] – et la prétention exagérée à se faire obéir de la part d'un corps enseignant marqué par la guerre et rejetant en bloc la République de Weimar. Tout ce qu'il y avait de choquant déjà pour le jeune garçon culminait dans ces prières accomplies le lundi dans la salle des fêtes face à la sentence sur la crainte du Seigneur, *ce qui par substitution ne pouvait désigner que la crainte ressentie devant les*

---

9. Lübeck est une ancienne ville libre de la Hanse.

professeurs, qui étaient assis en rang, menaçants, à côté des bancs des collégiens, et qui se prêtaient à ce rituel d'un dieu Père Fouettard. En outre, ces professeurs lui paraissaient de zélés *volontaires,* qui entendaient aider les deux sombres porteurs de toges représentés sur les tableaux des réformateurs à chasser des murs de briques ce qui avait dû être l'esprit joyeux des moines du lieu situé non loin de l'église Sainte-Catherine.

Les souvenirs de ce docteur, la salle et l'inventaire des objets, c'étaient aussi les miens, le personnel était celui que retrouvait mon regard rétrospectif, les dates étaient celles de ma propre histoire scolaire, qui avait peut-être même dépassé quelque peu dans le genre lugubre l'expérience de cet ami. Mais, curieusement, le centre de son univers scolaire me restait étranger. Jamais, au cours de ces nombreuses prières du lundi, je n'avais eu l'idée d'établir la moindre relation entre la sentence de l'Ancien Testament et ces personnages de professeurs sur les bancs latéraux, plus ou moins autoritaires, et pour la plupart bienveillants, qui s'ennuyaient si honnêtement et se tourmentaient tant pour venir à bout des innombrables strophes du choral, tout comme nous. Qui pouvait donc le lundi matin avoir tant de plaisir et suffisamment de raisons pour célébrer magnifiquement, mais trop longuement, le Seigneur ?

Je dois avouer, à ma grande honte, que je fus surpris de la manière dont Ulrich Thoemmes avait compris la sentence inscrite sur le mur. Dans le sens – pour le dire en termes grammaticaux – d'un *genetivus obiectivus* : *la crainte du Seigneur,* considérée comme la crainte que l'on éprouve devant le Seigneur. Tout au long de ces années, je n'étais jamais parvenu à cette lecture. Pour moi, il allait de soi qu'il s'agissait là d'un *genetivus subiectivus* : *la crainte du Seigneur* était Sa crainte devant quelque chose d'autre qu'il fallait craindre, et cela justement avait été le commencement de Sa sagesse. Et par là, il était déjà fermement établi que l'objet de cette crainte du Seigneur, c'était l'homme, dans la mesure où il ne laissait pas celui-ci avoir sa part de son Paradis après que ce dernier se fut dressé en dangereux rival dans la connaissance du Bien et du Mal.

Redouter cet homme, pourchasser durement tout au long d'une histoire son ambition d'être semblable à Dieu, cela me paraissait très naturellement la quintessence même de la croyance entretenue dans cette salle des fêtes en ce commencement d'une sagesse qui devait prendre beaucoup de formes – y compris celle de l'empreinte humaniste établie dans cette école, mais aussi celle de la rude instruction grammaticale que l'on y pratiquait, et celle des réticences ascétiques devant la volonté de jouir des fruits de tels exercices spirituels.

La pire chose qu'il me faut avouer, ce dont les souvenirs de mon ami me donnent l'occasion, eux qui ont été les premiers aussi à me donner d'elle une claire conscience, tient dans une brève *Confessio* : bien que depuis je sois mieux informé, ma lecture enfantine de la sentence de la salle des fêtes est restée la clef de voûte de ma « théologie », dans la mesure où celle-ci mérite ce nom. Les dispositions de Salut prises par Dieu profitaient certes à l'homme, mais il ne s'agissait en fait que de mesures prises pour apaiser son aspiration au pouvoir et son insoumission, c'étaient des invites à une communauté apaisée excluant tous ceux qui ne voulaient absolument pas entendre parler de celle-ci. Ceux-ci étaient le résidu obstiné de ce que le Seigneur avait eu à craindre au commencement de sa sagesse.

Plus tard, beaucoup plus tard seulement, je compris que la « crainte du Seigneur » devait aller très loin, si la « mort de Dieu » était l'ultime menace de l'homme s'élevant lui-même jusqu'au « Surhomme ». Cela me paraissait une supposition trop « facile » qu'un dieu tout puissant n'eût rien à craindre d'une créature si misérable – cette créature n'était-elle pas censée en fin de compte être faite à son image ? Et c'était pour cela qu'il l'avait expressément faite, et qu'en conséquence il s'était donné les moyens d'extirper d'elle, par la force, son ambition métaphysique. Celui qui avait fait une chose comme l'homme, devait aussi, en tant que « Seigneur », pouvoir être prêt à trembler de crainte devant sa créature et accepter de se servir de l'instrument de la sagesse.

Ce n'est que devenu vieux que je pris conscience que cette exploitation de la sentence de la salle des fêtes pour la vie me faisait me retrouver en bonne compagnie – rien moins que des hérétiques. Je retravaillais à cette époque, pour me distraire, les textes gnostiques trouvés en 1945 à Nag Hammadi en Haute Égypte, et qui portent sur l'« hypostase de l'archonte ». Dans ces textes, comme dans nombre de spéculations de la gnose, la *sophia* est la plus haute, ou l'une des plus hautes instances de l'univers, et « le Seigneur » est le créateur du monde, le *demiurgos*. Le Dieu de l'Ancien Testament donc, aux noms changeants – ici, Samael, un personnage à la présomption aveugle, dont on dit qu'il fallut d'abord qu'il apprît la crainte avant de pouvoir devenir sage – et ceci au sens strict : à travers la *sophia*, la sagesse.

La *gnose* est un système de réprimandes et de victoires remportées sur le Seigneur du monde par la sagesse qui est au-dessus du monde. Il est, du point de vue spéculatif, bien des chemins d'un tel enseignement en « crainte du Seigneur », et ils passent par bien des instances. Le maître gnostique Justinus décrit l'effroi qui saisit le Seigneur du Monde lorsqu'il lui faut reconnaître qu'il n'est pas *le* dieu de *la* totalité, qu'il n'a pas seulement un autre dieu *à ses côtés*, mais qu'il a une supradivinité *au-dessus de lui*, qui, *en tant que* sagesse, induit en lui assez de sagesse pour que la crainte qu'il a puisse se renverser en cette admiration qui a permis aux Grecs – les Grecs ne manquent pas d'entrer en jeu dans ce cas-là – de découvrir la sagesse. Le gnostique Justinus, dans le texte aprocryphe de Nag Hammadi, cite textuellement : *Telle est la signification de la sentence : « La crainte du Seigneur est le commencement de la sagesse »*.

Il arrive que la vie nous comble de coïncidences. Si elles nous rendent heureux, cela tient à leur nature mythique comme « événements significatifs ». Peu de temps après la trouvaille que j'avais faite dans l'« hypostase de l'archonte », je tombai sur une note de Schopenhauer qu'il avait portée dans la biographie de Kant de J. Ch. Mortzfeld : *Fragments de la vie de Kant* (Königsberg, 1802), en marge d'un passage où il est question de la franchise de Kant et de sa confiance envers les autres. Schopenhauer avait ajouté en note : *Salomon dit que le commencement de la sagesse est la crainte de Dieu. Mais je crois que c'est la crainte des hommes* [10]. Voilà la « redistribution » anthropologique de ce passage qui avait vu l'effroi s'emparer du maître gnostique du monde. Seulement la crainte ici ne s'applique plus dans la verticalité, mais dans l'horizontalité – à moins que l'on pense ici à la « volonté » plutôt qu'à la *sophia* comme ultime motif de toute crainte qui puisse saisir un être du monde, si la peur de l'existence est devenue depuis l'unique tenant-lieu de la volonté.

Revenons pourtant de l'hérésie et de la métaphysique noire au point de départ de la foi juste ou injuste : à la Réforme à Lübeck, et à son gardien du moment, l'évêque Ulrich Wilckens. Alors qu'il était encore professeur de théologie du Nouveau Testament, il fut aussi l'un des critiques les plus pénétrants et les plus perspicaces de ma *Légitimité des temps modernes,* non sans m'accorder d'emblée que cet ouvrage établissait *une base commune très fructueuse pour le dialogue qu'il (c'est-à-dire moi) recherche et provoque avec les théo-*

---

10. En français dans le texte.

logiens. J'espère que je ne l'ai pas déçu ou que je ne suis pas en train de le faire.

Toutefois, exprimer cet espoir ne serait certes pas une raison suffisante pour introduire ici cette vieille connaissance comme prédicateur de la cathédrale de Lübeck, s'il n'avait pas en quelque sorte fourni quelque chose comme la *coincidentia oppositorum* aux discordances et aux coïncidences mentionnées plus haut. En 1966 précisément, lorsque parut mon livre que je viens de mentionner, son article très érudit, conçu comme une monographie complète, sur la « sagesse » (*sophia*), figurait déjà dans le septième volume du *Dictionnaire Théologique du Nouveau Testament.* Au centre même de cet article se trouvait la phrase qui éclairait la divergence de jeunesse si longtemps non exprimée et que seul le hasard avait fait remarquer dans la salle des fêtes de notre vieille école – pour ne pas dire qu'elle l'*expliquait* de manière « humaniste ». Aucun Grec n'aurait jamais pu comprendre – telle est la proposition majeure de cet article – que les deux notions de *crainte* et de *sagesse* dussent entrer en relation, ni comment elles le pouvaient : *Comme par exemple cela sonne étranger à des oreilles grecques cette contiguïté immédiate de phobos kyriou et sophia.* De là s'expliquent certaines tendances des traducteurs *lorsqu'il s'agit de rendre les notions fondamentales de la sagesse,* ainsi que la refonte des textes *en sous main,* dans le sens des traditions de la pensée grecque.

Ce qui donc se jouait dans la cervelle des deux écoliers sous la sentence de sagesse du roi Salomon, n'était au fond que la poursuite de cette incompréhension des Alexandrins à l'égard d'un dieu étranger à qui la langue de la « Septante » ne pouvait s'adapter. Ce que ceux-ci ne pouvaient réussir échouait aussi deux millénaires plus tard du fait de la confusion grammaticale, nullement raffinée, des génitifs.

SOULAGEMENT – OU PLUS ENCORE ?

Celui qui veut être prêt à se laisser émouvoir par la *Passion selon saint Matthieu* doit faire une concession sans être encore en mesure de la comprendre : il doit admettre que le Dieu de Jean-Sébastien Bach, le Dieu de Paul, le Dieu d'Augustin et de Martin Luther a pu être offensé au-delà de toute mesure. C'est seulement ainsi que la démesure de ce qui lui est présenté à titre de satisfaction et de réconciliation par le Dieu souffrant et mourant prend le caractère d'une évidence qui exclut le nonsens. La monstruosité de la « justification » dont le chemin doit être préfiguré pour tous dans celui de la Passion, a comme arrière-plan le Créateur du Monde, offensé sans rémission possible dans son honneur, son amour ou sa majesté.

On a oublié qu'il y avait une rançon à payer à un Autre pour une créature qui lui était échue ou lui avait été donnée en gage – un Autre qui avait compté parmi les tout premiers offenseurs de son Maître, et qui n'avait nul autre droit à ne pas être offensé que celui de son simple pouvoir sur le monde. Voilà donc qui est gommé, oublié de l'Histoire originelle. Pourquoi ? Pour définir à propos de *ce* Souffrant-là une mission plus grande, la seule mission qui transcende toute mesure, la mission absolue ? En retour de l'offense faite à l'Infini – même si ce n'est que par la plus finie de ses créatures, celle du moins qui lui est la plus semblable – offrir la réparation infinie, qui, par anticipation, vide de leur essence toutes les autres offenses ultérieures faites par des « pécheurs », comme l'est celui qui précisément écoute la *Passion* de Bach : confirmation du *peccator* et *iustus* de Luther.

Toute la difficulté supplémentaire qui se présente deux cent cinquante ans plus tard aux auditeurs qui, sous de vénérables voûtes comme dans des studios modernes à l'acoustique sophistiquée, écoutent encore et même en nombre croissant cette *Passion,* est de concevoir, pour ceux qui veulent bien s'ouvrir à elle, *l'offense faite à un dieu.*

L'athée n'est pas là en meilleure ou en pire posture que celui qui croit encore à sa foi. Il peut seulement penser : s'il existait, ce dieu que je nie et que d'aucuns autour de moi tiennent pour le leur, bien des choses lui seraient possibles, par lui ou avec lui, mais pas qu'il se laissât offenser. Pas qu'il se laissât offenser – au point de faire mourir celui qui s'y était laissé aller le premier, au point de faire mourir ceux qui devaient devenir ses descendants, et finalement au point de faire mourir celui qui, par cela même, voulait imposer et démontrer l'impuissance de la mort.

Cette difficulté supplémentaire ne peut pas être extirpée du monde. Pour y parvenir, il faudrait ramener au monde quelque chose qui, dans ces conditions devenues historiques, serait un *erraticum,* un corps étranger sans aucune relation avec ce qui nous est connu. Dans cette dimension théologique, même les plus croyants des croyants ne comprennent plus ce que c'est qu'un « péché ». Avant même de pouvoir penser à la Rédemption, à la Justification, à la Grâce, il faut donc donc d'abord « chercher » les succédanés du péché et du pécheur. Il n'est donc pas fortuit que les théologiens fassent montre ici d'un zèle désespéré et que les lointaines culpabilités prennent davantage l'aspect d'un « poids de péchés » transcendant. Pourtant, de tout ce qui devrait remédier au besoin d'une culpabilité adaptée au Salut, rien n'atteint un degré tel que cela pourrait rendre acceptable le « fait de la Passion » (pour le dire dans le jargon des théologiens). Il y a lieu ici de faire l'aveu de l'inconcevable, de ce qui est devenu étranger, et cet aveu est réclamé de contemporains qui sont rompus à la fréquentation de ce qui leur est inconcevable jusque dans la vie de tous les jours – sous le chapeau d'un *comme-si*, comme si cela devait avoir sa part de « vérité », une « vérité » des plus confondantes, angoissante même.

Notre réalité repose sur le tréfonds de telles concessions. Celle qui consiste à accepter qu'un dieu infini, qui sombre dans sa gloire, soit offensé à mort, est la plus éloignée de nous. En elle « s'accomplit » quelque chose que nous ne remarquons pas dans les portions plus petites que nous devons constamment en fournir. Autrement dit, nous ne l'éprouvons plus comme quelque chose qui nous accorde à nous-mêmes une secrète grandeur : ne pas croire et pourtant, pour quelques heures du moins, accorder, concéder, laisser valoir. L'acte avant tout d'une tolérance supérieure, qui n'a plus rien à voir avec « l'indulgence » accordée au trop humain.

Est-ce là une situation à laquelle nous avons abouti du fait de l'« historicisme » omniprésent ? Est-ce l'ancien qui l'exige de nous, à titre de droit d'entrée et de douane pour le franchissement de la frontière, pour ne pas nous exclure nous-mêmes d'une bonne part du possible humain ? Oui, mais pas seulement. Lorsque Thomas Mann au soir de sa vie écrivit son « petit roman » du péché et de la grâce, *L'Élu,* d'après l'histoire de Grégoire qu'il avait trouvé chez Hartmann von Aue, il répéta pour la dernière fois le thème qui n'avait cessé de nourrir son œuvre toute sa vie : l'épanouissement de l'art à partir de l'abîme de la tare, de la maladie, de la décadence, de la déviance et de la folie. C'était désormais l'allégorie de celui qui, né du plus grand des péchés qu'il devait commettre lui-même, aspirait à la sainteté suprême [11].

Il n'y avait ici vraiment pas assez de dispositions, de garanties, de stratagèmes, de moyens stylistiques pour

---

11. Allusion au destin de Grégoire qui, lui-même fruit d'une relation incestueuse, devait plus tard prendre sa mère comme épouse. Après avoir été, en expiation de ses fautes, transformé en une espèce de hérisson hideux, il est élu par Dieu pour devenir pape et recouvre figure humaine.

mettre le lecteur en état de réceptivité à la concession à faire. Et, au fond, toute autre chose n'est qu'un Plus-Rien quand cette « mise en état » – qui ne peut plus être une « empathie » (*Einfühlung*) historique – a été accomplie. C'est pourquoi le principal personnage, qui est à égalité de génie avec cette matière, n'est pas un personnage de l'action, mais au contraire le « génie de la narration », entré dans le moine bénédictin Clément du couvent de Saint-Gall [12]. Celui-ci est en réalité saisi par l' « esprit de l'ironie », pour tirer du hiatus qui oppose les dimensions exceptionnelles du péché et de la grâce, ou lui donner ce que de toute manière sa nature possède de façon disproportionnée : l'« esprit de l'humour ».

Du dieu qui ne pouvait qu'être offensé par le pécheur, il est advenu quelqu'un qui, selon le mot de l'auteur, *comprend la plaisanterie*. Comment le sait-il ? Parce que sinon celui-là n'aurait *d'aucune façon appelé à la vie la créature-artiste*. C'est pourquoi l'auteur, dans le même mouvement où il achève cette œuvre, a le droit de dire *qu'il connaît la grâce*.

Si l'on prend cela à la lettre, la lettre du vingtième siècle, tout ceci ne fait pas avancer d'un pas vers le *devenir-auditeur* de la *Passion selon saint Matthieu* de Bach. Pourtant c'est là, sinon la recette, du moins le schéma de cette disposition à la réceptivité. Les larmes que Bach fait verser à sa communauté de croyants sur le tombeau où repose Jésus, ne sont certes pas celles de l'humour, mais celles d'un « soulagement », comme il n'en vient que de la disproportion entre la réaction, la résonance, et ce qui vient d'être franchi. Devant ce dieu, on ne saurait « acquérir de droit » à être soulagé – mais ne pas avoir de droit,

---

12. Le moine Clément qui relate par écrit la légende de Grégoire se présente au début du roman comme l'incarnation du Génie de la narration (Blumenberg fait jouer ici le double sens de « Geist » : l'esprit comme faculté et l'esprit comme figure allégorique, « génie »).

c'est, au niveau de la signification, l'équivalent de la « grâce ». Qu'il soit permis de « respirer » après tout ce qui est survenu, ou même du fait que c'est survenu, ce n'est rien d'autre que ce qui se produit lors de tout autre grand finale, même si les souffrances que suscitent les problèmes irrésolus et les atermoiements qui l'ont précédé sont comparativement plus limités.

Et ils ont toujours précédé. Même là où il n'y a pas de solutions, parce qu'il n'y a plus de rédemptions ; la fin ouverte, l'interruption de l'inachevable, reste du moins un congé de ce qui libère, du fait qu'il libère. Les croyants aussi bien que les incroyants sont congédiés de la *Passion,* quand bien même leurs larmes ont été métaphoriques, comme il convient juste encore qu'elles le soient, ou déjà plus.

Si je n'ose parler d'« humour » à propos de l'œuvre de Bach que dans le cas de Simon Pierre, c'est parce que ma hardiesse a des limites. Je recule devant ce terme. Mais si l'« humour » est au sens étymologique une affaire d'« humeurs », de liquides et de flux, les larmes aussi alors relèvent de lui. Qu'elles procurent un soulagement – contre toutes les apparences d'inconsolabilité qu'on leur prête – elles l'ont en commun avec le rire, qui ne semble pas être aussi digne qu'elles, que le suggère l'association habituelle des mots « les rires et les pleurs ».

Ce qui nous interdit le rire de soulagement, c'est toujours le soupçon du docétisme : tout ceci ne saurait être arrivé seulement en apparence. Cela bafouerait jusqu'à l'auditeur même qui s'est laissé aller à compatir. Au contraire de l'histoire de Grégoire à qui toutes les affabulations qui en rehaussent l'éclat sont permises, le sérieux de la Passion repose sur la sanction du texte – même pour celui à qui la « critique biblique » n'a rien laissé de substance historique. La critique a commis quelque chose d'absurde : elle a dénoué et disjoint précisément ce qui, du fait de la réception, avait acquis la confirmation d'une « cohérence » d'un degré supérieur à celle, par exemple, de la simple absence de contradiction ou à celle de la vraisemblance. Cette « dissociation » était assurément du ressort de la science qui ne laisse rien lui échapper de ce qu'elle peut « travailler ». Mais elle a ignoré la complicité du temps avec l'état d'agrégat de ce texte, comme elle l'a fait pour le texte d'Homère. Elle a travaillé dans la direction contraire à l'accroissement de sens qui s'était justement réalisé dans l'agencement de l'hétérogène.

Ce mouvement contraire que l'on observe entre la constitution du sens et la destruction critique renvoie immédiatement à ce qui, loin de toute issue de la constitution et de l'interprétation du texte, avait pu être encore « gagné » : par la musique.

LA GÉNÉROSITÉ THÉOLOGIQUE
DE *LA PASSION SELON SAINT MATTHIEU*

Lorsque les « enthousiastes » de la première heure – qui sont peut-être eux-mêmes les déçus de l'avant-première heure remis sur pieds, tels les disciples de Jésus après leur dispersion consécutive à la Passion –, lorsque les *charismatiques* de la « communauté primitive » commencent à se faire vieux, il faut bien que vienne l'heure des *apologètes*. Car dans l'intervalle, tout autour du « kérygme », les gens à l'esprit rassis, ceux que vraiment rien n'ébranle, ont entendu non seulement ce qui élève, mais aussi et pour la première fois les contradictions et tout ce qui va devoir être assumé. D'autant plus que les élus étaient amenés à conserver avec de plus en plus d'ésotérisme leur acquis spirituel. On ne tolère pas que certains veuillent s'exclure de la misère générale, et on les surveille de près. Des *apostats* alimentent le flux d'informations. En tout cas, le contenu primaire de la tradition a désormais besoin d'être réparé et d'être défendu du fait de l'acuité nouvelle de l'attention qui lui est prêtée, même si l'heure des *systématiques* est encore loin d'avoir sonné.

Mais, on n'est pas encore en droit d'attendre ce que voudra dire, dans la classification des littératures ultérieures, l'« apologétique » au sens strict et étroit du terme : à savoir une rhétorique spéciale destinée à dompter les récalcitrants. Il s'agit tout d'abord de faire disparaître les défauts de cohérence de la tradition première, défauts inavoués certes, mais néanmoins remarqués. Le zèle en la matière a ses propres faiblesses : il bricole de façon sporadique et ponctuelle, il lisse les détails devenus choquants et réintègre ce qui obstinément détonne tout comme ce qui dévie.

Pour ceux qui plus tard examinent les résultats, il s'est fait plus de dommages que de profits durant cette période. La tradition a connu sa première « rédaction », c'est-à-dire : les fissures à partir desquelles on la soumettra plus tard à la « critique » historique.

Conséquence : l'apologétique doit se faire toujours plus apologétique. Elle devient autonome, elle étend ses contraintes fonctionnelles à tout ce qu'il y avait à l'origine de « substance » authentique et qui est de plus en plus difficile à reconnaître – ou même qui ne l'est plus du tout. Le désastreux concept de « kérygme » – cette avant-dernière forme de *l'asylum ignorantiae* – repose sur le soupçon qu'on a tout masqué à force de « rédaction » et de plaisir de raconter, et qu'il n'est plus rien resté que la bravade d'un « Que-simplement » (*Daß-überhaupt*). C'est là qu'on peut reprendre ce qu'on y a mis (de Heidegger).

À un moment ou à un autre, il faut bien que les apologètes introduisent dans l'état d'agrégat du « système » ce qu'ils ont à défendre. Mais ceci signifie que chaque élément de cet ensemble de déclarations doit être dans un rapport de dépendance avec les autres éléments, si bien que la modification apportée à un seul, pour quelque raison que ce soit, ne peut pas se faire sans soustractions ou ajouts à d'autres. En atteignant la limite du système, l'histoire se meut « comme d'elle-même », dans la mesure où elle produit une plus grande acuité de l'attention avec les conséquences, qui en découlent, les améliorations ultérieures avec leurs rejets secondaires ou leurs « rayonnements ». Jusqu'à ce que l'état de tension du tout, condamné à la pathologie par les durcissements et les amollissements successifs, contraigne à préférer qu'il soit échangé contre un autre, d'où qu'il vienne.

Ce faisant, il s'avère efficace de faire passer le neuf pour du très ancien, et même pour de l'originel auquel on veut donner la place qui lui revient. Ainsi le commencement de la science des temps modernes est-il présenté comme platonisme – destiné à en finir avec un aristotélisme au bout du rouleau –, et cela servira encore d'aimable draperie pour mettre en valeur dans une phase ultérieure les avantages esthétiques de ses théories.

Dans la science des religions, comme en ethnologie et en anthropologie culturelle, on a avancé l'hypothèse heuristique que les mythes sont des « explications » de rituels dont la lisibilité s'était perdue. Cette hypothèse a prouvé son efficacité, mais elle a été victime du reproche qu'on lui a fait de subordonner le langage, ce qui était intolérable, ainsi que de négliger le social.

Si l'on renonce à dresser le bilan des résultats, il reste toujours impressionnant de constater qu'il y ait cette acceptation d'une priorité du « geste »[13] sur le « récit », de la ritualité sur la narrativité, comme modèle de l'évidence du monde de la vie, qui a ici le sens qu'au commencement on comprenait tout seul de quoi il s'agissait. Ainsi avait-il suffi une fois de montrer du doigt le Mont des Oliviers, le Golgotha, le tombeau vide de Joseph d'Arimathie, et de « se rendre » sur les lieux de la Passion, puisque tous savaient ce dont il y avait lieu de rendre compte, et que ce « parcours » avait probablement valeur de démonstration cultuelle, comme la Cène avec le pain rompu. Une telle familiarité avec le lieu, l'heure et le geste a sa propre cohérence dans le *continuum* des chemins et des temps. Mais elle serait devenue un facteur d'inertie contre l'ordre de partir en mission, elle se serait faite prescription drastique du culte local et de la provincialité, par exemple dans le même secteur d'habitation, comme le Temple de Jérusalem avait été et était demeuré le centre cultuel de ses

---

13. Dans tout le passage, H. Blumenberg joue sur la double signification du champ sémantique « begehen/ Begehung ». Le verbe « begehen » signifie d'une part, « accomplir, exécuter, faire un geste, célébrer » et d'autre part, « aller, se rendre à, fouler le sol ». Ce terme lui permet de définir le rite comme accomplissement de gestes symboliques et, plus précisément, comme pélerinage, parcours commémoratif.

périèques[14]. Dans son *Pélerinage,* même Mark Twain se montre encore tout surpris par la Terre Sainte, par l'étroite proximité de tous les sites bibliques, si proches les uns des autres que l'on aurait pu tirer au canon de l'un sur l'autre. Et la religion née en ces lieux – telle était la pointe ironique de cette observation – devrait être la religion appropriée à un continent, comme celui dont venait notre reporter ? Elle ne le serait jamais devenue s'il n'y avait eu ce passage de la ritualité à la narrativité. C'est à elle qu'on doit cette aisance avec laquelle, dans un passage des « Actes des Apôtres » spécialement conçu à cet effet, Paul qui, pour la première fois, parcourait le « monde » de son temps, pouvait étonner sur l'Acropole d'Athènes. Il était certes, lui, depuis longtemps, devenu un « systématique » de cette religion, et savait se contenter d'un minimum de décor narratif. Dont la « transportabilité » entraîna des difficultés avec la discipline dogmatique du « systématique » pour presque chacune des nouvelles communautés, dont la résolution déboucha sur un nouveau chapitre de théologie.

La ligne qui va de la narration à l'apologétique et à la dogmatique se prête à être prolongée dans l'autre sens : si telle fut la suite des événements, quel avait bien pu être le commencement ? La philologie analytique du Nouveau Testament a fait de la « communauté primitive » une association créative de récitants dans laquelle on agençait, on ajoutait, on reformulait ce qui était déjà en usage par bribes, dans les péricopes de la communauté « d'après Pâques ». Mais, dans une association cultuelle, on peut difficilement accepter que règne une grande « liberté » : les textes y deviennent vite « sacrés », et partant, défini-

---

14. Blumenberg n'emploie pas le terme de « périèques » dans son sens habituel qui désignait dans l'ancienne Sparte des citoyens libres sans droits, mais dans le sens étymologique d'« habitant des alentours ».

tifs. Si l'on veut supposer qu'ils avaient encore de l'élasticité, il faut déjà en faire une forme « secondaire » de remémoration : le texte explicite ce que célèbre le geste rituel, il doit le faire dans des proportions toujours plus grandes au fur et à mesure qu'à la communauté viennent se joindre des « convertis » qui n'ont rien vu, qui ne comprennent rien au cérémonial, à moins qu'on ne le leur explique. Au point que quelques années après, ceux qui expliquaient doivent eux-mêmes se mettre à réfléchir et faire des efforts pour se souvenir comment cela « avait vraiment été ».

Ce qui ressort alors, et qui en cas de succès de l'épreuve est à son tour « canonisé », doit être cohérent. Face à l'accomplissement des gestes, il est difficile d'apporter des arguments contradictoires ; mais une fois que le souvenir explicatif a pris forme, toute la construction devient instable. Il faut se mettre au travail. Surtout quand il existe déjà plus d'un formulaire explicatif et que les exégètes rivalisent entre eux d'authenticité, affirmant chacun avoir vu, et offrir ainsi la meilleure garantie : Marc a pu prétendre avoir vu Pierre, Luc avoir vu Marie, et Jean lui-même – bien que le plus tardif – a longtemps pu prétendre lui-même avoir vu, usant en ceci du privilège habituel du cadet. Il n'était plus personne pour pouvoir le contredire. Et Paul l'a merveilleusement compris, qui bien qu'il n'ait rien vu et qu'il n'ait eu personne pour donner sa garantie, revendiquait pour lui-même un degré « supérieur » de témoignage à celui de tous ces badauds, témoins des miracles du Rabbi que lui-même n'avait jamais connu.

Pourquoi tout ceci importe-il à l'auditeur de la *Passion selon saint Matthieu* qui vient avec au moins mille cinq cents ans de retard ? Parce que c'est encore l'unique manière possible d'en revenir au stade de la ritualité, sans abandonner l'acquis de la narrativité ni non plus *oser* y porter la main. Personne n'a jamais durablement réussi cela lors du passage de la narrativité à la fictionnalité ;

pas même les modernisateurs de l'édification, qui, avec leurs histoires « vécues », tiennent pour superflue la relation au « texte » – ce que fait chaque surintendant de l'église luthérienne avec *sa propre* provision de Passion pour la radio.

L'analyse du texte par les historiens des formes cultuelles a contribué à faire voir la « rhétorique » de l'œuvre de Bach dans la continuité de l'histoire première : comme quelque chose qui est « célébré », et non pas seulement diffusé pour « information ». La subordination du rite baptismal à la Résurrection, qui a reçue dans l'Épître de Paul aux Romains, sa sanction « systématique » pour la justification, est du même ordre. Ceci peut aussi s'éclairer par le fait étonnant que Jésus – bien qu'ayant lui-même été baptisé – n'a jamais baptisé. Ce qui, à partir de Paul, se comprend ainsi : le changement mystique d'identité par le baptême ne fut « fondé » *qu'après* la mort et la Résurrection.

Le rite de la Communion par contre est institué par Jésus dans un rapport extrêmement étroit avec la Passion, Jésus en a montré la « démarche », et il en a prescrit la répétition : tout un complexe de gestes, qui au fond n'a pas besoin de mots d'accompagnement. Pour le rite du pain rompu, il fallait qu'il y eût un mythe qui représentât comment on en était venu là et qui expliquât que ce rite n'avait pas seulement un caractère de complément, mais qu'il était lui-même l'accomplissement du devoir de souvenir, dont il relatait les circonstances dans lesquelles il avait été imposé. La convergence achevée ne vint qu'avec une liturgie dont les participants comprenaient déjà l'un comme condition de l'autre et entendaient les paroles qui l'instituaient comme des « paroles de transsubstantiation ». Mais le poids de ce devoir cultuel de souvenir était créé par le lien de la Communion avec la Passion, donné de manière si contraignante dans les paroles qui l'instituaient.

Si le chemin des textes était passé par les formes du culte, leur division en petites parties est aussi plausible que la tendance à parer l'écoute ou la lecture du texte de la même dignité que le culte lui-même. La prédication comme l'écoute de l'Évangile étaient elles-mêmes des instruments du Salut. Elles l'étaient en cela qu'en elles la justification par la foi s'y accomplissait sans la loi – une foi représentée par un type d'action et de contenu qui demeurait beaucoup plus indéterminé que ne pouvaient l'imaginer des tard-venus qui manipulaient avec tant de certitude le concept de foi, comme s'il ne suscitait pas de questions.

Une telle certitude est une « performance » de l'Histoire : on ne doute pas de savoir de quoi il s'agit parce que l'on ne sait plus poser les questions qui pourraient faire surgir un soupçon d'incertitude quant à ce qui est exigé. Sans parler de ce qui *pourrait* bien être exigé, sans, de son côté, prendre la « succession » de la loi. Ce dilemme de l'exigence de justification a entraîné Paul, et longtemps après lui Augustin, aussi bien que Luther et Calvin, dans l'impasse de la prédestination.

La réduction du récit de la Passion au culte de l'anamnèse inclut un fort besoin qu'on en apprenne davantage, d'autant que le noyau de l'action cultuelle était déjà si restreint que l'action de grâces et le pain rompu suffisaient à l'identification. La communauté voulait s'assurer qu'il ne s'agissait pas là d'un pieux arbitraire pour inaugurer une nouvelle prêtrise, et donc que cela se faisait sur l'injonction et au nom de celui qui avait aussi donné l'ordre du baptême. La répétition des paroles fondatrices était aussi bien satisfaction de ce besoin que manière d'éveiller un besoin ultérieur. Car Jésus n'avait pas seulement institué ce Repas, il l'avait mis en relation avec la Passion, avec son sang répandu *pour la multitude, pour le pardon des péchés*.

Ce pardon n'était-il donc pas acquis une fois pour toutes par le baptême ? Tel est le problème : mettre en relation de manière cohérente la célébration de la Passion avec le rite de la Résurrection. Il faudra bien qu'on voie que l'exigence d'une institution de Salut au-delà du baptême est en relation avec les nécessités momentanées de la communauté primitive. La rémission des péchés en une seule fois n'aurait exclu le cas d'une nouvelle défaillance que si on avait pu maintenir la situation d'alarme de l'Apocalypse – c'est-à-dire pour un laps de temps très court. On fit l'expérience qu'il ne pouvait en aller ainsi. Si la pression de la communauté primitive pour le retour du Seigneur disparu demeurait vaine, il fallait que son culte se transposât sur le caractère répétable de l'événement du Salut, qui pouvait compenser la résistance de moins en moins forte à une nouvelle faute : la rémission perpétuée, compte-tenu de la Passion. Selon cette tendance, et dans une expressivité qui n'est pas éloignée, la « grâce » conquise par la souffrance et par la mort était le Salut même qu'il fallait rendre présent dans le culte. Dans la langue de la *Passion* de Bach : *Sa chair et son sang, ô trésor inestimable, / Il les remet entre mes mains.*

De quelque manière que se soit constitué, lorsque le texte évangélique s'est dégagé du culte, le « double repas », souvent incriminé, de l'agneau de la Pâque et de l'institution du souvenir, il n'en reste pas moins que, pour l'auditeur de la *Passion,* le rituel instauré lors de l'Exode se relie avec celui de la rémission, avant que n'intervienne la purification baptismale. Lorsque Bach la met en musique, la position de la Passion dans la conscience croyante avait depuis longtemps pris le pas sur la puissance propre du baptême. Celui-ci était devenu davantage un rituel d'initiation que d'absolution de la faute, bien qu'on eût assisté à la naissance d'un « péché » encore inconnu de la communauté primitive : le péché originel d'Adam, transmis de génération en génération à toute l'espèce. Le baptême avait ainsi perdu sa relation avec la culpabilité individuelle de chacun, il était tout absorbé par son corollaire et la singularité de celui-ci. Après l'extinction des attentes eschatologiques, la culpabilité personnelle était devenue le drame de la vie individuelle, de nouveau livrée à la *multiplicité* de ses aspects, par opposition à la *simplicité* de ladite faute originelle. La démesure de la Rémission par la Passion, promise par le pain et le vin de la Cène ne pouvait être mise en relation qu'avec ce qui emplissait la conscience.

Négligeant de manière véritablement « œcuménique » les particularités de la « justification » de la Réforme, la *Passion* de Bach est toute pénétrée et animée par le concept de l'agneau qui souffre pour l'âme. Le rang de l'œuvre réside aussi dans sa « générosité » théologique. Celle-ci détermine la découpe de l'ensemble du texte, qui va de la scène à Béthanie jusqu'à la pierre roulée pour sceller le tombeau. On atteint là à une sorte de « caractère original », qui ne vient certes pas immédiatement de l'origine cultuelle de l'Évangile, mais qui est en mesure de restituer celle-ci à travers de nouveaux facteurs.

La portée de cette générosité théologique est manifeste, mais elle reste peut-être pour toujours indéfinissable, ce qui pourrait seulement vouloir dire : elle reste toujours à éprouver. Toute « réception » pour soi doit en prendre le risque.

En ceci la musique de la *Passion* est héritière du rite : le symbole peut se montrer généreux. Dans le récitatif de l'évangéliste, personne ne va s'enquérir de plus près de ce que veulent exactement dire les actions de grâce pour le pain rompu et les paroles de Jésus : *Prenez, mangez, ceci est mon corps*. Il ne s'agit pas d'une invite à douter du texte auquel la musique confère la qualité sacrée de ce qui ne saurait être questionné. C'est la condition d'existence de cette « générosité ».

L'« AUDITEUR IMPLICITE »
SAUVÉ DE LA RAISON HISTORIQUE

La critique historique n'a que trop clairement mis à jour certains des assemblages et des ajouts pratiqués sur le texte biblique, dont le lecteur qui, de la recherche, revient au texte, n'arrive plus à se défaire et dont il ne peut pas supposer qu'ils n'aient pas déjà et d'autant mieux été remarqués par l'auditeur et le lecteur pieux. Et ce, dans la mesure même où il se laisse entraîner par le texte sacré. Se peut-il que personne n'ait éprouvé de malaise devant ces incohérences tangibles ?

Même après des siècles de démontage critique des Évangiles, la musique de la *Passion* de Bach fait pour ainsi dire « oublier » à l'héritier tardif des Lumières que ce qui est transmis par Matthieu résiste quelque peu. Il commence à ressentir à son tour pour quelle raison la vigilance supposée des pieux n'a pas suscité de malaise. Dans ce drame, les contradictions s'effacent : celui-ci se déroule au seul niveau d'une existence divine / humaine – quoi que puisse signifier cette double nature – qui par rapport à ce qui va survenir doit rester contradictoire : la souffrance et la gloire, la mort et le retour pour le Jugement dernier. Ce que le texte, à ce qu'il semble, n'arrive pas à faire cohabiter, la musique l'homogénéise, elle qui ne peut avoir aucune logique contre elle. Et qui ne connaît pas non plus la question de l'« identité » de ce sujet déchiré, capable dans le laps de temps le plus court d'éprouver l'angoisse de la créature comme l'orgueil d'un roi.

Lors même du repas d'adieu avec les disciples, Jésus prit une coupe, rendit grâce, dit que ce vin était son sang et invita tous les convives à boire : de son sang répandu venait le Nouveau Testament, et l'alliance (*diathēkē*) était scellée pour la multitude en rémission de ses péchés. Immédiatement après cette prédiction du sang répandu et de la rémission, intervient la promesse messianique présentée comme but ultime de l'ensemble : *Je ne boirai plus désormais de ce fruit de la vigne jusqu'au jour où je le boirai, nouveau, avec vous dans le Royaume de mon Père.* La mort, la rémission et le temps du Salut sont entremêlés et imbriqués d'une manière à peine concevable.

Pourquoi faut-il que celui-ci meure pour que les péchés soient pardonnés et que l'on puisse de nouveau boire au Royaume de son Père ? Pourquoi autant pour si peu ? C'est là pourtant le testament que le soprano reprend *avec joie* dans le récitatif : *Bien que mon cœur baigne dans les larmes / Que Jésus m'ait quitté.* En cela se reflète l'ambivalence de l'événement, et, dans l'aria, il semble bien que grâce à ce sang l'âme participe déjà tout à fait de la purification et qu'elle soit digne de dédommager Jésus qui quitte le monde : *Si le monde est trop petit pour toi / Eh bien il faut que tu sois pour moi seul / Plus que le monde et le ciel.*

Dans le récit de l'évangéliste, tous entonnent encore un chant d'action de grâces (*hymnēsantes*) avant de partir pour le mont des Oliviers. Jésus doit alors annoncer tout autre chose : *Cette nuit même vous allez tous tomber* [15] *à cause de moi.* À ce moment, il n'est pas l'agneau du sacrifice, cette figure majeure que conjurait le chœur d'entrée de la *Passion,* l'agneau qui verse son sang pour la nouvelle grâce divine, il est le berger que l'on frappe, *et les brebis du troupeau seront dispersées.* Ils sont perdus comme sont perdues les brebis d'un troupeau quand le pâtre vient à faillir à sa tâche. Aucune critique du texte ne peut avoir permis que la phrase suivante ait jamais été prononcée par Jésus : *Mais une fois ressuscité, je vous*

---

15. La Bible de Luther citée par Blumenberg dit : « In dieser Nacht werdet ihr euch alle ärgern an mir. » La TOB fait apparaître le sens étymologique : le scandale (grec : « skandalon », allemand : « Ärgernis ») est un obstacle, une pierre d'achoppement qui fait trébucher et « tomber ».

précéderai en Galilée. Aux yeux de l'évangéliste pourtant, Jésus doit être lui-même effrayé par la parole de l'Ancien Testament sur le pasteur que l'on frappe et son troupeau perdu ; car il leur dit où et comment le berger rassemblera de nouveau le troupeau.

Pierre, qui par la suite fait le fanfaron, n'a donc pas non plus entendu ce qui était dit sur la résurrection et sur le renouveau du troupeau ; il en reste au *skandalizesthai,* il est offusqué de ce qui va arriver. « Ne pas entendre » est une expression psychologique. L'auditeur de la *Passion* n'en a pas besoin. Dans sa crédulité, le chœur lui ôte toute pensée de méfiance en s'emparant du motif du berger, comme si celui-ci n'était justement pas apparu dans le sens du troupeau abandonné : *Reconnais-moi, mon gardien ! / Mon berger, prends-moi avec toi !* Après quoi Pierre est celui qui adopte la mauvaise tonalité, il reprend avec entêtement le fil, là où celui-ci a été déjà renoué autour de l'événement de la Passion.

La musique fonde une identité que le texte, cet assemblage hétérogène, ne saurait instituer, même si l'évangéliste supposé unique avait mis sa plus grande perspicacité à vouloir l'instaurer. Peu avant que la nouvelle critique biblique ne transpose le scandale de celui qui souffre à cause de ce qu'on écrit de lui, Bach, comme s'il avait pressenti ce qui pouvait encore être sauvé, avait trouvé une autre planche de salut pour l'Évangile.

Il faudrait que quelqu'un pût être assez pieux pour comprendre comme un événement de Salut cet acte de sauvetage de la seule image de la catastrophe qui s'annonce, ou même croire en lui. Pour celui qui se tient en dehors de cet horizon de confiance dans le Salut, ce qui advient là est plutôt étrange et inquiétant : c'est, à travers et par l'esprit de la musique, prévenir l'entrée en scène de la raison historique. À chaque audition de la *Passion* on devient témoin de la fondation d'une institution qui ne saurait avoir aucune continuité temporelle avec celle fondée par Jésus lors de la Cène, et qui pourtant en reprend l'héritage, comme si c'était là celui du berger battu pour son troupeau perdu.

La fondation de l'identité ne peut être ici qu'affaire de l'« art ». On s'en aperçoit clairement en ceci que les disciples ne prennent nullement conscience du « scandale » du Fils de l'homme qui s'en prend à son Père, parce qu'ils ont auparavant bénéficié de la grâce de sombrer dans le sommeil. Celui qui venait d'offrir la coupe, condition symbolique du Salut, parle maintenant d'une coupe – la même ? – qu'il voudrait voir passer loin de lui. Ce n'est qu'aux oreilles de la postérité qui croit en lui que Jésus doute et désespère de pouvoir et de devoir être à la hauteur du prix. Sans qu'il y ait le moindre tentateur, la tentation surgit de ne pas vouloir être celui pour lequel il vient de se faire passer. Ou encore, ce que l'on n'a presque jamais lu dans ce texte : la tentation de renégocier avec le Père les conditions du pardon et de la possession du Royaume, dont la nécessité à cet instant ne semble plus le remplir – pas plus que l'auditeur non croyant de la Passion ne parvient à les comprendre comme nécessaires.

Ici comme là, le scandale et la pierre d'achoppement, c'est ce qui figure sous le titre de la « volonté » paternelle. À travers celle-ci, Jésus devient l'instrument d'un décret qui doit avoir posé la condition sous laquelle il agit maintenant. Cela ne saurait être épargné – pourquoi ? Jésus ne pose pas la question, et pourtant il doit avoir entrevu un sens à résoudre la tâche qui lui est assignée sans faire le sacrifice de lui-même. En se soumettant à cette volonté désormais *étrangère,* du berger qu'il était, il devient l'agneau du sacrifice, dont il est pourtant absurde de dire qu'il s'offre lui-même. Il est l'agneau parce que, à partir de ce moment, il *est sacrifié,* après avoir avoué, sans que les dormeurs puissent l'entendre, que ce n'est pas *sa* volonté qui est maintenant exécutée sur lui afin qu'il devienne le Salut des autres.

Voici qui prépare l'ultime parole en *lingua aramaica* sur la Croix : la plainte de celui qui, accomplissant la volonté d'un autre, se trouve abandonné par lui dans cette situation, comme si c'était là la plus perfide des clauses inconnues d'un pacte de Salut qu'il n'a jamais eu sous les yeux – peut-être de cette *diathēkē* dont Jésus avait parlé, la coupe à la main, à laquelle il se réfère sûrement quand il souhaiterait qu'elle ne lui soit pas présentée afin d'être déchargé d'une intention qui lui est devenue étrangère.

Ce qui avait été présenté à l'auditeur de l'Évangile comme humanité du Fils de l'homme, devait consister dogmatiquement en un soulagement, en une perte de sérieux presque docète : comment était-il possible que le Fils de Dieu fût en désaccord avec le Père, devînt non-un avec Lui ? Ne fallait-il pas que fût parlée là une langue qui ne pouvait être celle de la relation interne à la divinité même ? Qui ne pourrait être que l'apparition d'un être-en-soi, par rapport auquel tous les autres allaient au mieux se comporter comme les disciples, s'appuyant à ce moment à bon droit sur leur besoin de sommeil ? Il n'y eut pas de témoins de cette scène – et il ne pouvait y en avoir. Cette scène fut comme si elle n'avait pas été – pourquoi auraient-ils dû veiller avec lui ?

Une fois encore, le sens de la musique s'approfondit : elle fait supporter l'insupportable et elle offre, au lieu de la grâce du sommeil, les faveurs, inaccessibles à ces dormeurs, de sa beauté.

L'HORIZON MÉTAPHORIQUE

Le rachat

En deux millénaires de christianisme, la « Rédemption » est devenue un mot d'usage courant. Comme les hommes ont toujours motif de vouloir être « rédimés » de quelque chose, l'influence et le réconfort procurés par ce titre ont été d'autant plus constants que n'était pas trop clairement déterminé de quoi cette période de l'Histoire avait commencé à nous racheter. Mais même s'il devait apparaître plus clairement *de quoi* la Rédemption était la promesse et la garantie, et si la conscience d'un *besoin* de rédemption correspondait à ce point de départ, il reste que le rapport causal des événements bibliques et de leur personnage central avec le fait même de la Rédemption était bien reconnu, mais pas connu selon sa procédure et son succès.

Si l'on en revient aux authentiques « significations » linguistiques et imaginaires de ce complexe qui tend à se constituer en concept, on est stupéfait, désemparé, peut-être même brusqué, par le caractère incontournable des champs conceptuels de « rachat » et d'« argent »[16]. En définitive, la philosophie et la théologie ont en commun à leur racine la *chrématophobie,* le mouvement de recul devant le syndrome de l'argent : elle concerne Socrate aussi bien que Jésus et leurs « disciples » à tous deux, jusqu'à la rébellion de Luther contre le lien établi entre le Salut et l'argent. C'est pourquoi on n'entend pas d'une bonne oreille que la Rédemption (*Erlösung*) ait été véri-

---

16. Dans tout ce chapitre, Blumenberg joue sur la parenté, plus apparente en allemand qu'en français, entre les notions de rédemption, de Salut (« Erlösung ») et les notions de rachat, de rançon (« Lösegeld, loskaufen, Auslösung »). La racine commune « -los » désigne la libération (d'une captivité), le désengagement, le détachement (d'une obligation).

tablement « libération » (*Auslösung*) d'une violence étrangère par le versement d'un prix exigé ou convenu.

Cette signification a son origine dans un monde qui comptait au nombre de ses réalités quotidiennes l'esclavage, la captivité de guerre et toutes sortes de châtiments dont on pouvait être racheté ou affranchi. Nombre de ces institutions n'existaient en fait que dans le but d'extorquer une rançon, car, d'une manière générale, c'est elle qui était recherchée en tant que monnaie d'échange du butin. Le dieu de l'Ancien Testament est celui qui rachète ses élus de leur servitude, et s'il ne semble pas verser de rançon, cela tient seulement au fait qu'on ne voit pas qu'en leur épargnant des fléaux pires encore il paye en fait une « prime » pour leur affranchissement. En définitive, la provision de fléaux destinés à Pharaon n'était pas épuisée, lorsque celui-ci admit que cela suffisait et qu'il autorisa le peuple de ce dieu étranger à quitter la terre de Goshèn. La rançon, c'est aussi le renoncement au reste.

Quoi qu'il en soit, il reste une question en embuscade : pourquoi ce Puissant, qui « en étendant seulement son bras » et par la puissance de son Verbe avait pu susciter la Création du monde, pourquoi s'est-il laissé aller à mettre en œuvre toute une procédure qui semblait nier sa grandeur ? L'idée répandue que *tout a son prix* ne pouvait pourtant pas être celle de l'être le plus puissant, même s'il lui manquait encore la toute-puissance proprement dite, qui ne devait être qu'un produit tardif des attributions divines.

Si le principe du « rachat » court donc déjà à travers toute l'histoire d'Israël, il ne culmine vraiment qu'avec la proposition d'une « rançon » (*lytrón*), comme noyau dur de l'institution du Salut par la Passion ; chez Marc : *Le Fils de l'homme est venu pour donner sa vie en rançon pour la multitude.* Abstraction faite de savoir si, du point de vue de la critique des sources, cela pourra jamais devenir un *logion* de Jésus, par rapport à l'arrière-plan métaphorique de la langue, dans laquelle on parle de cette souffrance et de cette mort, il y a là un « rachat » pour beaucoup, voire pour la plupart (*hoi polloi*) des hommes, d'une servitude qui, avec toujours plus de prudence, est dite être celle du péché, mais qui a d'abord été celle du tentateur et de l'accusateur (*diabolos*), à qui on ne pouvait pas simplement contester son droit – on était en « relations », on était admis au « procès » ! – mais qu'il fallait plutôt racheter ou déjouer par la ruse.

Tout docétisme favorise la ruse – mais l'Église à venir n'aurait jamais été « romaine », si elle n'avait pas pu faire état d'une procédure formulable en termes de droit. C'est pourquoi l'expédient le plus simple pour un Père céleste miséricordieux, à savoir accorder une amnistie à ses créatures, était sans solidité dans sa substance et n'était pas inépuisable parce qu'il n'était pas applicable à des péchés ultérieurs. Ce qui était en jeu, c'était l'incontestabilité, et donc le « réalisme » des équivalents des modes de pensée d'une civilisation réglée par des structures juridiques. Que le prix d'achat ne fût pas délivré « en bonne et due forme » à l'autre partie, cela tenait à l'impossibilité de le rendre représentable dans l'environnement *théologique* des auteurs du Nouveau Testament.

Il est aisé de s'imaginer une atténuation face à la prétention *juridique* : l'argent du rachat est « consigné » en haut lieu, jusqu'au Jour du Jugement, quand toutes les créances seront mises en balance – c'est-à-dire bientôt. Paul était donc tout à fait cohérent quand il considérait que la rémission des fautes au Jour du Jugement valait déjà comme anticipation du jugement.

Avec le recul, tout se passe comme si cela avait été spécifiquement pensé pour le « réalisme » grossier des Latins d'Afrique, ou du moins laissé ouvert pour eux – pour les Tertullien, Arnobius et avant tout Augustin, pour qui il n'y avait jamais assez de formes juridiques pour garantir le droit du Salut. Il est vrai qu'il n'est systématisé qu'au troisième et au quatrième siècles après l'incarnation du Sauveur, mais il n'est pas tout à fait tombé du ciel. On rencontre ici bien moins de distance spéculative que chez les Grecs d'Alexandrie pour qui la rémission de la dette avait si peu de signification, et le titre salvateur d'une déification autant.

Le trésor des grâces devient alors *infini*, ce qu'il n'avait pas besoin d'être pour la formalité du rachat et qu'il n'a pu devenir que parce qu'il *fallait* définir un véritable gain de Salut à la hauteur de *ce* sacrifice. L'homme devenait plus que ce qu'il n'avait jamais été, et la promesse du serpent au Paradis était au fond la prophétie du but, seuls les moyens étaient regrettablement mauvais.

L'infinitude du trésor des grâces amenait presque inévitablement à considérer comme rémissible la faute de l'archange déchu, faute ridiculement finie et limitée en comparaison. En ce point, Origène poussa si loin la conséquence que la répétition du cours du monde et des chances de Salut devint l'essence même du succès du Salut. *Anathema sit*, telle fut la condamnation proférée à l'encontre du plus grand hérétique de la théologie, mais qui tout comme le Prince des Ténèbres était en droit de se savoir par avance gracié.

Une rançon a pour fonction de représenter quelque chose d'autre qui arrive à échéance, une valeur venue à terme et dont il faut répondre, à la limite, une vie avec la contre-valeur de sa servitude. Ainsi également, et surtout, lors du sacrifice cultuel, où tout dépend de celui qui peut se contenter d'une chose à la place de l'autre, comme ce fut le cas d'El Schaddai qui se contenta du bélier en lieu et place d'Isaac qu'il avait exigé d'Abraham. Ainsi se trouve préfiguré le déplacement qui fait passer de l'exigence *naturelle* à l'exigence *symbolique*, où tout dépend de la reconnaissance de la légitimité de la prétention *et* de sa réduction sous forme réglée.

Le symbole est le contraire de la simple apparence, tout comme il pourrait être la chose même, parce que « l'autre partie » l'a « élévé » au rang de celle-ci et lui a conféré la même valeur. Est valeur *ce pour quoi* quelque chose est accepté. Le sauvetage du symbole par rapport au *docétisme* précède de beaucoup le sauvetage de ce même symbole par rapport au *nominalisme* dans les grandes disputes sur l'Eucharistie : Jésus n'est pas comme le bélier d'Abraham un simple représentant, en tant qu'innocent exempt de péchés il est la plus haute valeur de la relation même à Dieu. Dans la « Première Épître », Pierre avait déjà eu l'occasion d'assurer que, chez ce Christ qui souffrit à notre place (*epathen hyper hymōn*), il ne s'était pas trouvé de tromperie dans sa bouche, de sorte qu'il ne pouvait emporter rien d'autre que nos propres péchés « en mourant sur le bois ». Comme si un échange avait eu lieu : transfert de la culpabilité de ceux qui n'en avaient que trop sur celui qui était encore libre de tout porter et de le faire disparaître.

Que l'on n'aille pas ici prêter attention au caractère forcé de l'image de l'échange, mais bien plutôt à la charge manifeste de questions surgies par la suite, qui sont encore tout à fait étrangères à l'évangéliste de la *Passion selon saint Matthieu*. La qualité des solutions peut bien paraître douteuse, et à plus forte raison troublante leur multiplicité – il faut mettre en évidence comment très tôt les problèmes de réalité et de symbole, qui n'ont connu leur plein épanouissement, leur gonflement aussi, qu'avec la « scolastique », comment ces problèmes se présentent, visant tous à éviter l'apparence, qui pour sa part semblait si nécessaire pour « sauver » la pureté du concept divin.

Sauver cette pureté n'était nullement le « sens » d'une histoire qui devait « rembourser » jusqu'à la mort de Dieu ce que l'Ancien Testament avait « rapporté » en fait de sublimation de Dieu : la *Passion* de Bach permet à son auditeur tardif de s'en rendre compte, lui qui est passé par de nouvelles abstractions encore plus pures *après* la théologie ou même qui n'est « à l'œuvre » *qu'au milieu de celles-ci*. Si l'on pense à l'arrière-plan métaphorique de la « rançon », il faut se souvenir ici de ce qu'explique Georg Simmel, dans la *Philosophie de l'argent*, parue en 1900, sur la substance dans le concept de valeur : il faut toujours que le symbolique conserve un résidu de la valeur-substance si ce qui dans la valeur-signe est légitimement nominal ne veut pas se dissoudre dans le néant de la non-fiabilité. Au sommet même de ses acquis qui lui confèrent la dignité de l'existence, l'*animal symbolicum* de Cassirer doit encore supporter, à titre de « résidu anthropogénétique » de celle-ci, l'indécision entre l'« être » et l'« apparence ». Ce n'est pas son « péché », il est simplement apparu à l'occasion de celui-ci.

Ce monde où la Rédemption peut être comprise comme paiement d'une « rançon » est traversé de rapports de propriétés qui lient les humains : les pères aux enfants, les maris aux femmes, les maîtres aux sujets, les dieux aux hommes. De tels rapports ne sont interprétés comme des formes d'esclavage que quand la propriété passe d'une main à une autre. Que Dieu, comme Créateur, exerce une propriété sur le monde et sur l'homme, cela s'est effacé dans sa prétention à être obéi comme législateur et comme partie contractante, mais ce droit de propriété poursuit sa vie comme corollaire du Premier Article jusque dans la théologie chrétienne actuelle : l'homme ne doit pas se vanter de s'appartenir à lui-même, c'est là une proposition centrale de la *Théologie du Nouveau Testament* de Rudolf Bultmann.

Quand, dans la Bible, il est question du pouvoir (*exousia*) de Satan sur les hommes, il s'agit de l'exercice d'un droit de propriété qui paraît déduit de celui du Créateur. Comment cela se fait exactement est une énigme. Depuis Abel et Caïn – qui en cela sont à la même enseigne – les premiers-nés des troupeaux et les prémices des récoltes appartiennent au Créateur comme dons les plus exquis. Mais aussi comme substitut symbolique du renoncement à la totalité. Les premiers-nés des hommes appartiennent à Dieu, et voilà que la loi dictée du haut du Sinaï eut l'idée d'accepter l'une des douze tribus à la place des premiers-nés de toutes les autres : les descendants de Lévi, fils de Jacob. Le monde ne peut exister qu'en vertu du renoncement partiel à la totalité de la propriété, et la fiabilité de cette concession est garantie par des lois. Le droit sacré a développé le sens de la « substitution », il a déterminé comment l'histoire de la dogmatique chrétienne devait continuer à cultiver la sphère intermédiaire entre réalité et symbole.

Lier le concept de Rédemption à celui de propriété fait du « péché » un ingrédient hétérogène. La pensée que l'espèce entière ait péché en Adam est une « traduction » étrangement tardive du transfert d'une main à l'autre du droit de propriété exercé sur l'homme : de la main du maître du jardin d'Eden à celle du Seigneur du monde. Dieu ne s'en était pas tenu à sa propriété, il ne l'avait pas pu parce que l'ennemi avait pénétré dans sa région - par la ruse de la métamorphose du serpent, comme il convient à un faux dieu. Il y aurait un arrangement qui renverserait la situation. Les doctrines docètes poussèrent la conséquence jusqu'à décrire à leur tour comme métamorphose et infiltration le moyen lui-même, – sans songer que sous l'influence de la philosophie, qui en vertu du concept n'entendait plus tout permettre aux dieux, l'époque des dieux « immoraux » était révolue.

À y regarder de près, la complexité et la douleur de la Passion sont la conséquence du respect des droits de propriété en tant qu'ils étaient le ciment du monde. Le discours prophétique tardif, aussi bien que l'apocalyptique, auraient volontiers vu Dieu dans la grandeur de celui qui ne fait qu'exercer partout son droit universel, en arrachant « son peuple » à ses servitudes et en lui faisant grâce de certaines charges définies par contrat. Le messianisme véhicule beaucoup de cette substitution du droit par la violence à la fin des temps, dans la mesure où la violence n'est qu'une manière d'imposer une propriété universelle « primitive ». La possibilité de juger le monde est aussi la conséquence du droit de propriété exercé sur lui, et non de l'exécration que Dieu voue au péché considéré comme offense à sa majesté. Et ce n'est pas pour rien que les premiers siècles de l'histoire chrétienne, dans la mesure où il leur fallait faire oublier l'attente d'un Jugement imminent (ce qu'ils ne font que trop volontiers !), sont marqués par le personnage du martyr, qui, d'une manière tout à fait inattendue, scelle une deuxième fois avec son sang le droit de Dieu à la fidélité des siens – « rançon » en petite monnaie en cas de retour imprévu du pacte avec Satan. Le sang des martyrs faisait taire les doutes sur la possibilité d'effacer par un simple renouvellement du baptême la peccabilité resurgie du fait de la perpétuation. Le repas consacré au souvenir *du* Saint devait désormais être célébré sur les tombes *des* Saints.

Si le baptême était une union avec le Ressuscité de Pâques, l'Eucharistie, elle, s'adressait au mourant sur la croix. Et l'on pourrait aller plus loin, dire plus radicalement encore : elle s'adressait à ce moment, le plus difficile, de l'abandon par Dieu, qui le faisait être un avec les hommes livrés au mal du monde. Dans cet instant, de manière plus que symbolique, il s'était offert en propriété à l'ange de la mort, au prince de l'Hadès. Aussi la descente dans l'Hadès pendant l'ensevelissement au tombeau n'était-elle rien d'autre que la conséquence de ce transfert de propriété : la Passion était la condition nécessaire au renversement de ce qui était survenu au Paradis, pour permettre l'intrusion dans la région de l'Autre et lui arracher sa propriété en échange de la seule garantie que Jésus quitterait de nouveau ce royaume étranger. Sans ruse ni truquage donc, sans ingrédients docètes non plus, le *descensus ad inferos* peut être reconstitué selon sa légitimation, ce qui permet en même temps d'éviter la perspective messianique d'un acte de pure puissance, d'un triomphe – qui devait rester pourtant tout à fait imperceptible. Une telle approche soulève en effet la question lancinante : pourquoi donc *tout* ce qui aurait équivalu à l'acte salvateur ne fut-il pas sur le champ accompli par la puissance, par la poigne de Dieu ? Au lieu de cela, il n'y eut que respect de relations de droit, dans un contexte donné et toujours prévalant de propriété.

Le rapport entre propriété et obéissance est constitutif du concept de péché comme aussi bien de son expiation. Dans ce complexe d'idées, l'accent peut être placé sur la négation : celui qui n'est pas propriété n'a pas besoin d'agir par obéissance. Plus important pour la langue biblique : celui qui n'obéit pas nie le droit du propriétaire sur sa personne, ainsi que le devoir de protection qui y est attaché, – il devient *res nullius* dépourvu de maître, et c'est à bon droit qu'en tant que proscrit il tombe entre les mains de l'Autre. C'est pourquoi l'obéissance est la quintessence de la restitution : l'obéissance absolue, qui ne se réfère à aucune « morale ». La Passion est avant tout *injustice*, dérision de toute justice. Incarnation de l'obéissance, la croix est restauration de la propriété aussi bien comme droit dont on dispose que comme obligation. Dans ce sens seulement un péché est expié, parce qu'il avait été contestation de la propriété. Même si les contenus des dispositions divines sur sa propriété ont tout l'air d'être les parties constitutives d'une « morale », et de ce fait les critères d'une qualité, ils sont pourtant selon leur caractère obligatoire quelque chose de tout à fait autre : quelque chose comme la continuation des paroles de la Création *Que cela soit !* avec leur suite : *Et cela fut !* Le péché, c'est comme si la Création n'avait pas été réalisée. Et ce, par refus du Néant à renoncer à lui-même, à devenir quelque chose. En son noyau la chute de l'ange n'avait-elle pas été contradiction et résistance envers la Création ?

La Passion n'est pas quelque chose comme la représentation d'un idéal de comportement qui plairait à Dieu, et dont la contemplation lui confèrerait l'évidence du devoir à accomplir comme c'est le cas des idées platoniciennes pour le catalogue des vertus. La Passion est l'acte générique de renouvellement de la propriété *par* l'obéissance ; en cela elle est la caution légale *pour* l'obéissance.

C'est pourquoi la question de la Passion était déjà résolue sur le mont des Oliviers : il ne s'agira pas de saisir noblement la proposition d'une mission universelle avec la perspective d'assumer à la fin le rôle du juge, il s'agit bien plutôt d'une confrontation effrayée avec l'obéissance perçue comme une exigence démesurée, qui ne peut pas devenir volonté propre, mais seulement soumission. Ce n'est pas seulement que l'« autonomie » demeure inconnue, elle reste exclue sans son concept, parce que réserve devant toute obéissance.

Dans la littérature exégétique, on cite une parabole rabbinique sur le devoir de rachat des esclaves juifs tombés au pouvoir des païens : celle-ci dessine très nettement l'horizon sur lequel il faut se représenter le « rachat » ; elle vise en effet à dire que le sens du rachat n'est pas la liberté, mais le passage d'une non-liberté à une autre non-liberté. Il n'y a pas de *res nullius* : le fils de l'ami d'un roi est tombé en captivité, ce roi le rachète et veille aussitôt à lui faire clairement comprendre qu'ainsi il ne lui a pas procuré la liberté, mais seulement l'esclavage dans *sa* propriété à lui ; il peut donc dans ses ordres se référer à ce transfert de propriété : *Tu es mon esclave !* Et c'est ainsi que cela s'était passé, lorsque Dieu avait racheté les fruits de la semence de son ami Abraham et les avait arrachés à la captivité d'Égypte ; il ne les avait pas fait siens comme ses enfants mais comme ses esclaves, pour pouvoir leur dire, au cas où ils refuseraient ses prescriptions : *Vous êtes mes esclaves !* Le « rachat », sous l'aspect encore compréhensible pour les contemporains de Jésus, se révèle comme le moyen d'une possibilité de modification « modérée ». Elle ne peut pas obtenir la libération, mais seulement le passage d'une propriété à une autre. Il est presque prévisible que la mystique de l'acquittement dans « l'Épître aux Romains » de Paul, sorte de garantie de subsister devant le juge du monde, serait à long terme l'interprétation qui s'imposerait, car la Rédemption (*apolytrōsis*) y est aussi plus indépendante de la compréhension du monde.

L'agneau

L'agneau est un mouton sexuellement immature. Il est l'animal de sacrifice par excellence, et, parmi les prémices et les premiers-nés de la nature, il est celui qui plaît le plus à Dieu. C'est la victime qui, du fait de son innocence, est la plus digne de pitié. Confronté à l'agneau de la fable, le loup, avec toute l'avidité qu'il représente, fait évidemment la pire des impressions.

Dans le chœur d'entrée de la *Passion selon saint Matthieu,* l'agneau suscite plutôt le malaise. Certes, en tant qu'« agneau de Dieu » innocent mis à mort sur la Croix, il accède à la dignité biblique et liturgique. Mais sa fatalité c'est aussi que son nom (*Lamm*) rime avec « fiancé » (*Bräutigam*) [17].

Les filles de Sion, que le chœur dès le premier mot appelle à se lamenter, doivent voir le fiancé – et c'est seulement pour introduire celui-ci qu'elles se voient attribuer les lamentations –, mais contre toute logique elles doivent le voir *tel un agneau*. Et, qui plus est, elles évoquent tout de suite après, ce personnage qui doit *lui-même*

---

17. Le texte dit : « Seht den Bräutigam / Seht ihn als wie ein Lamm ! » (« Voyez le fiancé, voyez-le tel un agneau ! »).

porter le bois de la Croix – tournure visiblement tirée de la représentation selon laquelle l'agneau doit apporter le bois pour l'holocauste dont il sera la victime.

Cette interférence du fiancé mystique de l'âme croyante avec l'animal sacrificiel du culte du Temple parvenu à sa fin provoque un embarras dont le manque d'inspiration musicale est vigoureusement interrompu par la parole de l'évangéliste qui enchaîne avec la prédiction de Jésus sur le Fils de l'homme livré à la crucifixion. Le contraste avec la molle imprécision du double chœur d'entrée arrache l'auditeur à la gênante situation de devoir réfléchir plus profondément à la superposition des métaphores.

La familiarité avec laquelle l'agneau, en tant qu'animal innocent et animal de sacrifice, se prête pour constituer un oxymore avec le fiancé, avait aussi fait de lui la figure qui dans l'iconographie accompagne les deux Jean : le Baptiste, qui lors de la première venue du Christ à sa mission, sur les rives du Jourdain, s'exclame : *Voici l'agneau de Dieu* – comme le Jean de l'« Apocalypse », qui fait ainsi commencer l'une de ses visions : *Et je vis : l'agneau était debout sur la montagne de Sion*. Auparavant déjà, l'agneau avait pris place au milieu des anciens *comme immolé*, seul de tous les personnages de l'« Apocalypse » à être trouvé digne de prendre en mains le Livre scellé des Jugements et de briser ses sept sceaux. Il s'agit bien avec lui d'une Révélation de premier ordre.

Si un créateur ou poète est dans l'impasse et a besoin d'une figure de Révélation pour prolonger son action, s'il a besoin d'un secours divin, parce que sinon tout serait fini, il pourrait entre autres avoir recours à l'agneau. Avec délicatesse, Thomas Mann l'a même choisi deux fois dans *L'Élu*, pour arracher la papauté romaine, grâce à la sainteté de son très grand pécheur, Grégoire, à une crise de décadence qui menaçait de la ruiner. Comment sinon aurait-il pu être arraché de son rocher d'expiation au milieu du lac pour être élevé sur le trône de Pierre, si ce n'est par l'apparition de l'agneau qui saigne ? Thomas Mann se mesure à Jean Sébastien Bach – et l'un échoue aussi bien que l'autre. Car même le lecteur le plus préparé à la légende et aux exagérations médiévales contestera à l'auteur cette « solution » de l'absence d'issue, à tout le moins il sera amené à se poser plusieurs fois la question : était-ce nécessaire ? L'agneau sacrificiel était patient, parce que muet ; cet agneau qui saigne parle, et même d'un ton de commandement, avec cette certitude dont sont capables les doux.

Tout l'art de cette vision de l'agneau tient au charme de l'impossible qui émane de cette scène dans une Rome à l'abandon, tombée en ruines, comme si avant la fin du monde rien n'avait plus vraiment d'importance, près d'un banc de marbre orné de têtes de Pan et avec vue sur un Cupidon de pierre renversé et sans tête, mais avec arc et flèche. C'était, est-il dit, au crépuscule d'un doux soir d'avril, que l'agneau surgit devant le patricien Probe Anicius : *Le sang coulait de son flanc. Il ouvrit son émouvante bouche agneline et d'une voix frémissante mais suave et qui vous allait droit à l'âme, il dit : – Probe, Probe, écoute-moi ! J'ai une grande nouvelle à t'annoncer* [18]. Celui-ci ne releva pas la « grande nouvelle » et ne vit que l'état de l'agneau, si digne de compassion, de sorte que les larmes lui vinrent aux yeux et que son cœur *s'emplit d'amour jusqu'à déborder*. C'est là l'artifice majeur qui chasse l'insupportable : l'effusion sentimentale du vieux Romain pour l'« agneau de Dieu », son élan caritatif pour soigner la blessure, et, par contre, la dureté inattendue dont fait preuve l'agneau pour se soustraire à tout service d'amour, comme cela se doit pour une mission qui supplante tout le reste : *Laisse, dit l'Agneau. Il est très nécessaire que je saigne.*

---

18. Th. Mann, *L'Élu*, Paris, Albin Michel, 1952, trad. L. Servicen, p. 257.

Cet échange des « rôles », cette contradiction entre états d'esprit et forme extérieure de l'événement, brise l'irrecevabilité esthétique : c'est une violence contre la répugnance du lecteur à accepter de telles choses jusqu'à ce qu'elles commencent à lui plaire. Alors il est trop tard. Car l'agneau est tout empli du mandat impératif de mettre en œuvre l'autorité de son *Habetis Papam* en ramenant le pénitent de son exil inhospitalier, sans souffrir ni contradiction ni objection. Après que l'agneau eut adopté une attitude si impérieuse en donnant l'ordre de faire l'Histoire, tout l'épisode peut bien se conclure par la métamorphose presque kitsch des gouttes de sang en boutons de rose.

Le lecteur considère qu'il s'agit là d'une concurrence superflue de l'auteur avec Franz Werfel, déjà décédé à l'époque [19], mais il est bientôt convaincu de mieux par un apologue d'objectivation : l'autre, le prince de l'Église, à qui l'agneau était aussi apparu, doit se passer du miracle de la rose [20] – et cette différence dans l'équilibrage des deux visions, cette inexactitude périphérique ressentie comme une tache donne précisément la garantie nécessaire d'authenticité. Ce qui doit valoir dans le monde ne doit pas répondre trop exactement aux souhaits. Thomas Mann tenait le principe de réalité de première main.

Ce n'est que lorsque les deux légats du Siège vacant arrivent auprès du malheureux pénitent ratatiné sur la pierre au milieu du lac, sans soupçonner encore le rapport qui prévaut ici entre peccabilité et souffrance nécessaire à l'expiation, remplis de défiance envers un fantôme

---

19. Allusion à *Jeremias. Höret die Stimmen*, roman de Franz Werfel paru en 1936.
20. Dans le roman de Th. Mann, Liberius, prélat chargé de gouverner l'Église pendant la vacance du siège apostolique a exactement la même vision que son ami Probe, à la différence près que les gouttes de sang de l'Agneau ne se transforment pas en rose. Tous deux partent ensemble à la recherche de Grégoire.

démoniaque, qui n'est ni hérisson ni marmotte, ni animal ni homme, c'est alors seulement que prend place le souvenir de cet animal qui avait ordonné de sauver le trône papal, de ce *double aspect d'un agneau très émouvant*, qui était devenu tout naturellement, depuis Jean le Baptiste, *l'Agneau de Dieu*, la plus fréquente des invocations liturgiques.

Cette créature sur sa pierre, défigurée, animalisée, ne perd pas des gouttes de sang, c'est une larme qui se forme à chacun de ses yeux – et l'on ne pouvait rien imaginer de plus grand en ce moment de reconnaissance au sein du méconnaissable que cette exclusion d'une tromperie diabolique par la vue des larmes. L'agneau des deux visions à Rome était authentifié par son sang, ce qui va de soi pour une religion où le sang du sacrifice joue un rôle essentiel, pour une religion dont les martyrs consacrent les autels : *Tu pleures, chère créature*, dit Sextus Anicius Probus, sur la pierre de pénitence, et comme dans une association inévitable, il poursuit par la question qui doit permettre de découvrir la vérité : *Par le sang de l'Agneau, étais-tu un homme avant que te fût impartie ta nature actuelle ? !*

Le malaise que sucite l'agneau qui saigne et qui parle dans *L'Élu* n'est pas tant d'ordre esthétique. L'agneau de la Passion est muet. En cela il était « accomplissement » de type prophétique. Dans les « Actes des Apôtres », revenant de pélerinage à Jérusalem, le trésorier de la reine d'Éthiopie, Candace, lit au milieu du désert devant Gaza les paroles énigmatiques qui figurent dans le livre du prophète Ésaïe : *Il n'ouvre pas la bouche / Comme un agneau traîné à l'abattoir, / Comme une brebis devant ceux qui la tondent, / Elle est muette, / Lui n'ouvre pas la bouche.* Il faut alors proprement que « l'Esprit » introduise l'apôtre Philippe pour jeter le trésorier de la lointaine souveraine dans un embarras fécond du point de vue missionnaire et lui demander s'il comprend bien ce qu'il lit. Non, naturellement, car pour cela les religions du Livre ont depuis toujours besoin de spécialistes. L'apôtre interprète tout par rapport aux souffrances et à la mort du Christ, et au prochain point d'eau le puissant personnage fait arrêter le char et se fait baptiser. L'agneau ne devient « parlant » que par l'interprétation qu'on en fait.

Même chez Jean l'Évangéliste, le « Verbe » qui s'est fait chair n'a pas encore émis de son, lorsque le Baptiste déclare dans le désert, montrant celui qui s'approche : *Voici l'Agneau de Dieu, qui enlève le péché du monde.* Le lendemain – Jésus n'a toujours rien dit – la formule est abrégée : *Voici l'Agneau de Dieu.* C'est seulement au visionnaire de l'« Apocalypse » de Jean qu'apparaît une chimère qui monte de la mer ou de la terre, *comme un agneau, mais elle parlait comme un dragon.* Ce n'est pas le personnage de la Révélation du Livre Scellé : la voix du dragon est plutôt la voix de la violence que celle de la douceur – en tout cas ce n'est pas le « modèle » de l'agneau qui saigne et parle dans *L'Élu.*

L'agneau est l'animal de la Pâque rituelle qui commémore la sortie d'Égypte. Pour rendre évident le lien entre la parole du Baptiste au début de son Évangile et l'agneau pascal, l'évangéliste Jean a placé la crucifixion du Christ l'après-midi du jour de la Préparation de la Pâque, au moment de l'abattage des agneaux pour le 15 Nisan qui va suivre. Il y gagne l'autorité de la prescription du second livre du « Pentateuque » selon laquelle aucun membre de l'agneau pascal ne doit être brisé, afin que soit épargnée à Jésus crucifié la pratique du *crucifragium,* qui consiste à briser les os des suppliciés pour accélérer leur mort.

Avec la mise en relation de la fin de son Évangile avec son début au moyen du champ métaphorique de l'agneau, il devient plus difficile à Jean de fournir la preuve de la mort de Jésus. Nous y reviendrons. Ici, cela ne sert qu'à permettre à l'évangéliste de dire quelle valeur il accorde à la « charge de signification » générée par la figure de l'agneau et à la « justesse des paroles » du Baptiste. Il renonce aussi à l'idée que le repas d'adieu de Jésus, la veille au soir, avait pu être un repas pascal, car le 13 Nisan, il n'y avait pas encore les agneaux immaculés qui ne pouvaient être abattus que dans le district du Temple. C'est pourquoi, la *Passion selon saint Jean* de Bach débute en parfaite conformité avec l'intention de l'évangéliste par le franchissement du ruisseau Cédron : pour entrer dans le jardin où l'arrestation du Christ est encore « désamorcée » théologiquement par une brève démonstration de force contre les serviteurs des prêtres.

L'auditeur de la *Passion selon saint Matthieu* a l'impression que Jésus s'apprête à manger l'agneau pascal avec ses disciples et qu'il fait tout préparer dans ce sens. Quoi qu'il ait pu se passer, alors qu'ils sont assis à table et que Jésus stigmatise le traître, il n'est plus question de manger l'agneau. Le repas semble n'être constitué que de vin et de pain que le « père » de la maison bénissait et partageait selon le rite pour ouvrir le repas, avant que l'on n'attaque l'agneau. Il ne s'agit pas ici d'expliquer « historiquement » si l'on a affaire là à un rite pascal courant que l'on accomplissait comme tel. Ce dont il s'agit, et le récit de la Passion n'éveille pas cette impression par négligence mais de manière tout à fait intentionnelle, c'est qu'après la fondation du « nouveau » rituel, l'« ancien » a été comme oublié.

Comme l'Évangile passe sous silence la consommation de l'agneau, cela a donné à Bach la possibilité d'ouvrir la *Passion* avec le double chœur, *Venez, mes filles, m'aider dans mes lamentations* et le choral intermittent, *Ô innocent agneau de Dieu*. L'agneau n'est pas mangé, il est sacrifié. En cela, il trouve son symbole non dans l'agneau pascal, mais dans les deux agneaux qui étaient quotidiennement immolés par le feu pour le culte du Temple. Du point de vue de la « communauté primitive » et de sa tradition christologique, de tels sacrifices ont pris fin. Tous les rituels de l'agneau – ceux du Temple comme aussi bien ceux du souvenir de l'Exode – se sont fondus dans le sacrifice où un agneau est *mis à mort sur le bois de la Croix*... L'omission intentionnelle du moment principal du repas pascal n'a d'autre fin que de montrer en Jésus le *dernier* agneau, l'accomplissement (*Einlösung*) de toutes les interprétations antérieures comme l'affranchissement (*Auflösung*) de l'obligation cultuelle.

Dorénavant les agneaux ne sont précisément plus que ceux qui *ne sont pas* sacrifiés : ceux du troupeau du « bon pasteur », ce personnage central de la première iconographie chrétienne, et qui atteint son sommet avec la mosaïque du mausolée de Galla Placidia à Ravenne.

C'est encore Jean qui a introduit ce changement de rôles en faisant dire à Jésus : *Je suis le bon berger (...) et je me dessaisis de ma vie pour les brebis*. Comme si donc Jésus n'avait pas encore tout à fait pris en compte la sentence du Baptiste qui *faisait de lui* l'agneau. Dans la « Première Épître » de Pierre, ce glissement de l'image s'est déjà accompli de telle sorte que ni la vie du pasteur ni celle des brebis ne sont en cause, comme si la partie « sanglante » de l'histoire s'était déjà éloignée : *Car vous étiez égarés comme des brebis ; mais maintenant vous vous êtes tournés vers le berger et le gardien de vos âmes*.

La prédilection de Bach pour la figure allégorique du « bon pasteur » est attestée plusieurs fois dans l'univers de ses cantates. L'absence de toute apostrophe ésopéenne peut surprendre l'auditeur ultérieur. La bonne pâture, *l'herbe odorante / de sa parole de Salut*, comme dans « Le Seigneur est mon bon pasteur », est thématiquement plus incisive que toute menace de loup. Ce qui pourrait provoquer la peur, ce serait l'absence du berger en cas de disette : *Si mon pasteur se cache trop longtemps, / le désert alors me fait trop peur*, comme il est dans « Écoute, Israël ». Mais la consolation réside toujours dans la fidélité du pasteur et dans la confiance en elle :

Le pasteur suprême prend soin de moi, / À quoi servent mes soucis ? Tous les matins / La bonté du pasteur se renouvelle.

C'est toujours sur ce fond, presque une idylle pastorale, qu'il faut voir la « somme théologique » qui est inscrite dans la *Passion selon saint Matthieu,* avec les mêmes images, mais sans crainte des plus dures exigences après le cri cruel de la foule *Barrabas !* et le *Fais-le crucifier !*, sous la forme abrégée du choral : *Cette sanction est un prodige ! Le bon pasteur souffre pour son troupeau, / Le Seigneur, le Juste / Paie pour la faute de ses serviteurs.*

ON NE CESSERA JAMAIS D'ENTENDRE [21]

Une apostrophe
que Goethe ne pouvait pas comprendre

Dans l'amitié de vieillesse de Goethe avec Zelter, la partie du compositeur berlinois est restée dans l'ombre. Ses lettres sont pourtant incomparables et surpassent en fraîcheur et en vérité du sentiment celles du Goethe de la dernière décennie. Il faut les lire, ne serait-ce que pour résoudre cette unique énigme : comment Zelter a pu mettre en musique « À Minuit », le poème le plus intime de Goethe, et on ne saurait s'épargner aucune peine pour mieux mettre en lumière la partie qu'il a jouée.

Même dans le choix de l'anecdote, il dépasse en justesse son ami de Weimar. C'est ainsi qu'il relate, à la date du 21 février 1829, la mort du vieux Marcus Levin, le père de Rahel Varnhagen, un homme qui ne manquait pas d'humour. Il faut voir comment cela est écrit ! *Le jour de sa mort, le rusé compère se fait apporter de l'eau pour sa toilette par un serviteur et s'emporte parce qu'elle est froide comme la glace. Sur quoi le serviteur lui apporte de l'eau brûlante. « Espèce d'âne ! Suis-je donc un cochon que tu veux ébouillanter ? » Le serviteur revient et dit : « Il n'y a pas une goutte d'eau tiède à la maison ! » Et Levin Marcus éclata de rire et trépassa.*

À peine trois semaines plus tard, le 11 mars, Zelter fait exécuter pour la première fois la *Passion selon saint Matthieu* sous la direction de son élève Félix Mendelssohn. On imagine à quel point les répétitions consacrées à ce sommet de l'activité de Zelter avec son Académie de chant devaient déjà être avancées ; on ne peut donc

---

21. Jeu de mot sur les verbes « hören » (entendre) et « aufhören » (cesser).

manquer d'observer qu'il fait mourir le vieux Juif avec une variante des paroles poignantes que l'Évangéliste doit chanter dans la *Passion* de Bach : *Mais Jésus cria encore une fois et trépassa*. Il n'y a rien de blasphématoire au fait que Zelter ait eu ces paroles en tête et ait transposé le cri de l'un dans le rire de l'autre. Cette mort-ci était une mort de moindre envergure, une mort comme chacun aimerait en avoir une, pas une mort pour l'humanité.

Goethe n'est pas un bon lecteur des lettres de son ami ; du reste il n'a jamais été un bon lecteur. Il n'entend rien. Il est presque agaçant de voir comment il revient le 4 mars sur l'anecdote de Zelter ; ce n'est pas seulement agaçant, cela éclaire aussi sur l'incapacité fondamentale de Goethe à laisser la mort être ce qu'elle est. C'était là la tache aveugle de sa conception de la vie. C'est ainsi qu'il écrit, sans même mentionner le personnage principal – sinon que serait toute cette histoire sans la présence d'un mourant ? - : *La très amusante historiette de ce serviteur qui n'arrive pas à comprendre que l'eau chaude et l'eau froide font de l'eau tiède, tombe à pic pour moi*. Et il offre en échange l'anecdote d'un Irlandais qui, dans une maison en feu, ne trouve rien de mieux à dire face à toute l'agitation qui l'entoure qu'il n'est là que comme locataire. Goethe répond ostensiblement avec quelque chose qui n'a pas la même valeur. Non seulement il ne mentionne pas la mort, mais la personne bien précise de Marcus Levin est remplacée par un type national. C'est le lecteur alors qui pourrait rire, non un mourant, comme pour dire que les bizarreries des peuples périphériques ne le concernent en rien.

Si, dans cette relation, Zelter avait été capable de moquerie, on en trouverait l'expression dans cette phrase de sa réponse : *Ton Irish bull vaut tout autant que mon histoire...*

Le lecteur des siècles ultérieurs voit cela autrement.

Nietzsche pensé comme auditeur de *La Passion selon saint Matthieu*

Louis Kelterborn, étudiant à Bâle et auditeur de Nietzsche pendant les quelques années de l'activité universitaire de celui-ci, a rédigé en 1901 des *Souvenirs* qui ont été édités pour la première fois en 1940-42 dans l'édition historique et critique des *Œuvres* et des *Lettres* de Nietzsche par Wilhelm Hoppe. C'est à ces remémorations, qui remontaient à plus d'un quart de siècle, d'une relation personnelle qui s'était nouée à travers la musique que l'on doit la précieuse information selon laquelle Nietzsche, en compagnie de l'auteur, avait écouté à la cathédrale de Bâle non seulement le *Requiem* de Mozart mais aussi la *Passion selon saint Matthieu* de Bach. De ces deux expériences, il était resté au souvenir du mémorialiste que Nietzsche, cette fois-là, avait évité de *se référer directement ou indirectement à Wagner,* alors que c'était par ailleurs systématiquement le cas. Pour la musique de la *Passion* il constata qu'il avait peine à imaginer une autre ville où l'on pût mieux qu'ici *en recevoir une impression plus juste,* parce que l'œuvre était exécutée à Bâle *en quelque sorte comme un service religieux et qu'elle était aussi écoutée et accueillie par le public dans cet état d'esprit...*

En lisant la suite du récit, on comprend qu'il dut quand même être question ensuite de l'influence de Bach sur Wagner, surtout pour *Les Maîtres Chanteurs,* comme si c'était là le sceau d'une ultime et suprême destination.

Nous ne pouvons pas reconstruire l'expérience vécue qui est derrière ces déclarations rapportées. Ce n'était plus un chrétien qui comprend que le *piétisme* qui *porte l'œuvre de Bach* relève de *l'esprit de la Contre-Réforme* et se trouve par là en harmonie avec *l'esprit de la musique moderne,* et qui se prononce sur cette communauté extrême en une seule phrase de *Humain, trop humain* : *Telle est la profondeur de notre dette envers la vie religieuse*[22]. Dans cette construction, il y a tout le culte de l'unique idole musicale.

Il faut sans doute poser la question de manière hypothétique : si, dans l'ancienne cathédrale de Bâle, Nietzsche avait eu une « expérience » en écoutant la *Passion selon saint Matthieu,* une expérience plus profonde que ne le laisse supposer cette construction d'une convergence – en quoi aurait-elle consisté ? Si j'ai compris quelque chose à Nietzsche, c'est que les expériences qui sont passées dans sa philosophie avaient pour la plupart – si ce n'est exclusivement – le caractère de « scandales ». Il y a alors pour le philosophème du « Surhomme » une relation au vécu qui vient de la *Passion selon saint Matthieu,* et qui a peu à voir avec sa « théologie » du serviteur de Dieu souffrant.

Si la dernière parole de Jésus sur la Croix fut : *Eli, Eli, lema asabthani,* il faut l'entendre comme la quintessence de ce qui ne doit plus, ne peut plus arriver à l'homme, dès qu'il parvient à quitter les bas-fonds de sa misère pré-surhumaine. Le paradoxe de cette parole originelle du Seigneur consiste bien en ceci que quelqu'un s'adresse à Dieu comme étant son Dieu et tout à la fois l'accuse de ne pas être sien du fait de cet abandon. C'est ce Dieu du crucifié qui n'a pas le droit d'être, si l'homme ne doit pas être confronté une nouvelle fois à la déréliction d'une Passion.

L'antinomie de cette parole exige sa solution. La solution de Nietzsche est le Surhomme.

---

22. F. Nietzsche, *Humain trop humain* I, *Œuvres philosophiques complètes,* Paris, Gallimard, 1968, p. 151, § 219, trad. R. Rovini.

Audition de Rilke comme auditeur
de *La Passion selon saint Matthieu*

Un demi-siècle après Nietzsche, Rilke entendit au même endroit la *Passion selon saint Matthieu* – divisée en deux parties comme c'était la tradition. Depuis, cette pratique a cédé le pas à l'« induction » de l'œuvre d'art total (*Gesamtkunstwerk*). C'étaient les 20 et 21 mars 1920. Il en rend compte le 22 mai à l'amie épistolaire de ses années suisses, Nanny Wunderly-Volkart, qui devait prendre soin de lui dans les derniers jours de sa vie, en décembre 1926. Et il y joint le livret, sur lequel il a souligné les récitatifs *Il nous a fait le bien à tous...* et *Comme la fraîcheur du soir tombait...* La destinataire de la lettre écoute elle aussi dix jours plus tard à Zurich une exécution de la même œuvre, également divisée en deux parties. Rilke lui demandera encore si c'était Karl Erb qui tenait le rôle de l'évangéliste et qui au milieu de ce *Trop pour moi actuellement* lui avait fait l'impression d'une réserve – reconquise à travers Erb pour bien des interprètes, – ... *et pourtant pointant inexorablement, comme précisément quelqu'un qui montre du doigt...*

Cette caractérisation trahit encore la crainte d'être envahi par l'œuvre. L'évangéliste « qui montre » se tient hors de l'espace situé entre rhétorique et conjuration : sa « maîtrise » n'est pas celle de l'auditeur, elle est celle de la puissance subjuguante de ce dont il a à témoigner. *Contemplation et distance,* qui ne procèdent pas du *vécu,* telle est la définition que Rilke donne du renoncement à faire jouer pleinement face à *l'auditeur actuel* quelque chose qui devrait par la suite le recouvrir [23]. Il parle alors d'un auditeur, pour qui *l'évangéliste de Bach pourrait*

---

23. Blumenberg joue ici sur deux verbes : « ausspielen » qui veut dire jouer une carte, un atout, et « überspielen » qui veut dire masquer, couvrir quelque chose ou quelqu'un.

être encore plus simple, selon l'esprit absolument protestant de cette œuvre colossale, plus détaché, plus surpris...

De manière subtile, Rilke parle moins de Bach que de lui-même, ou encore : à propos de Bach il parle de Rilke. La forte parole, digne de compassion dans son impuissance, n'est pas « dite », elle est « montrée ». Parler de Dieu et des anges comme si ceux-ci n'existaient assurément *pas,* cet artifice de l'incompatibilité lyrique, qui protège le poète de la douleur de devoir *être* ce qu'il ne veut que *signifier,* tout cela est projeté sur l'évangéliste – parce que celui-ci, en la personne de Karl Erb, se met en retrait pour une tout autre raison : garder le libre accès « esthétique » à l'œuvre, même sans l'expérience « vécue » d'une implication de la foi.

Voilà qui est loin d'aller de soi, car la *Passion selon saint Matthieu* de Bach est dès son origine une œuvre de rhétorique pieuse, une prédication par d'autres moyens, moins fortuits que ceux du non-art des prédicateurs, parce que répondant à des lois. Il n'est pas jusqu'à la réserve de Rilke – les égards qu'il a pour lui-même – que ne brise l'œuvre en ses *passages les plus grandioses,* et pour lesquels Bach *a eu recours à ses expériences les plus simples et les plus sévères : un métier inlassablement mené et une foi exercée sans interruption*. Rilke met un point là où il pourrait poursuivre – parce qu'il avait commencé par l'équivoque de « exercée sans interruption » - en tant que foi en ce métier « inlassablement mené ». Il y a là une indication sur la capacité de survie de cette œuvre d'art, comment elle repose sur son « anachronisme » essentiel – tout comme les *Elégies de Duino* de Rilke, auxquelles des anges non crus ne peuvent rien saisir, parce qu'ils sont sourds à celui qui crie : *Qui donc dans les ordres des anges m'entendrait / si je criais ?* [24]. Qui ne verrait pas à cet emboîtement d'hypothèses qu'elles visent à ren-

---

24. R.M. Rilke, *Œuvres* 2, Paris, Seuil, 1972, p. 347, trad. L. Gaspar.

dre possibles ces deux réponses, et leur annulation réciproque : Pourquoi donc crier *encore* ? et : Pourquoi donc *ne pas* crier ?

Bach, *c'est* cela désormais, mais il ne l'*était* pas et pour tout dire il ne *voulait* pas l'être. Mais qu'est-ce que cela fait si pour ce bref instant nous voulions prêter l'oreille à l'esthétique de la réception ? C'est l'« auditeur implicite » en tant qu'il se substitue à l'auteur de l'œuvre qui écrit à son amie : *Comme les applications de sa sensibilité sont pures et ne visent pas à l'effet.* L'expression « application » n'a-t-elle pas ici une connotation thérapeutique ? Comme si l'on « appliquait » un *pharmakon* qui requiert un dosage particulièrement délicat. Est-on si loin désormais de la « catharsis » d'Aristote telle que l'interprète Bernay ?

Jusqu'à maintenant, la lettre n'est encore qu'à moitié écrite, ou selon la perspective adoptée, qu'à moitié lue. Pourtant, « l'aspect esthétique » est encore distance par rapport à la prétention, comme si la résolution était ajournée pour l'auditeur, aussi longtemps que la décision de la Crucifixion n'a pas été prise. Car, une fois encore, c'est de manière *inoubliable* que se manifeste cette « application du sentiment », quand Pilate demande aux accusateurs : *Mais quel mal a-t-il donc fait ?* et avant que ceux-ci puissent « encore davantage crier », l'évangéliste est pour ainsi dire retenu par le récitatif et l'aria du soprano qui donne par délégation la « vraie réponse » à la question du gouverneur du pays : *Il nous a fait du bien à tous... Mon Jésus n'a sinon pas fait d'autre mal.*

De ce séjour, Rilke écrit, comme si c'était là le délai de grâce de *son* sentiment, qu'on est là *dans une vallée de musique au climat si doux que cela dépasse presque les forces de devoir encore y séjourner, alors qu'on ne voit plus devant soi que duretés et terreurs jusqu'à ce sommet abrupt dans la neige éternelle du sacrifice.* On voit que le dilemme de l'auditeur consiste en ceci qu'il ne sait que trop précisément ce qui l'attend, et qu'il lui faut pourtant accepter, dans le comme-si de sa disponibilité, qu'il lui soit accordé davantage qu'un délai avant les cris de la foule réclamant la Crucifixion : les hésitations qui précèdent le verdict face à l'innocence de la victime. C'est ce décalage qui *dépasse presque les forces* : ne pas faire découler la connaissance de la Passion de son cours inéluctable : il ne s'agit pas d'une histoire dont on puisse dire qu'on « la connaît ».

La métaphore de « ce sommet abrupt dans la neige éternelle du sacrifice » n'est pas tant celle du chemin de la *Passion* que celle de son inaccessibilité pour *cet* auditeur – et probablement pas pour lui seul. Rilke décrit *la difficulté croissante* en lui à *participer directement au vécu chrétien*. La distance que la *Passion* de Bach permet aussi, comme tout ce qui est « esthétique », ne l'attriste pas ; il en est reconnaissant. *Être ravi* n'est pas son affaire, et tout le tient à distance de ce sommet de glaces, et lui fait sentir – « de nouveau vraiment sentir » – *combien cette rencontre à laquelle Dieu et l'homme parviennent en la figure de douleur du Christ, est suspecte de limiter* le mystère de cette relation. La Passion montre Dieu poussé, à cause de l'homme, dans ses retranchements – pour procurer à celui-ci un *soulagement essentiel*. Il pourrait avoir toujours à cet effet de *nouveaux moyens de Salut,* mais désormais il est *lié* sans possibilité d'annulation *à cet expédient reconnu*. La finitude à laquelle a condescendu la divinité perturbe celui qui peut se délecter des infinités d'un dieu. Pour cela, ce dernier n'a pas besoin d'exister, il peut se permettre d'échapper à la perception visuelle – et d'être si indéterminé qu'il peut tout *devenir,* même tout autre chose que la « chair » ou le corps de l'homme. Rilke ne perd pas de vue les métamorphoses du dieu du Verbe face à la Passion et au rejet par celle-ci des « enjolivements » du docétisme : son aversion contre la Passion entend laisser ouvertes toutes les voies qui mènent au monde et à la figure (*Gestalt*) – aussi bien que celles qui de là retournent dans l'insaisissable. Son paganisme formulé en termes chrétiens perçoit l'intérêt « supérieur » de Dieu, comme si cet intérêt n'était nullement lié à l'homme. C'est ce qu'il appelle « immédiateté ». Et pour lui la solution anthropomorphe de la mission du Salut est un obstacle à cette « immédiateté ».

Ce n'est pas une des plus belles phrases de Rilke qui résume la difficulté du sommet et met au comparatif l'immédiateté, qui ne saurait pourtant souffrir la comparaison : *Mon cœur, qui est plus inconditionnel, dont la foi est plus immédiate, ne peut concevoir un dieu que la permanence d'un intermédiaire ne finirait pas par appauvrir ; car que signifierait cette canalisation de sa force, qui était habituée depuis toujours à tout engloutir sous ses flots et à nous préparer les plus violentes inondations ?* On ne peut pas manquer de relever l'antithèse des métaphores : le sommet abrupt et glacé de la Passion *et* la surface on ne peut plus plate d'une inondation qui brouille et fait disparaître toutes les figures existantes.

Rilke : l'infinité amorphe, dont tout peut encore surgir, contre la pétrification « canonique » de la figure. Comme il faut que cela se passe une fois pour toutes, sans cesse, à chaque célébration musicale de l'acte salvateur du « Fils de l'homme ».

Mais quelle lettre au milieu de cette correspondance si souvent pleine de prévenances ! Elle n'est pas encore épuisée ni entièrement exploitée. Elle atteint son point culminant en établissant un lien essentiel entre « le trop de Dieu » et « la nature de la musique ». Car celle-ci s'oppose à la métaphore de l'inondation, au débondage de cette « infinitude », que les Grecs, sans y mettre de signe positif, avaient nommé l'*apeiron* et qu'ils avaient dévalorisé par rapport à leur *eidos*. Et c'est ainsi que se termine la lettre sur la *Passion selon saint Matthieu*, exprimant à la fois l'étonnement et la bienveillance :

Cet élémentaire trop de Dieu a justement une telle parenté avec la nature de la musique que je serais tenté néanmoins de reprocher à cette œuvre, la plus grande du protestantisme, le sentiment qui la limite programmatiquement, même si en même temps on est bien toujours obligé de concéder qu'elle était conçue avec tant de pureté et de loyauté dans son métier qu'elle pouvait, au-delà de toutes les intentions, atteindre au plus grandiose effet.

La même musique qui procure à l'auditeur Rilke la « distance esthétique » par rapport à ce qui lui est insupportable se révèle pour sa part être une réduction adéquate à une forme limitée telle que la *Passion* la représentait pour l'« infinité » de Dieu. Ce que Rilke découvre, tout en l'écartant avec une élégante révérence, c'est le caractère non contingent de la *Passion* de Bach comme œuvre musicale solitaire – conformément à ce *sommet abrupt dans la neige éternelle du sacrifice.*

La mère de Wittgenstein

Que peut-on dire d'un homme ? La question peut sembler vraiment trop naïve. Car : que n'a-t-on pas déjà dit des hommes ! Et pourtant, les moyens grâce auxquels on peut parler d'un homme me paraissent limités – trop peu radical ce qu'on peut dire de sa méchanceté, trop incolore ce qu'on peut dire de sa bonté. Nulle accumulation d'adjectifs, nulle métaphore ne permettent de venir à bout de la défaillance de la langue, de l'embarras visible qui voudrait se soustraire aux formules toutes faites. Quand donc les mots que trouve un éloge funèbre pour celui à qui il témoigne manifestement de la compassion font-ils mouche ? – là où justement il s'agit bien d'embrasser une dernière fois une totalité règne le nivellement de la routine.

Il est rare de pouvoir apprendre comment il pourrait en être autrement. Dans ses « souvenirs de famille », Hermine Wittgenstein, la sœur du philosophe, a repensé à sa mère, à cette femme portée à la compassion, mais totalement incapable d'empathie, qui paraissait n'avoir aucun désir et ne vivait que dans la conscience de devoirs à accomplir à l'intérieur desquels ses huit enfants apparaissaient comme des grandeurs abstraites qu'elle ne pouvait ni influencer ni comprendre, mais qu'elle acceptait tels qu'elles étaient.

Hermine résume son sentiment sur la capacité de compassion de sa mère en une phrase, unique, où elle raconte qu'elle se souvient qu'écoutant un jour la *Passion selon saint Matthieu,* au moment où, sur le mont des Oliviers, Jésus reproche aux apôtres de ne pas veiller avec lui, *cette pensée me traversa la tête : ma mère, elle, ne se serait pas endormie.*

Une fille a-t-elle jamais dit chose semblable de sa mère – qu'elle juge durement par ailleurs ? Pas d'énigme psychologique, pas de détails sur les abîmes d'un caractère dans lequel il était impossible de pénétrer – au lieu de cela un regard jeté sur la scène magnifiée, portée à l'absolu par la musique, du reproche le plus amer jamais fait aux hommes, et la certitude que ce reproche n'aurait pas pu être adressé à sa propre mère.

« JAMAIS CET ENFANT NE SERA CRUCIFIÉ... »

Bach a célébré musicalement les fêtes de l'année ecclésiastique : il a qualifié sa cantate « Louez Dieu dans ses Royaumes » d'*Oratorio de l'Ascension* ; outre les cantates pascales « Le Ciel rit, la Terre jubile » et « Le Christ était dans les liens de la mort », il a écrit un *Oratorio de Pâques* « Venez, hâtez-vous et courez ! », et incontestablement l'un des favoris du public est l'*Oratorio de Noël*. Dans aucune de ces œuvres Bach n'a trouvé une adéquation de la musique au contenu théologique comparable à celle des deux *Passions*, avec une prééminence évidente de la *Passion selon saint Matthieu*. Ce qui frappe le plus, c'est le manque de spécificité des musiques de la Résurrection, et les chœurs de joie qui accompagnent l'Ascension peuvent être appliquées de façon plus générale à d'autres occasions jubilatoires, comme le chœur d'entrée qui avait été écrit en 1732 lors de l'inauguration des bâtiments rénovés de l'école Saint-Thomas, pour la consécration de l'établissement. C'est précisément parce qu'il n'y a rien à y redire, et quand il n'y a rien à y redire, que les *Passions* se distinguent par leur singularité et leur adéquation à l'esprit musical de Bach.

Ce n'est pas là une question de psychologie personnelle. C'est tout à fait enraciné, et même légitimé, dans l'histoire de la sélection des contenus théologiques vieille de plus d'un millénaire et demi. L'Ascension a toujours été un événement discret que ceux qui espéraient tout le Salut du retour le plus prompt possible de leur Seigneur n'avaient pas à fêter. Le triomphe de Pâques a été obscurci par le manque de spectateurs, par les contradictions des témoignages, et, dans l'ensemble, par la nécessité d'ajouter l'histoire de Thomas, le jumeau incrédule, comme preuve contre le docétisme. Noël touchait à des éléments fondamentaux du monde religieux hellénistique et rencontra des états d'esprit favorables qui en firent la fête majeure de l'année.

Cela se fit avec beaucoup de retard, comme on peut le voir par le fait qu'un seul des évangélistes raconte l'histoire de Noël, et qu'il doit se référer expressément pour cela à l'accès qu'il a eu en propre à une source particulière : le cœur et la mémoire fidèles de Marie, la mère. Le besoin du cœur se trouvait en conflit avec les difficultés d'explication afférentes à la venue et à l'origine du Fils de l'homme, à son ascendance comme à sa relation au père, au moment comme au vrai lieu davidique de sa naissance. À cet égard, le prologue hautement spéculatif du dernier Évangile apparaissait comme libérateur à l'esprit théologique ; ce prologue qui de manière souveraine accordait l'éternité au *Logos* tout en lui donnant une existence temporelle et charnelle, le faisait cependant intervenir immédiatement à travers l'initiation du Baptiste sur les bords du Jourdain, comme s'il n'avait pas eu besoin de naissance et d'enfance. Seules la souffrance et la mort sont communes aux quatre évangélistes, et, par l'exaltation de la Croix du premier théologien Paul, comme de ses fidèles disciples, Augustin et Luther, cette souffrance et cette mort sont devenues le centre de la pensée chrétienne. Bach est grand parce qu'il a repris pour lui-même ce recentrage et qu'il a su le mettre en musique.

À répartir ainsi les poids ne fait-on pas une injustice à Luc ? Le second chapitre de son Évangile n'est-il pas de toutes les histoires que l'on a racontées de par le monde celle qui a eu « le plus grand succès » ? On lui ferait davantage tort si l'on ne nourrissait pas quelque méfiance pour cette prédilection. Elle est restée jusqu'à aujourd'hui une « affaire de cœur », et elle a été l'un des obstacles les plus choquants qui a empêché l'esprit historico-critique du siècle passé d'admettre d'une manière générale l'existence réelle de Jésus de Nazareth – même sans tous les « ingrédients » à caractère d'apothéose. Luc s'était trop mis en avant comme un théologien de complaisance, surtout avec cette fiction d'une source privilégiée, Marie – et il était en cela trop proche de toute une littérature qui depuis l'achèvement du canon n'avait plus prétendu être crédible : trop proche du monde des Apocryphes avec toutes leurs histoires destinées à reconstituer après coup l'enfance du Christ. Se tourner vers Bethléem et vers Nazareth, c'était comme l'indice d'un oubli par rapport aux prédictions de l'« Apocalypse », qui, même comme menaces, s'étaient plus ou moins tues et que de temps en temps des sectaires dépressifs devaient raviver « par calcul ».

Quelque décevant que cela puisse paraître, il faut bien dire que Noël est devenu la fête la plus chaleureuse, la plus unifiante de la chrétienté – avec des restrictions toutefois pour l'Orient qui met en relief l'« Épiphanie » plus éclatante de gloire que véritablement concrète, du *kosmokrator* – parce qu'elle était justement la moins déterminable du point de vue « christologique ». Elle était le fil que chacun à tout moment pouvait prolonger un peu, et pour ce faire il fallait aussi oublier ce qui avait suscité le soupçon dogmatique, comme la signification du baptême de Jésus dans le Jourdain, en tant qu'initiation à une mission qui, chez Jean, n'avait pu commencer ni pour les pâtres ni pour les mages, non plus qu'avec le garçon de douze ans au Temple devant sa mère et les docteurs de la Loi.

La piété est décente, l'incrédulité indifférente. C'est à cause de cela peut-être que nous possédons si peu de témoignages de distance par rapport à cet engouement majeur pour la fête de la Crèche, et même si peu d'indications de ce que cela manquait de preuves en actes de Salut : un Sauveur qui ne s'était accordé pas moins de trois décennies avant de se mettre en route pour diffuser son message. Qui, dans son « Épiphanie » devant les envoyés du monde, paraît si éloigné des épreuves qui l'attendaient et qui devaient lui être imposées parce qu'il vient tout juste d'endosser ce corps, instrument de sa capacité à souffrir et à mourir.

Lorsque Hans Carossa, qui avait été médecin sur le front durant la Première Guerre mondiale fut rentré en Basse-Bavière, il se mit à la réalisation de ce qu'il s'était promis de faire alors qu'il était en danger de mort : le récit de sa propre enfance. Celui-ci parut pour la première fois chez Insel en 1922 sous le titre à l'article indéfini : *Une Enfance*. Il y est question de la création d'une crèche bricolée avec de bien pauvres moyens par le garçonnet de neuf ans, crèche qu'il avait rêvée splendide et qui, toute inaccessible qu'elle fût, se réalisa comme de manière fantasmatique dans l'état de fièvre consécutif à une grave maladie. Ce que le père, un homme très éloigné de l'image par sécheresse d'esprit, admettait tout juste, la mère y avait pourvu secrètement : c'était un encouragement à l'imagination qui anticipait toutes les représentations ultérieures. Mais ici aussi affleure déjà la crainte qu'il n'est peut-être pas permis de donner une telle préférence à *cette* figure-ci du Sauveur, même si dans le souvenir ce qu'elle avait précisément d'irréel pouvait être ressenti comme un bonheur. Dans le bonheur de l'enfance, il y a toute la vulnérabilité à ce qui ne sera plus apparence : *Jamais cet enfant ne sera crucifié, jamais cet ange ne s'envolera, jamais cette étoile ne sombrera.* La certitude de l'enfant rend la Passion impensable.

LES DEGRÉS D'UN DIEU

SI C'ÉTAIT CELUI-CI, CE NE PEUT ÊTRE UN AUTRE

Au commencement Dieu créa le ciel et la terre. C'est ainsi que commence la Bible et c'est ce que celui dont la Bible détermine la foi, croit croire.

Croire n'est pas savoir, mais ce n'est pas non plus le non-savoir pur et simple. Du moins, il semble que, pour la foi et pour le savoir, il s'agisse sur ce point de la même question : qu'y avait-il au commencement ? Comment était le commencement ? Est-ce que cela a un sens de « penser » le commencement d'une manière ou d'une autre, et d'en déduire quelque chose ?

Qui « s'en tient » à la première phrase de la Bible pense par là posséder autre chose qu'une affirmation sur la manière dont le monde « est apparu ». Le monde n'est pas apparu, il a été créé, et « Dieu » est le nom de celui qui l'a créé. Rien ne semble entamer plus profondément la constitution de l'esprit et du cœur que ce hiatus entre « création » et « apparition » du monde. Mais en quoi consiste-t-il ? Devant cette alternative – que l'on pourrait appeler celle d'un « fondamentalisme absolu » – nous sommes-nous d'une manière générale assurés de quoi il était question avant de nous obliger ou de nous laisser imposer l'obligation de trancher en faveur de telle ou telle « réponse » à la question du commencement ?

Que faut-il entendre par l'expression : « Dieu créa » ? Il apparaît clairement à celui qui est déjà en mesure de regarder un peu en arrière que cette partie de la première phrase biblique a rencontré des difficultés croissantes de compréhension : alors que le complément de temps « Au commencement », qui s'attirait il y a un siècle toutes les résistances de la raison, rencontre aujourd'hui des résistances amoindries et affaiblies après que des modèles cosmologiques d'« apparition » du monde furent eux aussi devenus rétroconvergents : « renvoyant » vers un point zéro de l'espace et du temps, vers un quasi-néant de la matière du monde. Bel et bien un commencement donc, depuis que l'on connaît la dispersion des galaxies et le rayonnement cosmique de fond de 3° Kelvin – mais pas un commencement au cours duquel quelque chose aurait été « créé ». Ce qu'une telle « création » signifie dans l'absolu, les hommes croyaient, il y a peu encore, mieux le savoir à partir de l'expérience et de l'image qu'ils avaient d'eux-mêmes. Les hommes aussi « créaient », avaient une activité créatrice, comme inventeurs, comme artistes.

On a tiré une grande fierté du fait qu'il y avait chez les hommes cette particularité d'être « créateurs », surtout chez ceux à qui la chose semblait avoir été dévolue. Les autres y avaient leur part, en cela qu'ils pouvaient apprécier et jouir de ce qui était ainsi « créé » par des voies aussi mystérieuses. Le contrecoup, ou le renversement, vint de ceux qui prétendaient être doués de la qualité créatrice ou qui en avaient la réputation – ils ne voulaient plus de ce don « particulier ». Tout un chacun devait être capable de ce dont ils étaient eux-mêmes capables, et c'est seulement dans le cadre fatal de la division du travail que le sort était tombé justement sur ceux qui pratiquaient ce métier comme d'autres en pratiquaient un autre. Les inégaux ne voulaient plus être inégaux et ils résolurent la question en se débarrassant du renom ambigu de créateur sur le mode nominal : ils ne devaient plus désormais créer mais « faire »[25], comme n'importe qui « fait » quelque

---

25. Blumenberg joue dans tout ce passage sur les différents sens du verbe « machen » et du substantif dérivé « Macher ». Le verbe signifie d'abord « faire, fabriquer » (anglais : to make), il a servi aussi à forger des termes à connotation négative pour désigner des intrigues (« Machenschaft » : agissements, combines), notamment en politique. À partir des années soixante, le terme « Macher » a été utilisé pour redéfinir la « création » et briser l'aura qui l'entourait : « Liedermacher » : auteur-compositeur-interprète de chansons engagées, « Filmemacher » : metteur en scène-scénariste-cinéaste, etc.

chose, même quand il devint ignominieux de n'être appelé que « faiseurs » dans un domaine où il y avait quelque chose à « faire ». La disqualification de l'homme politique en « faiseur » de politique politicienne prépara des attributs neufs, encore vagues, précisément pour cette activité, revêtue de l'aura d'un destin, d'une sacralisation même, et plus sûrement encore de la moralité, voire de l'esthétique. De quelque manière que les prédicats se soient ici déplacés et que leurs valeurs se soient renversées – l'intelligibilité de ce qui est « créateur », en tant que cela est en contact avec l'« origine » était restée sur le carreau. Le point de repère, côté humain, de ce qui devait par la parole et la pensée être attribué à Dieu pour le commencement était perdu. Qu'aurait-on pu montrer du doigt si, avant même toute croyance ou tout savoir, il était exigé de comprendre d'abord ce que « signifiaient » les termes de l'alternative ? Fallait-il dire aussi que Dieu ne créait pas, mais qu'il « faisait », pour que, sur le modèle de ceux qui font des chansons et des films, des textes et des objets, on puisse continuer de le tenir par la bride de l'intelligibilité ?

La tradition de l'exégèse biblique semblait précisément strictement l'interdire. Elle avait tout mis en œuvre pour libérer « la création » de l'emprise du « faire », pour dissocier le créateur du monde du démiurge du monde qui aurait « fabriqué » son cosmos dans un matériau donné et selon des modèles déjà disponibles, comme un chef-d'œuvre d'artisanat. Il ne fallait pas que l'origine du monde eût été telle. Le monde n'avait pas de modèle, et il n'y avait pas pour lui de matière première brute dans laquelle et à partir de laquelle il aurait été formé. S'il y avait matière, elle faisait partie de ce qui avait pris son origine au commencement. C'était cela qui résistait au simple « faire » ; et, dans le texte biblique, cette résistance était consolidée dès le deuxième mot de la première phrase : *bara'* était en hébreu un verbe qui ne renvoyait et ne pouvait renvoyer qu'à ce contexte, et qui dans toute traduction était en droit d'exiger un équivalent dont la singularité ne fût pas moins soulignée, dût-on pour cela l'inventer de toutes pièces.

Dans le cas d'une telle singularité d'expression, il est toujours difficile de contrôler la traduction ; la trouvaille lexicale n'est précisément donnée que par le contexte identique. Les Septante d'Alexandrie ont eu recours au mot grec *ktizein*, et en cela ils eurent la main heureuse parce que ce terme préserve un aspect de l'expression biblique : l'acte souverain, non artisanal, qui s'affirme par un ordre. Cela était le cas là où auparavant il n'y avait « rien », comme on a pu en voir la préfiguration avec la « fondation » de villes ou de temples par la parole d'un souverain ; cet événement était très familier au monde hellénistique, au moins autant que chez nous durant les « années des fondateurs »[26] pour ce qui était des industries et des sociétés commerciales. Peut-être le Dieu biblique se serait-il au tournant du siècle fait « inventeur », si, presque simultanément, et d'une certaine manière même à l'encontre de cela, la dignité esthétique du créateur de l'œuvre d'art totale n'avait pas accédé à une consécration, qui lui permettait de congédier le point de vue historico-critique et évolutionniste sur l'incompris.

Ce faisant, et comme si c'était une chose secondaire, le « sujet » de la première phrase de la Bible comme représentant de toutes les évidences a été passé sous silence, comme l'avaient été aussi le « commencement » et la « création ». N'est-ce pas tautologie pure que d'insister pour savoir qui était cet *Elohim*, qui au commencement avait créé la terre et le ciel, c'est-à-dire quelqu'un qui pouvait cela et rien d'autre pour le moment ? Cependant toute cette histoire n'a pas été racontée pour constituer un

---

26. « Gründerjahre » : années d'intense spéculation et de développement industriel qui ont suivi la fondation du IIᵉ Reich après 1871.

enseignement sur l'origine du monde, pour agiter les questions de métaphysiciens à venir sur l'Être et le Néant, voire y apporter des réponses. Commencer par « le » commencement est tout aussi courant que de dire « Un jour » ou « Il était une fois », et la « Création » est un mot sacralisé de haute valeur pathétique, mais de peu de contenu. Ce à quoi tout concourt, c'est à « doter » le sujet de la phrase du pouvoir de faire cela, et, à partir de là, de lui conférer la légitimité pour qu'il puisse continuer d'agir dans le cadre historique donné comme le sien.

L'accent est mis sur le fait que c'est *nul autre que celui-ci* qui a posé les conditions dans lesquelles tout devait exister, et qui dorénavant pouvait définir les règles selon lesquelles tout devait se mettre en place. Bref : l'intention du texte est d'impliquer celui qui donne la loi dans celui qui donne l'existence. Cette implication réside en premier lieu dans la spécificité de ce texte qui fait tout advenir par la parole de commandement et livre tout à sa course universelle en proférant la parole qui entérine. Tout était « bien », voire « très bien », et qu'il fallût en rester là n'allait déjà plus tout à fait de soi, parce qu'il avait fallu cette consécration au « commencement ».

Ce n'était pas là un dieu de la « réussite automatique ». Il fallait qu'il regardât, qu'il établît que tout était bien devenu comme il avait été ordonné – à l'exemple de ces fondateurs de ville qui revenaient « pour visiter ». On n'est pas loin de présumer ou de craindre que des événements puissent survenir qui démentent ce premier bilan positif. Pour cela aussi il fallait que le sujet de la première phrase de la Bible soit qualifié – ce que cette phrase assurait au moins dans la mesure où aucun autre ne pouvait en cela rivaliser avec lui, de quelque manière que les choses se passent.

J'aimerais éclairer le résultat de l'analyse de la première phrase de la Bible par un « cas d'analogie ». Lorsqu'on en arriva à l'idée que c'est l'homme qui fait l'Histoire, c'est-à-dire chez Giambattista Vico et ceux qui assurèrent sa réception, il y avait dans cette phrase peu de contenu factuel sur le faire de l'Histoire, et pas beaucoup plus sur l'homme comme « sujet » de ce faire. Tout résidait dans l'accentuation, qui avait pour but d'exclure que ce soit quelqu'un ou quelque chose d'autre qui « fasse » l'Histoire. Et surtout pas qui fasse quelque chose d'autre, c'est-à-dire la nature. Entre l'homme et l'Histoire était affirmé un simple rapport privilégié, aucune causalité spécifique n'était établie. Celle-ci, pour le « commencement », ne comptait guère, elle était insignifiante comparée à l'exclusion des incertitudes qui étaient de la compétence d'un autre facteur. Car c'était seulement si l'homme faisait *seul* cette chose-là – comme Dieu avait fait *seul* l'autre chose –, qu'il pouvait comme celui-ci *savoir ce que* c'était et comment cela était et devait être. Il se qualifiait ainsi comme législateur de ses œuvres historiques.

Il était tout, ce Dieu de la Bible, tel qu'il était apparu « au commencement ». Mais aucun artifice ne permettait de déduire de cette phrase qu'il pourrait être aussi un « père » ou qu'il l'était peut-être. Pour un législateur comme pour un allié, ce n'aurait pas été non plus une qualité plausible.

UNE ESTHÉTIQUE DE LA CRÉATION :
COMMENT ELLE JUSTIFIE L'EXISTENCE DU MONDE

Ce serait bien une idée pour un grand poète que l'ennui de Dieu le septième jour de la Création. Nietzsche écrit cela dans un court texte de cinq lignes et trois phrases sur « l'esprit de l'ennui » [27]. Ce n'est pas une phrase blasphématoire. Sinon l'idée de Luther pour qui Dieu assiste à l'histoire du monde comme à une scène de théâtre ou à une mascarade le serait aussi. Dieu est curieux de savoir comment cela va se terminer. Au nom de cette curiosité, il ne lui a pas été permis de déterminer comment cela devait finir. La liberté de l'homme est la garantie que Dieu ne s'ennuie pas.

Mais pourquoi est-ce limité au septième jour de la Création ? Naturellement parce qu'à ce moment la Création était terminée et que Dieu n'avait plus rien d'autre à faire que de regarder. C'était bien pour cela qu'il avait mis le tout en place. Mais alors, dans ce cas, la création était la conséquence du fait que Dieu auparavant s'était ennuyé. Est-ce là une affirmation de moindre qualité que celle qui veut qu'il n'ait suscité la création que pour combler les vides provoqués par la chute de Lucifer et des siens dans les rangs des chœurs célestes des anges chantant ses louanges ? Mais seulement aussi longtemps que le chant des chœurs paraissait plus approprié à la cour éternelle de Dieu que tout spectacle, aussi longtemps que l'audition l'emportait sur la vue. Il appartient à l'essence de l'esprit que l'ennui le menace ou le ronge. Ce n'est pas là quelque chose qui aurait moins de valeur ou qui en serait même totalement dépourvu. C'est au contraire le moteur qui stimule la créativité de l'esprit. La plupart des choses de ce monde surviennent pour éviter l'ennui, jusqu'à ces extravagances qu'on interprèterait comme les cultes compli-

---
27. F. Nietzsche, *Humain, trop humain* II, *op.cit.*, p. 188, § 56.

qués d'une divinité inconnue, si l'on accordait à leurs auteurs, leurs exécutants ou à leurs propagateurs la capacité de croire à une telle divinité. Toutefois, pour des raisons difficilement intelligibles, il ne passe pas pour particulièrement raffiné d'expliquer une action par ailleurs superflue en affirmant : je ne voulais pas m'ennuyer. Voici toute tracée pour le non-conformiste la possibilité de se mettre en valeur en avançant comme explication qu'il ne fait quelque chose que pour ne pas s'ennuyer. Il enfreint alors parfois la loi sans mobile.

Le sujet imaginé par Nietzsche pour un grand poète, représenter l'ennui de Dieu au septième jour de sa création, a donc le principal défaut de ne pas représenter l'ennui de Dieu avant la Création comme ce qui l'a déterminé à ne pas la faire moins intéressante qu'elle n'est. Le plus parfait des mondes possibles serait ennuyeux pour celui qui le contemple dans son ensemble. Au lieu de le créer, il n'aurait besoin que de le déduire. Ce serait un monde qui n'aurait absolument pas besoin d'exister, et qui pourrait être construit seulement en pensée. L'existence n'est pas *un prédicat de réalité,* cette objection, la plus pénétrante de Kant contre la preuve ontologique de Dieu, vaut ici également pour le monde : il *n'a pas le droit,* s'il doit satisfaire à sa destination, d'être le plus parfait. Sa contingence seule justifie son existence comme « nouveauté » face au néant auquel il aurait été arraché. Comme il était superflu d'ajouter le fait d'exister à celui d'être pensé, le « plus parfait des mondes possibles » a manqué justement de la raison suffisante pour être créé. Ce constat n'explique rien ; il empêche seulement une explication insouciante.

On peut dire certes que le rôle de l'être humain comme « nouveauté » dans un tel théâtre du monde qui se joue sous les yeux de la divinité serait vraiment trop indigent et désespérant. Il aurait été celui d'un Polichinelle. Mais c'est justement dans la banalité que ce personnage trouve son charme, qu'il fait quelque chose de lui-même en chassant les ennuis d'un autre.

Encore une fois, à en croire Nietzsche, toutes les *petites tragi-comédies usées à force d'être jouées* de la vie humaine, dans la mesure où elles sont *toujours données et redonnées par de nouveaux acteurs,* s'opposent à l'ennui, comme on peut le voir au fait qu'elles trouvent toujours *des spectateurs intéressés.* Et ceci, bien que l'on devrait plutôt supposer *que ces spectateurs du théâtre terrestre se sont tous, d'écœurement, pendus depuis longtemps à tous les arbres.* [28] Si donc déjà le peu que l'individu a à offrir, le peu qui lui est offert suffit comme passetemps au spectateur, la totalité vue avec l'acuité de son unique spectateur ne manquera certainement pas de satisfaire à toute exigence. Si l'on cherche un peu à participer à ce spectacle, on voit l'espèce, afin d'enrichir sa propre conservation, essayer de se mettre en scène elle-même d'une manière qui lui soit propre, comme si, même sans l'indication de Nietzsche, elle vivait toujours dans la conscience d'agir devant ce spectateur-là.

En tous temps et en tous lieux, les hommes ont pris sur eux de fournir d'incroyables efforts pour simplement apaiser leurs dieux et obtenir leurs faveurs – des efforts bien plus grands que ceux qu'au demeurant exigeait d'eux la simple conservation de l'espèce. Dans le contexte de l'histoire de l'humanité et des religions, il n'est pas impudent de penser que l'homme était destiné à faire passer le temps à l'être le plus sublime, alors qu'il s'emploie déjà lui-même constamment à nourrir cet être, à l'implorer et à le remercier.

La pensée du mythe fondamental de l'histoire du monde considérée comme pièce de théâtre réduit les efforts exigés de l'homme à la simple vie de sa vie : à la réalisation de ce que de toute façon il serait résolu de

---

28. *Ibid.,* p. 189, § 58.

faire. Il tient son rôle en étant lui-même. L'exercice de sa liberté est la part de tension qu'il introduit dans la tragédie ou dans la comédie. La dimension immanente de sa liberté, de sa moralité, de sa responsabilité n'en serait pas pour autant atteinte. Car il aurait le droit d'assurer son bonheur, de se soucier de son malheur – et avant tout d'échapper en tant qu'image et ressemblance de son créateur à son propre ennui. Il se ferait artiste dans une œuvre d'art, à l'instar des artistes qui sont devenus les sujets favoris des poésies épiques et lyriques.

Cette conception esthétique ne diminue en rien le sérieux de la chose. Il demeure tout autant difficile de faire bonne figure dans cette pièce, sans tout de suite tomber dans le rôle du héros tragique ou du héros comique. Personne n'a eu besoin de penser que lui-même en particulier avait pour tâche de complaire au spectateur du monde, bien que cette erreur contribuerait au divertissement de celui-ci dans le meilleur sens du terme. Tout comme les erreurs des ascètes et des prophètes, des saints et des fanatiques, qui demeurent tous dans le monde ce qu'ils sont sans que jamais quiconque sache quel personnage en particulier augmente ou diminue l'attrait de l'ensemble.

À la fin, ce ne serait point le Jugement qui viendrait, mais la critique.

DIEU SE REFUSE À ÊTRE PERCÉ À JOUR

Au Paradis, ce Dieu des commandements et des lois commence par interdire à l'homme de manger du fruit de l'arbre de la connaissance. L'homme par contre peut goûter à l'arbre de Vie. Il n'a pas à mourir tant qu'il renonce à la connaissance. Dès qu'il accédera à la connaissance, il deviendra mortel.

On s'est plu à croire que l'interdiction édénique de goûter à la connaissance avait été édictée pour le bien de l'homme. Il aurait été mieux pour lui de vivre sans la connaissance et sans la crainte de la mort. En se laissant séduire par le serpent qui lui promettait qu'il serait semblable aux dieux s'il mangeait le fruit de l'arbre défendu, l'homme ne s'est pas seulement porté tort parce qu'il perdait ainsi le Paradis et l'accès à l'arbre de Vie, mais parce qu'il ne pouvait digérer cette connaissance et l'égalité avec Dieu qu'elle procurait. Dieu aurait pris soin du bien de l'homme en l'excluant de la connaissance que lui-même possédait, dont il portait et pouvait porter le fardeau, mais dont il ne pensait pas que l'homme fût en mesure de l'assumer.

Dans le contexte biblique le sens réel de la tentation par le serpent – goûter au fruit de l'arbre de la connaissance rendrait l'homme égal à Dieu – reste peu clair. Que signifie, être comme des dieux ? Pouvoir tout ? Mais, dans ce cas, c'eût été un arbre de la puissance, non de la connaissance.

Une pensée plutôt insidieuse, méfiante, mais d'autant plus autorisée et courante dans le cadre du mythe, réside dans cette question : Dieu n'aurait-il pas édicté un interdit pour se protéger lui-même : le commandement premier de toute raison, celui de l'autoconservation, et, dans le cas présent, de l'autoconservation d'un dieu ? Alors cela voudrait dire que ce Dieu aurait eu aussi son propre « souci ». Lui aussi était confronté à cette absence d'évidence de l'autoconservation. Et même au risque d'être un dieu. Savait-il qu'il pourrait être tué ? Et que son meurtrier devrait être « l'homme » ? C'est une pensée de Nietzsche que le mythe ne peut accomplir.

Manger de l'arbre de la connaissance du bien et du mal, cela voulait dire « percer à jour » une pensée que Dieu lui-même n'avait cessé de penser en décidant de ce qui était bien et de ce qui était mal. À chacun de ses ordres de la Création, il avait donné son approbation une fois qu'il avait été exécuté. Mais comment en vint-il à la décision qu'il y avait quelque chose de bon, et même de très bon, dans ce qu'il avait appelé à l'existence ?

Cela, l'homme ne devait jamais le savoir. C'est pourquoi il lui fallut obéir et croire. Jusqu'à la « théodicée », sa dernière tentative de discerner l'arrière-pensée de Dieu, et de savoir pourquoi celui-ci avait fait qu'il y eût quelque chose plutôt que rien – moins en définitive pour le défendre, comme le faisait croire le terme de « justification », que pour le percer à jour.

Ce faisant, l'homme, en tant qu'il avait la connaissance, voulut de Dieu quelque chose qu'il refusait à ses semblables : se laisser percer à jour. Le serpent n'avait fait qu'exagérer un peu. Car, au sens strict, percer à jour quelqu'un cela veut dire être ou pouvoir être comme lui. C'est cette importunité qu'écarte quiconque ne veut pas être percé à jour.

C'est en cela que l'homme est le plus à l'image et à la ressemblance de Dieu : toute son attitude n'est que résistance contre le fait d'être percé à jour. Il ressemble à son Dieu en tant qu'*ens absconditum* qui entend bien disposer absolument de son *esse revelatum*. L'homme veut se communiquer, mais ceci suppose qu'il reste caché et opaque, dans la mesure où il le veut et se soustrait à l'ouverture. L'un est le corollaire de l'autre.

Le dieu qui interdit le fruit d'Éden est le dieu qui ne veut pas se livrer à la connaissance. Il a créé des êtres connaissants, mais pour la seule connaissance de ce qu'il n'est pas lui-même, mais qu'il a seulement créé. Peut-être pour s'y montrer un peu et essentiellement pour s'y dissimuler.

Le monde était là pour détourner l'être connaissant de son désir de comprendre son image originale. Mais il n'est de dieu que dans la mesure où celui-ci ne s'accommode pas de ce projet. Ainsi interdit-il le moyen qui aurait ouvert l'accès à la « psychanalyse » de lui-même. Il se soustrait à l'homme sur une frontière.

L'homme ne s'est jamais satisfait de s'en tenir à celle-ci et de ne pas mettre le pied au-delà. Et Dieu l'a détourné avec toute une série de commandements et de prescriptions dont l'observance poussa au désespoir un être qui avait par ailleurs mis toute son énergie à percer à jour la divinité. De même cet être ne put jamais s'accorder de repos avant d'avoir percé à jour l'autre qui voulait s'y soustraire tout autant que le dieu auquel il ressemblait.

On comprend mieux ce qui se passe de monstrueux partout où des « prêtres » de toutes observances veulent avoir des hommes mis à nu devant eux, et, en tant que pasteurs soucieux des âmes [29], exercer, « savourer », sous des noms toujours nouveaux, le pouvoir divin de les percer à jour.

En 1922 eut lieu la première d'un drame d'Anton Wildgans intitulé *Caïn*. Dans la critique qu'il en fit, Alfred Polgar écrivit une phrase vertigineuse sur le dieu de la tragédie originelle de l'homme : *il semble presque que Dieu ait interdit à ses créatures de manger le fruit de l'arbre de la connaissance pour que ses desseins ne soient pas pénétrés. À peine l'eurent-ils mangé qu'ils le virent tel qu'il est. Et cela il ne peut le pardonner.*

---

29. Blumenberg rappelle ici ironiquement le sens propre : le pasteur, le père spirituel (« Seelsorger ») est celui qui se soucie (« sich sorgen ») de l'âme (« Seele »).

Ce qui peut faire du Dieu biblique un personnage de tragédie, ce n'est pas qu'il assiste en spectateur *au destin* de l'homme ; il faut qu'il s'agisse de lui-même dans cette histoire. Pour cela il faut que soit en jeu quelque chose qui donne un caractère essentiel à son « souci ». Il faut qu'il ait quelque chose à perdre. Ce qu'il peut perdre, c'est l'exclusivité de son dessein, la réserve souveraine de n'être lui-même que pour lui-même. C'est pourquoi l'homme n'avait pas le droit de participer de la connaissance du bien et du mal. C'était là davantage que « quelque chose » chez lui, ou en lui. C'était tout. C'est pourquoi Dieu avait créé, afin de faire jouer et d'exercer lui-même ce savoir : dans le jugement rendu sur ses œuvres – comme un jour dans le jugement porté sur l'homme, qui lui aussi avait voulu être « juge » et devait s'y briser : lui qui devait être jugé, mais qui n'avait pas le droit de juger.

ENCORE ET TOUJOURS : QU'ADVINT-IL AU PARADIS ?

I

Dans le troisième des « cahiers in octavo », Kafka a noté un tout petit détail aux allures d'argutie futile qui se rapporte à l'histoire des origines dans la Bible : *Pourquoi nous plaignons-nous du péché originel ? Ce n'est pas à cause de lui que nous avons été chassés du Paradis, mais à cause de l'arbre de Vie, afin que nous n'en mangions pas* [30]. La voici, la substance qui fait le secret du *Procès*. Il n'y a pas eu de faute originelle au Paradis, il n'a pas été goûté à l'arbre interdit de la connaissance. Ce qui était autorisé, c'était l'arbre de Vie, les fruits de l'immortalité. L'homme, qui n'avait donné aucun motif pour se voir interdire cet arbre, et qui tendait déjà la main vers lui, fut entraîné dans une affaire qui fournit le prétexte de lui ôter l'égalité avec les dieux, par laquelle il n'avait nul besoin d'être tenté, puisqu'il était bien là, cet arbre de Vie. Ainsi en est-on venu à la fiction d'une faute qui donnait à l'expulsion du jardin d'Eden une apparente légitimité. L'expulsion livrait la vie à la mort, faute de l'ambroisie que procurait l'arbre à l'arrière-plan. C'est ainsi que la mort vint au monde, comme dira l'apôtre. C'est la mort qui, de la faute fictive, fit advenir la faute réelle : l'être mortel ne peut pas vivre sans être coupable de ne pas pouvoir aimer son prochain parce que, du fait de la durée limitée de son existence, il voit en lui un rival qui veut lui prendre chaque bien de la vie.

L'innocent devint coupable *parce qu'*il avait été mis hors de portée de l'arbre de Vie et chassé du Jardin. Dieu avait peur de ce qu'un autre immortel pourrait entreprendre avec son éternité. Pour ne pas avoir de rivaux, il fit

---
30. Franz Kafka, *Œuvres complètes* III, Paris, Gallimard, 1984, p. 465, trad. M. Robert.

de ses créatures faites à son image des rivaux *entre eux*, qui ne pouvaient échapper à la faute. Le jugement crée la culpabilité du prévenu.

Kafka a révélé en quatre lignes l'inversion qui était dissimulée dans le mythe du Paradis. Il ne s'agissait que de l'arbre de Vie, celui de la connaissance était un prétexte mis en avant. Peut-être même l'homme n'en consomma-t-il les fruits que lorsqu'il sut qu'il lui était refusé de devenir immortel. Dernière acte de clairvoyance paradisiaque : s'il fallait être mortel, la « connaissance » était l'unique moyen d'utiliser ce qui restait de vie.

Pourquoi sinon les fils se seraient-ils d'emblée employés avec tant de zèle – chacun à sa manière, Abel en nomade, Caïn en agriculteur – à arracher à la terre ce qu'elle voulait bien rendre, et davantage encore. C'était la trompeuse illusion que pourrait sortir de cela autre chose que la mort, d'autant que la première fois que fut mis un terme à une vie, ce fut par la violence. Le premier meurtre qui semble motivé par la jalousie d'un des deux frères dans la lutte pour l'obtention de la faveur divine, est un acte de rivalité pour s'accaparer la « technique » de la maîtrise de la nature en tant qu'elle est substitut de la possession de l'arbre de Vie.

Un peu plus loin, dans une note du même cahier, Kafka a exprimé en *une seule* phrase quelle illusion était née de cette expulsion et de cette chute dans la finitude : *Le fait que notre tâche est tout juste aussi grande que notre vie lui donne un semblant d'éternité* [31]. Cette apparence, c'est la vie [32], comme si elle venait toujours de cet arbre qui nourrit les dieux et dont ils ne voulurent pas partager le fruit avec nous.

---

31. *Ibidem*, p. 465.
32. Blumenberg écrit : « Am Schein haben wir das Leben » qui fait allusion à la célèbre formule du *Faust* II : « Am farbigen Abglanz haben wir das Leben », « Ce reflet coloré, c'est la vie » (Goethe, *Théâtre complet*, Paris, Gallimard, 1988, p. 1250, trad. S. Paquelin).

II

Adam doit mourir s'il goûte au fruit de l'arbre de la connaissance. Mais il ne meurt pas, en tout cas pas tout de suite, il est seulement chassé du jardin où se dresse l'arbre de Vie, l'arbre dont les fruits lui auraient offert l'éternité, pour peu qu'il eût pu y accéder. C'est une peine de mort différée *sine die*. Plus exactement : l'exclusion d'un moyen d'éviter la mort, comme l'était l'ambroisie chez les dieux olympiens.

Cette « petite différence » n'a rien d'une insignifiance pédantesque, parce qu'au regard de la théologie chrétienne cette « chute » apparaît comme un crime si terrible envers la majesté de Dieu que cette peine prononcée sur le champ, mais pas exécutée, est loin de ce qu'insinuent les théologiens. Le maître du jardin d'Eden dénonce un joli droit de jouissance relatif aux fruits de son jardin, mais se retient d'exécuter sa menace : Adam survit au délit, il ne succombe pas à la mort vagale qui frappe celui qui enfreint un tabou, il atteint même un grand âge.

Dieu s'était-il trompé avec la menace de mort, quand il prévoyait qu'aucune de ses créatures qui s'opposerait à lui ne survivrait ? Ce serait alors le serpent qui aurait eu raison en définitive : en mangeant le fruit, Adam serait en quelque sorte devenu un égal de Dieu, qui pourrait supporter sa colère et y survivre. Cela aurait été alors le premier acte de la grande « marche de la Raison » qui dure ce que dure l'humanité. Premier pas dû à la simple expérience que se mesurer avec Dieu ne pouvait pas être une si grande faute que ne le suggéraient l'interdit et la menace. La différence entre interdit et autonomie se manifeste une première fois – sous forme d'un conflit auquel on peut survivre.

Quoi qu'il en soit « la marche de la Raison » avait coûté le Paradis. Il fallait s'en souvenir et en tenir compte pour toutes les théories qui promettaient que telle ou telle forme de la Raison ramènerait le Paradis. Le triomphe d'Adam, n'être pas mort d'avoir mangé le fruit, était un triomphe provisoire. Il se peut que, soulagé d'avoir été dans l'immédiat épargné, il n'en ait pas tenu compte ou qu'il l'ait ignoré. La première mort qu'ait rencontré un homme fut une mort irrégulière, un crime : Caïn tua Abel. Le dieu du Paradis perdu n'était pas tout à fait hors de cause, lui qui ne voulait pas accepter de « fruits » en offrandes, parce qu'en eux semblait s'exprimer l'aspiration à la vie paradisiaque – il accepta les agneaux d'Abel. Celui-ci dut payer de sa vie le prix de cette bienveillance.

Pourquoi Caïn fut-il fâché de la faveur accordée à Abel ? Parce que leur dieu était un dieu du climat et que le paysan Caïn dépendait davantage de sa faveur que le nomade Abel ? Il se peut bien qu'il en fut ainsi.

Avant donc même la mort d'Adam, le crime de Caïn montrait que le Mal était entré dans le monde. Paradoxalement parce que les hommes devaient désormais mourir. La brièveté de leur vie les poussait à ne manquer de rien de ce dont on pouvait jouir et les amenait à désirer d'autant plus un bien qu'il appartenait à un autre. Et obtenir de la vie tout ce que les autres pouvaient recevoir d'elle demandait beaucoup de ce temps précieux de la vie. Sinon Caïn aurait bien pu attendre qu'il fît plus beau.

III

L'homme n'est pas Dieu, quand bien même il le serait volontiers devenu. Il n'est pas maître de la vie et de la mort. Il lui faut mourir lui-même, au lieu de faire mourir, et lui-même vivre, au lieu de faire vivre. L'un est aussi difficile que l'autre.

Renoncer à l'instrument de la peine capitale – et ce contre les majorités mêmes de possibles plébiscites – est un des plus grands actes d'auto-discipline auxquels l'homme soit parvenu. Même les grandes autocraties de ce siècle l'ont fait, en grinçant des dents. En grinçant des dents ? Oui, car au-dessus de cet abîme, mince est le sol. Mais l'homme n'est pas non plus maître de la vie. Il n'a pas le droit de la décréter. Il y a là le problème toujours plus pressant de son pouvoir issu de son savoir. Toujours plus d'êtres humains vivent, parce que leur existence a été décrétée par une habileté technique.

Alors est mise à l'épreuve une morale que nous n'avons pas. Le mythe de l'interdiction de manger du fruit de l'arbre de la connaissance du bien et du mal prend un sens nouveau. L'humanité pourrait se briser sur sa capacité non pas à s'exterminer elle-même, mais à s'accorder une vie illimitée. Car, par cette capacité, le droit à ne pas en faire usage deviendrait nécessité.

Jamais l'homme ne pourra satisfaire à cette nécessité. Personne ne peut donner l'autorisation de ne pas sauver ce qui est à sauver. Parce que nous savons ce qu'est le mal, nous ne pourrons pas faire le bien.

En termes mythiques : l'Histoire se brise sur le dilemme avec lequel elle a commencé.

AGRANDIR DIEU

Que serait ce Dieu sans l'homme qui l'a fait grand ? Le Dieu d'Abraham, d'Isaac et de Jacob – avec ce génitif équivoque, que Pascal emploie intentionnellement pour l'opposer au dieu des philosophes. Sans remarquer pourtant que le parallèle des deux génitifs faisait autant du dieu des ancêtres la créature des patriarches, qu'il visait à reléguer à l'écart le dieu des philosophes. Moïse n'est pas nommé, alors qu'il a achevé l'œuvre avec un nouveau nom de Dieu, protégé par la Loi, lui qui érigea en loi de ce Dieu, ce que ses prédécesseurs jusqu'à l'installation en Égypte avaient laborieusement mis au point à la manière des théologiens, sans menace ni norme.

Il faut la langue de l'évangéliste Luc pour faire surgir dans la bouche de Marie, qui rend visite à Élisabeth, la mère du Baptiste, la parole qui a résisté à tant d'efforts de mise en musique parce qu'elle est la plus précise pour exprimer le travail que les pieux effectuent sur leur dieu : *megalynei hē psychē moy ton kyrion – magnificat anima mea Dominum*. Dieu a créé l'homme pour que celui-ci le « fasse grand »[33].

Dans le mythe fondamental d'Anselme de Cantorbéry, il ne s'agit que d'un report de temps quand la chute des anges et la création de l'homme sont placées dans une relation complémentaire. La tâche éternelle de ceux « qui ont fait leurs preuves » consiste en ceci : combler les effectifs des rangs clairsemés des chœurs angéliques. La simplicité de ce *Magnificat* laisse entrevoir la beauté de ce mythe d'enrôlement du monde entier. En lui, la rétention de temps comme la réserve de fonction sont supprimées de manière préventive. Dès ici, dès maintenant, dans cet instant que partage Marie

---

33. « Mon âme exalte le Seigneur » propose la TOB : la notion de grandeur (« megalynei, magnificat ») n'apparaît pas explicitement.

avec Élisabeth – tout comme dans la quête des patriarches, toujours à la recherche de l'inaccessibilité absolue de leur dieu par-delà tout dieu effectivement atteint – s'accomplit la mission qui fait exister le monde et l'homme : pratiquer la théologie. C'est-à-dire en clair : exalter Dieu, l'exagérer au sens du saut entre les deux définitions qu'avait trouvées ce même Anselme de Cantorbéry : Dieu est ce au-delà de quoi rien ne peut être pensé – *et* il est plus grand que tout ce qui pourra jamais être pensé. Dans cet espace intermédiaire – pour ne pas le qualifier de « marge de manœuvre » – prend place l'agrandissement de Dieu, qui, comme toute autre chose dans le domaine des religions, peut aussi bien dégénérer en acte stéréotypé, accompli sans réfléchir.

Quelque peu soulagé par sa conversion au catholicisme du poids de son éducation puritaine, Julien Green raconte dans ses souvenirs d'enfance comment, à l'église anglicane, il avait été troublé d'entendre à propos de Dieu cette formule : *Nous le magnifions (We magnify him)*. Il ne pouvait alors comprendre cette expression que dans le sens de ce que permet de faire un *verre grossissant* (*magnifying glass*). Martin Meyer m'écrivit un jour qu'invité à l'automne 1986 à un dîner offert par son éditeur allemand à son nouvel auteur, Julien Green, il s'était bien préparé aux conversations de table en lisant l'édition de « La Pléiade » durant le trajet en train entre Zurich et Munich. *J'avais gardé le passage en tête, mais sans intention précise. Au dîner pourtant le vieux monsieur sortit ce fameux verre grossissant – pour étudier la carte. Cherchait-il un plat divin ? En tout cas je lui rappelai cette confusion sémantique.* Le témoin qui m'a généreusement fait cadeau de cette anecdote ajoutait qu'il ne connaissait pas trop bien l'œuvre de Julien Green, et qu'il avait manifestement fait mouche à son insu, car *il me regarda comme si j'étais un émissaire du bureau qui établit les bilans lors du Grand Passage.*

Je répondis à Martin Meyer que je ne connaissais qu'un seul auteur qui avait décrit sans s'aider de l'optique la plus récente comment s'était passée cette action de « rendre Dieu plus grand » – c'était Thomas Mann, dans l'introduction à sa tétralogie de *Joseph,* qui donne à la profondeur du temps la dimension d'un mythe. Là, le Dieu d'Abraham, d'Isaac et de Jacob, n'est vraiment pas celui des philosophes, ainsi que l'exige Pascal ; il est pur ouvrage de l'homme qu'il avait créé à son image pour que celui-ci pût à partir de lui-même inventer ce Dieu, sans avoir besoin de ce que ce Dieu pourrait lui souffler et lui chuchoter.

Cette créature faite à l'image de Dieu se crée en retour, en une catharsis ambivalente, ce Dieu à *son* image, Dieu auquel il se soumet parce qu'il est son égal. S'il ne souffre aucun autre dieu à côté de lui, selon le premier de ses commandements édictés sur le Sinaï, c'est le fait de la jalousie de l'homme, d'avoir exigé de soi l'indépassable, la singularité pure. Il n'y avait plus qu'un pas à faire pour s'élever de la jalousie à la grandeur et faire en sorte qu'il devienne indifférent à ce Dieu que tout grouillât ainsi de dieux chers aux hommes sous toutes formes imaginables, primitives ou décadentes – au point que le protophilosophe en vint à ne plus supporter *que tout fût plein de dieux,* et par opposition à inventer la philosophie. Mais, conçue sous cet aspect, celle-ci finit par la suite par n'être plus rien d'autre qu'un moyen, si contrariant pour Pascal, d'augmenter et d'agrandir l'Unique.

Est-ce le protestant de Lübeck en Thomas Mann qui le poussait à ne pas se contenter dans le prologue à sa tétralogie de *Joseph* de cette œuvre d'agrandissement de Dieu accomplie par les patriarches ? Qui l'obligeait à écrire une sorte de suite postchrétienne, et même une amplification augustino-luthérienne ? À concevoir son dernier livre comme accomplissement du mythe de Dieu ? Car *L'Élu* ne donne à la légende du pape Grégoire la rigueur de la réciprocité qu'à la lumière de l'histoire des patriarches : l'équilibre du péché et de la grâce, de la profondeur où est l'homme et de la hauteur de Dieu, la béance effroyable de l'abîme et la solidité du pont qui l'enjambe. Et qui va jusqu'au point de montrer un pécheur qui par son expiation mortifie ce Dieu, le pousse par là à atteindre la grandeur de ses desseins qu'on dit impénétrables. Cela trouve peut-être sa plus belle expression quand la pécheresse Sibylla, doublement incestueuse, se soustrait, sans se ménager, à ce Dieu pour se réfugier dans une vie de pénitence, *mais tout cela non pour l'amour de Dieu, mais par défi, pour toucher profondément le Seigneur et l'effrayer*[34]. Il ne lui plaisait plus d'accorder sa beauté à son Dieu, *qu'elle se proposait d'affliger*, en éconduisant les prétendants, *encore qu'Il ne pût sans doute rien objecter à tant de continente repentance. Elle n'était point fâchée de Le placer devant cette contradiction.* Duel théologique, ou plutôt : la théologie considérée comme un duel.

Cela signifie-t-il qu'à la trop grande audace de l'expiateur est venue se superposer celle de l'interprète ? Si face à ce soupçon, ni le prologue de *Joseph* ni le rappel sommaire que Mann avait conçu le projet d'un « Mariage de Luther », sans jamais le réaliser, n'ont assez de poids, une dernière indication tirée de *L'Élu* pourra être utile à celui qui est courbé sur le livre et courbé par celui-ci, et je la renforcerai avec cette thèse : cela, cela aussi, c'est à Goethe que le doit le dernier Thomas Mann.

Tout ceci ne perd l'invraisemblance que cela peut avoir à première vue qu'à partir du moment où cela s'étaie sur la moins réfutable de toutes les preuves imaginables : celle qui n'a que trop été négligée ; la « sentence inouïe » de Goethe est introduite dans la bouche du moine Clément, le narrateur, avec la réflexion qui précède le sauvetage de

---

34. Th. Mann, *L'Élu, op.cit.*, p.78-79.

l'enfant du péché exposé à tous les dangers de la Manche dans son petit tonneau. Immédiatement après l'affliction de Dieu recherchée par Sibylla, vient la louange par Clément de la sagesse de Dieu, représentée par ce canal entre le pays des Carolingiens et celui des Angles, et sur lequel le minuscule esquif du nourrisson a la chance d'être sauvé par les pêcheurs des îles et par leur abbé. Le pieux narrateur, qui connaît ces eaux, s'effraie que *bien précaire [soit] l'espoir,* mais le fait est contrebalancé par une de ces qualités complémentaires de Dieu, rarement mentionnée par ailleurs : son *habileté.* C'est grâce à elle qu'il maîtrise les dangers qu'il a lui-même accumulés sur l'enfant et sur son esquif en mettant en œuvre la Providence. Cette contradiction dans les dispositions prises par Dieu fait dire en conclusion au narrateur : *à ce propos montent tout naturellement à mes lèvres les paroles :* « *Nemo contra Deum nisi Deus ipse* » [35].

Quelle ironie que de mettre dans la bouche d'un homme qui incarne la piété d'un moyen âge imaginaire la sentence goethéenne qui exprime l'impiété pure et simple.

Tout comme la polysémie de la sentence révélait la prédisposition de Goethe pour le mythe dans la dernière partie, inachevée, de *Poésie et vérité,* elle joue ici un rôle de modèle pour l'enchevêtrement multiple des contradictions de l'ironie mythique, avec laquelle Thomas Mann fait la somme de son œuvre et la conclut. Comme c'est au moine même que Maître Thomas de la Trave [36] fait rédiger ceci, il ne lui reste même pas la possibilité, que Goethe, lui, avait, et qu'il exploita, de se réfugier dans le flou et de penser le dieu de la sentence avec l'article indéfini qu'implique l'emploi des minuscules [37]. Le moine se

---

35. *Ibidem,* p. 83.

36. Th. Mann était né à Lübeck, qui est arrosé par la Trave.

37. Au vingtième chapitre de la quatrième partie de *Poésie et vérité,* Goethe utilise cette formule dans laquelle le nom de Dieu est écrit sans majuscule : – Nemo contra deum nisi deus ipse ».

réfère au nom de l'Un, qu'il ne peut écrire qu'avec la majuscule parce qu'il est en train de le magnifier : par le duel que Dieu mène à l'intérieur de sa propre légende, Dieu contre Dieu, et s'interposant contre lui-même à partir de l'absolu de la profondeur comme de celui de la hauteur.

Éloge – de qui donc ? De ce Dieu capable de se supporter dans ce combat impitoyable qu'il mène contre lui-même ?

LE TRAVAIL DES PATRIARCHES
ET CELUI DE LA MUSIQUE

L'Histoire de Jacob, première volet de la tétralogie *Joseph et ses frères* de Thomas Mann a pour thème général : comment à partir de tous ces dieux, de tous ces Baals des pâturages et des déserts entre Nil et Euphrate, a été distillé un dieu plus sublime, mais jaloux, qu'il s'appelle El ou Yahou. Ce prologue à la gigantesque épopée a été esquissé sous forme de plan en 1925, après *La Montagne Magique* et il parut en octobre 1933, *encore à Berlin*. À la fin du dernier volume, *Joseph le Nourricier*, dont les dernières lignes ont été écrites en janvier 1943, les fils de Jacob sont établis en Égypte avec le dieu de leurs pères. Par bonheur pour lui comme pour son lecteur, l'auteur n'a pas besoin d'être plus clair sur le destin de ce dieu péniblement édifié au cours des trois ou quatre siècles qui suivent en pays de Goshén.

La Bible se fait discrète sur cette longue période. Car la position élevée et la solitude du dieu sont perdues, galvaudées, oubliées : il s'agit assurément d'un héritage par trop astreignant, qui choque le monde environnant par sa « spécificité » exclusive. Il faudra encore quarante années de désert pour rejeter la mésalliance avec le taureau Apis et la vache de Hathor, ces garants de fertilité pour prières de paysans. En tout cas, pour ce qui est de la fertilité, cela a dû avoir son bien-fondé. Sinon il n'aurait jamais pu surgir du petit clan de Jacob ce peuple nombreux que Moïse eut à faire sortir d'Égypte. Il y a beaucoup à parier que Moïse – même s'il était vraiment un Égyptien comme Sigmund Freud l'a mis en évidence – en revint à l'ancienne divinité des patriarches des années nomades et poussa la purification de ce dieu plus loin que ne l'avait fait – à en croire le romancier -- Jacob avec sa recherche de Dieu.

Au cours de cet apurement du dieu, l'Égypte aurait été la pause nécessaire, dans le conformisme aux dieux bovins qui dominaient là-bas, elle aurait permis de reprendre haleine pour passer à Yahvé après Yahou, délai d'incubation nécessaire pour le dieu législateur du Sinaï. El Shaddaï et Horus-Sapdu qui, à Goshèn, avaient été fondus en une même entité durent de nouveau être séparés : sur l'arche d'alliance de Yahvé il n'y avait plus d'emblème de taureau. L'arche était le symbole cultuel de la mobilité d'un dieu transportable qui au pays de Goshèn avait été lié à la sédentarité de ceux qui avaient misé sur lui. Fertile au sens de ce que l'on essayait d'obtenir de lui là-bas, il ne pouvait l'être qu'en couple, comme Horus et Hathor – sous forme de Baalat Mana dans les inscriptions des mines du Sinaï (Serabit). De cela, si l'on peut s'exprimer ainsi, le peuple qui quittait l'Égypte à travers le désert n'en avait plus besoin.

Il faudra encore bien plus d'un millénaire pour que, de manière inexplicable, on en vienne à pouvoir ressentir comme un degré supérieur de Dieu qu'il s'« engendre » un Fils unique (*genitum non factum*), qui, pour ne pas rester inexpliqué, avait besoin – comme s'il lui fallait quand même triompher de ce « manque » – à titre de *Logos* incarné, de la Vierge comme mère et de l'ange. Si l'on suit de nouveau les « histoires de Jacob », les patriarches qui ont conçu Dieu n'auraient pas supporté la vision de l'homme – et se seraient faits complices de la Passion du « Fils de l'homme ». Avec pour eux le bon droit de ceux qui sont à l'origine du concept et de son raffinement. Tout en se révélant incapables de comprendre qu'en passant à un degré supérieur, il y a aussi « évaporation », et que si on ne saurait certes accepter une « perte de finesse » au cours de ce passage, seul toutefois un retour à l'évidence sensible permet par là de résister à l'alliance de l'abstraction et des idoles tangibles. Il reviendrait au pharisien Paul de voir ce que le désespoir de la fidélité à la loi représenterait comme menace dans un monde de dieux partis en migration. Si le « Fils de Dieu » était un manquement au premier commandement du Sinaï, il ne l'était plus, mourant, parce que ce fait était en soi la négation de la splendeur (*kabōd*) qui appartenait à Dieu.

À travers la Crucifixion s'accomplit encore une fois quelque chose de cette gradation progressive à laquelle Abraham avait commencé de penser en sortant du pays de Harrân. Léon Bloy, l'un des grands imprécateurs de la nouvelle littérature française et surtout du *Renouveau catholique*, a émis dans *La Femme Pauvre* (1897) cet impitoyable jugement : *Dieu n'aurait pas été digne de créer le monde s'il avait oublié dans le néant l'immense Racaille qui devait un jour le crucifier.* Cette monstrueuse mise en relation du second article du Credo avec le premier fait à tel point dépendre la dignité de Dieu de l'épuisement des possibilités dans la création issue du néant, qu'il *n'avait pas le droit* d'éviter la ligne qui conduisait à ceux qui allaient lui infliger la Passion, s'il ne voulait pas s'humilier *avant* son propre abaissement. C'est là une étrange pensée, mais c'est aussi la pensée d'un degré supérieur de Dieu et de l'absence de crainte devant ce qui, depuis la Création, attendait son maître supposé : devoir être davantage que ce « maître ».

Rien chez Thomas Mann, ni son origine, ni le déroulement de sa vie, ni son horizon culturel, pas plus que ses expériences concrètes ne laissaient supposer l'intimité théologique que l'on constate dans le premier volet de *Joseph* ; et rien dans les matériaux qu'il utilise, ni dans ses carnets, dans ses essais ou dans ses lettres, ne laisse supposer à quel point il avait développé cet organe de sa sensibilité. Chez cet homme plutôt incroyant, il n'y a qu'une solution, qu'il a lui-même révélée dans de nombreuses variantes – et aussi sous la figure de Joseph : il y a dans tout art quelque chose d'une imposture, sinon davantage encore.

Et la théologie ? N'est-elle pas ici la plus proche parente ? Selon son objet et sa prétention, n'est-elle pas l'arrogante visée de l'indicible et de l'inaccessible, parade devant la majesté cachée, objection contre le dieu qui se dérobe ? Joseph devient alors un Félix Krull en Égypte, un joyeux comédien ; pourtant il ne fait que poursuivre en grand ce que les pères avaient pratiqué avec plus de sérieux et de profondeur, quand ils avaient l'impression d'être « trop bons », et qu'ils l'étaient aussi pour les abominations des cultes divins pratiqués autour d'eux. Jacob en avait profité, qui avait obtenu par une manœuvre la bénédiction paternelle et ne fut rappelé à l'ordre que lorsqu'il voulut corriger la décision venue d'en haut concernant l'ordre selon lequel il pourrait épouser les filles de Laban. Son dieu est jaloux de celui qui l'a fait si grand et, par là aussi, étranger à ses désirs : *Car n'est-ce point de l'idolâtrie que l'amour frénétique d'un être pour un autre être, tel que Jacob l'éprouvait pour Rachel et plus tard, à un degré plus violent si possible, pour le premier né de Rachel*[38] ? Nul doute, s'il en était : *il s'agissait de jalousie au sens réel.*

Ce dieu rivalise avec l'homme justement à travers les qualités qui lui ont été attribuées grâce aux aspirations élevées de celui-ci associées à son sens de la profondeur : un dieu de la passion pour l'éminence. *On peut qualifier cela de vestige du désert*, enchaîne le narrateur, il n'en demeure pas moins vrai que *c'est dans la passion que le terme fulgurant de « Dieu vivant » s'affirme avec toute sa force.* Il a été donné à Joseph de comprendre ce qui avait encore perturbé son père, c'est lui qui sait prendre le dieu au point où il en est de ses degrés, dans la mesure où lui-même *avait une plus juste compréhension du Dieu vivant et s'entendait à le ménager avec plus de souplesse que son père.* Du fait de la faveur dont il jouissait, Joseph

---

38. Th. Mann, *Joseph et ses frères*, Paris, Gallimard, 1935, t. 1, pp. 283-284, trad. L. Vic.

était plus que tout et que tous à la hauteur des exigences démesurées du dieu des pères. Il était comme créé par Lui et pour Lui. Mais avec ce trait caractéristique de l'imposteur [39] qui était l'exact corollaire de l'accroissement des exigences, et dont le « théologien » narrateur résume l'impératif dans la formule : *Laisse-moi me sanctifier en toi, et sanctifie-toi ensuite !* C'était déconcertant, mais c'était le résultat des « histoires de Jacob » : *La sublimation du divin, passant, par étapes successives, de la ruse ténébreuse à la sainteté, implique réciproquement celle de l'homme, dans l'esprit duquel elle s'accomplit selon le désir pressant de Dieu.* C'est un cercle, mais il ne sera pas vicieux.

Ce n'est que parce que l'homme accède par la spéculation à la dignité de Dieu – ce qui lui vaut en retour rigorisme, prescriptions et lois qui pèsent sur lui – que naît *cette union supérieure, cette fusion et cette réciprocité de leurs rapports, scellée par la chair, attestée par l'anneau de la circoncision.* C'est un pacte, une alliance, dans laquelle l'homme a perdu le *privilège du bouillonnement de passion* – comme s'il avait signé par mégarde une clause de renoncement qui lui aurait échappé. Le « dieu en devenir » n'était pas devenu par lui-même, et s'était révélé pour cet homme sans qu'il s'en aperçoive comme étant le *dieu des soucis* et non pas comme le *dieu des souhaits.* Et c'est en cela qu'à mon avis seule la Passion de Jésus de Nazareth va représenter l'extrême : l'extrême de l'accomplissement et de l'épreuve, *plērōma* et *kenōsis*.

Le travail sur Dieu, le travail sur le dieu d'Abraham, d'Isaac et de Jacob, le travail sur le dieu de Jésus-Christ

---

[39]. Blumenberg emploie le terme de « Hochstapler » qui veut dire « escroc, imposteur », mais qui fait allusion aussi au titre du roman de Th. Mann : *Confessions du chevalier d'industrie Felix Krull* dont il vient de parler.

a peut-être bien eu son épilogue dans le dieu d'Anselme de Cantorbéry, même si les formules de celui-ci étaient plutôt des instructions que des exécutions d'un tel travail : ce au-delà de quoi on ne peut rien penser de plus grand, *et* ce qui est trop grand pour pouvoir être pensé. Un jeune Roumain, détracteur de Dieu, publia en 1937 à Bucarest *Lacrimi si Sfinti,* dont – devenu dans l'intervalle en France un maître des pensées incisives – il fit paraître une nouvelle édition un demi-siècle plus tard sous le titre *Des larmes et des saints.* Également paru en allemand avec ses « modifications » chez Suhrkamp, en 1988. Dans ses premiers aphorismes, Émile Michel Cioran célèbre les larmes et Jean-Sébastien Bach et il comprime en une phrase sa provocation métaphysique : *La musique m'a donné trop d'audace face à Dieu.* Sous ce double aspect, il n'a pas pu manquer de penser au choral final de la *Passion selon saint Matthieu,* et il a osé avancer comme « preuve de Dieu » que Dieu devait exister pour que le cantor de Saint-Thomas n'ait pas chanté en vain : *Quand nous entendons Bach, nous voyons germer Dieu, son œuvre génère de la divinité. Après un oratorio, une cantate ou une Passion il faut qu'Il existe. Autrement toute l'œuvre du Cantor serait une déchirante illusion...Penser que tant de théologiens et de philosophes ont perdu des jours et des nuits à chercher des preuves de l'existence de Dieu, oubliant la seule véritable...* [40]

Ainsi donc, en fin de compte, pas le dieu du *Mémorial* de Pascal ? Ou faut-il voir dans tout ceci une manière raffinée de sauver, à travers la *Passion* et la « preuve de l'existence de Dieu » qu'elle fournit, le dieu des philosophes qui ne serait que le mauvais nom d'emprunt de ce dieu élaboré par les Patriarches ? Il est à craindre que

---

40. E.M. Cioran, *Des larmes et des saints*, Paris, L'Herne 1986, p. 34 et p. 77, trad. S. Stolojan.

même ce détour pour arriver à la preuve de Dieu ne soit victime de la critique destructrice que fait Kant de *toutes* les preuves de Dieu pensables. Quoi que l'on puisse montrer, il ne peut être démontré, preuve à l'appui, qu'il y a une réalité ultime et insurpassable, l'*ens quo maius cogitari nequit* d'Anselme.

Mais est-ce que l'auditeur de la *Passion* de Bach a besoin de cela pour qu'une *déchirante illusion* ne vienne pas tourner en dérision les larmes de la fin ? Non, celui qui meurt sur la Croix ne doit pas être mesuré à l'aune du « dieu des philosophes ». « Ne doit pas » est trop faible, on pourrait encore trop soupçonner l'échappatoire. Il *ne le peut* absolument pas. Pour la raison la plus simple du monde : nous ne savons pas ce que signifient les noms bibliques qui le désignent : le « Fils de l'homme », le « serviteur de Dieu », ni même – si jamais il s'en était servi – celui de « Messie ».

Continuons au conditionnel : nous ne saurions même pas ce que cela aurait signifié s'il s'était jamais qualifié de « Dieu ». Sur l'aréopage, Paul voulait que les Athéniens aient enfin affaire au « dieu inconnu » pour lequel ils avaient par prévoyance érigé un autel. Il supposait qu'ils sauraient avec assez de précision ce qu'est un dieu, puisqu'ils en avaient déjà tellement. Pour nous, le cas est tout autre : nous ne saurions que faire d'un dieu inconnu, parce qu'aucun dieu ne nous est « connu ». C'est pourquoi nous regardons avec un sentiment de délivrance le « serviteur de Dieu », pour ce qu'il nous a dit : son « Seigneur » pouvait être appelé *Abba*, c'est-à-dire *Père*. Seuls les philosophes suggèrent que nous aurions donné le nom de « Dieu » à celui de nos concepts qui est le plus nettement délimité. Il n'en est rien. Il s'agit d'un cas-limite entre la clarté marquée avec évidence et l'indétermination de la grâce.

Il suffira à l'auditeur de la *Passion* que celle-ci n'ait pas été soufferte à titre de simple apparence ; celui qui souffre et meurt est bien pour lui le moins indifférent des mourants, lui dont il doit apprendre quelque chose de si émouvant, et pour lui-même de si décisif, qu'il était besoin de *cette* musique précisément pour qu'enfin cela l'atteigne, lui, l'auditeur.

LA CRAINTE D'ABRAHAM DEVANT DIEU
PENSÉE À SON TERME :
L'AGNEAU, PAS LE BÉLIER

Le 23 novembre 1654, un lundi, vers dix heures et demie du soir, Blaise Pascal commence son *Mémorial*, le « dernier mot » de sa vie religieuse par l'insondable mot-phare : *Feu*[41], avant d'invoquer son Dieu comme le *Dieu d'Abraham, le Dieu d'Isaac, le Dieu de Jacob, et non celui des philosophes et des savants*. Cette fougueuse antithèse est autre que celle des *Pensées*, ces fragments préparatoires à cette apologie du christianisme qu'il projetait. Car le dieu d'Abraham ne pouvait pas être défendu avec les moyens de la philosophie, comme peut-être l'aurait pu être encore le dieu de Jésus-Christ que Pascal invoque aussitôt. Même si ce n'était pas expressément dit, l'invocation du dieu d'Abraham constituait une provocation à l'encontre d'un dieu encore « supportable » du point de vue philosophique, même s'il ne s'agissait plus d'un dieu dont on puisse apporter la preuve qu'il existe.

Ce que les philosophes ne pouvaient pas supporter chez ce dieu, c'était l'obéissance contre nature qu'il exige d'Abraham en lui imposant de sacrifier son fils unique, sacrifice que n'empêche qu'au dernier instant une voix messagère émanant des cieux : *N'étends pas la main sur le jeune homme, ne lui fais rien ! Car maintenant je sais que tu crains Dieu, – toi qui n'as pas épargné ton fils unique pour moi*. Sur quoi, Abraham reçoit la confirmation de la promesse que son dieu lui avait déjà faite et que celui-ci aurait dû rompre s'il avait accepté le sacrifice de ce fils unique et tardif : faire de lui le père d'un grand peuple, conformément à la lecture qu'il fallait faire de son nom.

Nous ne savons rien de l'état dans lequel se trouve le père après avoir été dispensé de sacrifier son fils et après

---

41. En français dans le texte.

la confirmation du serment. Il emmène son fils avec lui, quitte la montagne et se rend à Béer-Shevà, où il reste. Garda-t-il toute sa vie rancune à ce dieu qui lui avait infligé cette épreuve ? Était-il reconnaissant d'avoir été déchargé de l'infanticide ? Dieu ne l'avait-il trompé que pour le mettre une fois de plus à l'épreuve ? Ou bien avait-il oublié la promesse qui était liée à cette conception tardive de l'enfant, et ne se l'était-il rappelée qu'au dernier moment ? N'était-ce pas un dieu étourdi qui avait toujours besoin qu'on le rappelle à ses engagements ou qui devait se rappeler lui-même qu'il avait fait une promesse ? Nous ne connaissons aucune des questions qu'Abraham a dû se poser, pas plus que la moindre réponse. Nous ne connaissons que les tentatives des exégètes pour expurger l'histoire de son immoralité, et sauver le dieu qui s'y était fourvoyé. Le propos que l'on attribue au Rabbi Jehuda Ben Simon, au début du quatrième siècle, est sans pareil : *Abraham se fit des pensées dans son cœur et se dit : peut-être y-a-t-il chez mon fils une carence, et c'est pour cela qu'il n'a pas été accepté*. Jusqu'à ce qu'une voix venue du ciel (Bath-Qol) l'assure que ce n'était pas par mécontentement que Dieu avait refusé le sacrifice du fils. Voilà une proposition qui n'aurait pas manqué de couper le souffle aux philosophes. Mais ils ne la connaissaient pas.

L'objection qu'introduit ultérieurement le rabbin dans l'histoire d'Abraham n'est pas une simple argutie. Elle n'accorde pas à ce père prêt au sacrifice, mais empêché de l'exécuter, la disposition *subjective* avec laquelle, satisfait et sûr de la prophétie, il peut accueillir le fait que l'acte lui est remis, mais au contraire le fait aussi et instamment se demander comment Dieu *a pu* renoncer à la plus précieuse de toutes les offrandes, à celle qui pour le père qu'il est était véritablement la plus chère, alors que ce dieu, en ceci comme en d'autres choses, se prêtait tout à fait à la pratique des sacrifices. La victime choisie n'était-elle pas peut-être *objectivement* de la qualité qu'elle possédait aux yeux de son père ? Parmi les nombreux fils de leur père qui pouvaient rivaliser avec lui, celui-ci n'était-il peut-être pas le plus approprié et c'est pourquoi il avait été accepté qu'on lui substituât un bélier ? On le voit : Abraham pourrait avoir douté que sa disposition à se soumettre eut été véritablement celle qui devait convenir à l'exigence du dieu.

Abraham est passé dans la tradition chrétienne comme l'image même de la foi sous sa forme extrême : celle du *credo quia absurdum*. Ce fils lui avait été prédit contre toutes les lois de la nature et il n'avait pas douté. Contre toutes les lois de la nature, il devait lui être repris, et il n'avait pas hésité à considérer avec confiance que cela devait être bien ainsi. C'est là la foi qui garantit la justification de Paul, un état d'esprit absolu qui est si inaccessible par les voies « psychologiques » qu'en retour seul celui qui reçoit cette obéissance peut la dispenser comme grâce. Mais qu'est-ce que l'abandon *subjectif* de la conscience de soi peut avoir de valable pour Dieu ? Vu sous cet angle, l'effort du Rabbi Jehuda ben Simon d'objectiviser le refus d'Isaac comme victime du sacrifice prend place parmi la critique discrètement adressée au « père de la foi », à la figure d'Abraham telle qu'elle apparaît dans le Nouveau Testament et dans la tradition chrétienne.

Car l'Abraham de la tradition rabbinique et de la tradition de l'Ancien Testament est avant tout le destinataire de la Promesse, celui qui a fondé la première identité du peuple de cette histoire avec Dieu. Il avait parachevé l'abandon du nomadisme, fondé les premiers lieux de culte fixes, il s'était installé avec Isaac à Béer-Shevà et il avait été enterré à Hébron. À lui s'adressait le serment *inconditionnel* de Dieu pour la semence et pour la terre – même si cela ne devait arriver qu'après l'accomplissement de ce qui devait s'avérer seulement après coup être la « condition du

Salut » –, tandis que l'alliance de l'Horeb-Sinaï était une alliance *conditionnelle* et devait le rester, liée à l'accomplissement d'une loi qui au terme de toute expérience se révèlerait être impossible à accomplir – et le serait définitivement aux yeux de Paul qui vouait une stricte fidélité à la loi. Du fait de cette différence entre l'inconditionnalité de la promesse faite à Abraham et l'alliance conditionnelle passée avec Moïse, le personnage du patriarche a toujours davantage rayonné que celui du guide qui mena le peuple hors d'Égypte, quand le poids de la loi et la sanction de sa non-observation égaraient le sens juridique, avec lequel finalement Paul, ayant à l'esprit Abraham et Jésus, voulut éliminer ce problème, et y *réussit*, pour des millénaires : imposer le patriarche de la conviction absolue contre le premier fondateur de l'unité historique issue de la promesse de Dieu.

Du point de vue théologique, la réserve émise par le rabbi Jehuda Ben Simon n'est pas encore épuisée par cette opposition au « père de la foi ». Au contraire : en tant que mise en doute de la manière de voir chrétienne, elle a encore une tournure inattendue en réserve, qui était peut-être inaccessible au rabbi. Selon celui-ci, Abraham doute que son fils soit digne du sacrifice et se demande si à la face de Dieu il n'aurait peut-être pas fallu lui préférer le bélier, quelque preuve que sa résolution de donner ce qu'il avait de plus cher ait pu apporter sur la sincérité de son intention. Cette victime sacrificielle aurait *dû* être la victime absolument parfaite s'il s'était agi de l'origine de ce petit retardataire et de sa valeur de promesse pour l'humanité. Mais ensuite, le refus du sacrifice d'Isaac renseigna sur la qualité incertaine de ce qui était en ce cas peut-être bien plus important que l'obéissance aveugle d'un père touché au cœur. Cette pensée si unique et si tardivement imputée à Abraham, se prêta, une fois conçue, à être pensée à son terme par ceux contre qui elle était peut-être dirigée.

Si le dieu d'Abraham avait été insatisfait d'Isaac en tant qu'offrande, et si cela avait été le motif resté longtemps secret de son rejet, la question aussitôt se pose : qu'est-ce qui aurait donc pu satisfaire Dieu, sinon le fils né de *ce* Père ? Ce El ou ce YHWH était insatiable de sacrifices et, depuis qu'il avait rejeté l'offrande de Caïn, il tenait à la qualité la plus parfaite. La qualité la plus parfaite – théologiquement cela implique toujours : la tendance à vouloir ce qui est insurpassable, inouï, infini, absolu. Si le fils de la Promesse faite au patriarche n'était « pas bon » pour ça, il ne restait plus, en continuant sur la voie empruntée des « fils uniques », qu'*un seul* autre fils possible, qui pût apaiser la soif de sacrifices de la divinité : *son propre* fils unique.

Dans la mesure où il *était permis* qu'il existât, il résolvait le dilemme de la qualité *objective*. En lui résidait la levée du doute d'Abraham, une fois ce doute approfondi : la résolution non désirable. C'est pourquoi il *fallait* qu'il existât. *Ce qui est demandé est demandé* ! est-il dit depuis la nuit des temps dans toutes les théologies. Dans ce cas aussi : une fois qu'il a été possible de lire dans l'échec de l'histoire du peuple, et dans la défaillance des récompenses de la Promesse toute l'insatisfaction de YHWH devant les sacrifices et leurs qualités requises par la loi, il ne restait plus que la construction idéale d'un *sacrificium perfectissimum*, qui entraînerait la satisfaction infinie et définitive de cette suprême soif de sacrifices.

Au départ, cette construction n'était pas liée à la Passion de Jésus de Nazareth. Lui-même comprenait sa mort – à en croire le témoignage déjà tardif de la communauté des synoptiques – au mieux comme l'obéissance du « serviteur de Dieu », et donc selon le modèle primitif de la qualité *subjective* du sacrifice d'Abraham. L'objectivation vint de la spéculation théologique du rachat de l'humanité. Le Fils de l'homme initialement proposé comme monnaie d'échange à l'Ennemi pour obtenir la libération de ceux qui par la Tentation étaient tombés en son pouvoir, fut dégagé de ce « troc » mythique et devint la « réparation infinie » du fils de Dieu face à la majesté offensée du Père créateur, au profit de l'humanité tombée sous le coup de sa colère. Enfin se présentait l'unique victime qui vaille : l'agneau, pas le bélier.

CORPORÉITÉ

L'INCARNATION DU VERBE,
UN SCANDALE POUR LES ANGES

> *Quand presque de tous côtés on proclame triomphalement que l'on peut se passer de Dieu et des anges, c'est du plus grand ennui pour celui qui partage vos convictions, c'est dogmatique pour l'adversaire, et ridicule pour les deux.*
>
> *Moritz Schlick à Rudolf Carnap*
> *le 20 janvier 1935*

L'homme est le scandale de la Création. C'est une vieille idée de la théologie que les princes du ciel avaient vu dans l'homme un rival avant même la Création, et que la chute de Lucifer et des siens avait quelque chose à voir avec le refus *a limine* de l'homme. Mieux : que le fils du Père se ferait « Fils de l'homme » pour sauver cette créature de scandale du malheur qu'elle ne devait qu'à elle-même. Plus encore : que le Fils était déjà prédéterminé de toute éternité à se faire chair, indépendamment même de toute perte du Salut de la part des hommes. De ce fait, la « nature » des hommes avait fait l'objet d'une distinction qui devait heurter le sens de la souveraineté des anges, car Dieu ne s'était pas approché de manière comparable de *leur* nature. La chute des anges était-elle un drame de la jalousie dû à l'anticipation de ce qui allait venir : la Création et la figure centrale de celle-ci ?

Dans ce cas, voilà qui rendrait impossible le mythe fondamental d'Anselme de Cantorbéry, selon qui l'homme n'aurait été créé que pour remplir les espaces célestes rendus vacants par la déchéance des anges. Le *theologumenon* de la prédestination du Fils, de toute éternité, à s'incarner en homme, entraîne l'espèce humaine dans les nécessités de la divinité même : il fallait que l'espèce humaine existe réellement afin de préparer le *Verbum caro factum est* johannique.

Cette pensée de Duns Scot fut la dernière tentative du moyen-âge pour ne pas imposer les degrés du concept de Dieu aux dépens de la valeur que les hommes s'accordaient à eux-mêmes. L'homme était la vision de l'éternité parce qu'il devait donner sa signification ultime au dessein de la divinité.

Si la faveur accordée à l'homme fut ce qui scandalisa les anges, qui pour s'y être opposés furent précipités, parce que rebelles à la majesté même, voilà qui éclaire un peu une énigme de l'histoire biblique primitive, qui n'a presque jamais été soulevée comme question : qu'est-ce donc qui poussa le serpent, en tant que figuration du *diabolos,* à exciter l'homme contre Dieu ? Ce n'était pas la « nature » du mal à tout tirer à soi, comme on l'a dit et pensé. C'était plutôt la « vérification » après coup du désaveu de l'homme par ces mêmes anges qui voyaient leur Dieu abaissé, et avec lui eux-mêmes, par cette espèce de complot de Salut ourdi entre ceux qui étaient étrangers l'un à l'autre, lequel complot devait trouver son commencement en cela que le Créateur du monde donnait son image comme modèle pour faire ensuite à sa ressemblance cette fatale créature. Il fallait prouver que l'homme n'accomplissait pas la vision d'avant la Création, qu'il méritait qu'on recherchât sa perte, comme il était capable d'être perdu.

Dans cette mesure, il est plausible de voir sur cet arrière-fond de non-dit, ce pari conclu entre Dieu et Satan sur la « qualité » de l'homme. Avec un risque pareil, le pari tenait dans tous les cas. La conséquence indubitable en était-elle que l'homme reviendrait à celui qui aurait raison ? Était-ce aussi pure conséquence logique que le « Fils de l'homme », rejeté par Lucifer, pût apporter la preuve contraire, mener à sa destination la nature qu'il avait adoptée et reconquérir le droit à l'existence de son espèce grâce à l'absolue obéissance manifestée par lui à l'heure de sa mort ? La vision scandaleuse des temps primitifs face à la prédestination du Verbe de toute éternité serait alors aussi devenue, avec la « justification » de l'homme, la justification de l'Incarnation contre ses détracteurs. L'homme aurait cessé d'être le scandale de la Création, dans la mesure où il serait devenu l'instrument du culte absolu.

L'obéissance est le scandale de la Rédemption. Cela réside moins dans la rébellion des anges que dans le regard de l'homme sur son passé qui lui a été proposé comme une « histoire de Salut ». Il faut de nouveau rappeler ici qu'au siècle des Lumières, le *scandale* par excellence de la Bible, c'était l'histoire d'Abraham et de son obéissance absolue, qui par le sacrifice humain exigé – et qui plus est de son propre fils – avait déjà fourni dans la Bible le modèle à peine édulcoré de la « foi » *comme* acte d'obéissance. Les Lumières, qui n'entendaient pas accepter le *sacrificium intellectus,* s'en prirent à ce prototype, elles en firent le contre-exemple de la raison autonome, la quintessence de l'immoralité.

Comme souvent, on procéda indirectement : ce ne fut pas d'abord le croyant qui fut l'objet de la critique, ce fut son Dieu dont il est dit qu'il exécuta lui-même ce qu'au dernier moment il évite à Abraham grâce au bélier de substitution, mais qu'il n'épargna pas à son fils dans la sueur d'angoisse de Gethsémani. Après quoi, l'homme, pour le Salut de qui cela devait être fait, est une fois de plus le scandale même au regard de la raison. Sans que cela soit dit, on devait lire : il ne devait pas être permis qu'existât un être pour le Salut duquel pourrait suffire à lui seul le sacrifice, contraire à la morale, du fils. Le prince déchu des anges aurait eu raison alors : l'homme ne méritait pas la Création ; l'auteur de celle-ci, persistant dans l'éternité, aurait dû conserver sa divine innocence.

Aucun texte de la Passion, aucune musique de la Passion ne pourraient rendre compte de l'étendue des suppositions qui se sont formées dans le monde biblique et chrétien autour de la mort sur le Golgotha, comme un cristal se forme autour d'un noyau. C'est à partir de l'horizon de l'auditeur, non de son « contenu », que l'œuvre évoque ce qu'elle « signifie ». Ce ne peut être l'univocité.

EN CONTREPARTIE : L'ANGE DE L'ANNONCIATION

Dieu est trop sublime pour penser le monde. Selon la tradition aristotélicienne, il ne se pense que lui-même. Pour le philosophe, si le cosmos n'avait pas été sur un même pied d'éternité avec son Dieu, celui-ci n'aurait jamais pensé, ni même pu penser à faire surgir le monde, sans se détruire lui-même. Mais s'il faut malgré tout que soit procédé à une création ? En ce cas, il y a le recours que Dieu, certes, ne pense toujours pas le monde, mais qu'il le *fait* penser. Pour cela il a les anges : c'est en eux que le monde est « inventé », c'est d'eux qu'on le « tire », et ainsi il est créé sans avoir été pensé par l'instance suprême, et pour finir il est reproduit dans l'esprit humain. On trouve cette conception résumée en une seule phrase dans l'œuvre du néo-platonicien Carolus Bovillus, *De l'Esprit*, imprimée à Paris en 1510 : *Deus antequam fierent omnia, ea concepit in angelico intellectu, deinde omnia protulit et fecit. Postremo ea in humano intellectu descripsit.* C'est trop beau pour ne pas analyser en détail cette phrase dans sa forme originale.

Cette pensée est tout à fait néo-platonicienne, elle est seulement masquée par « l'inversion » des places de l'Un et du *Nūs*, de l'esprit. L'Un était le pur superflu, capté et pour ainsi dire régulé par le *Nūs*, d'où rayonne la première multiplicité des « essences » sur la deuxième multiplicité du monde, celle des réalités. Dans sa « superfluité », l'Un est tout à fait incapable d'un monde où il y aurait quelque chose comme l'homme. Dans le schéma néo-platonicien, il est difficile de suivre l'idée biblique que Dieu pourrait créer quelque chose à son image qui n'aurait pas besoin ensuite d'être pensé par le *Nùs*. Dans la conception de l'humaniste Bovillus, incorporée au christianisme, cela voudrait dire que l'homme est une invention des anges, uniquement portée à l'existence par approbation divine.

On éviterait en quelque sorte les énigmes du monde, qui ainsi n'auraient plus besoin d'être résolues. Le caractère scandaleux de l'homme pour les anges serait éliminé à la racine. Seule une dissension au stade angélique du processus du monde pourrait encore rendre compréhensible que ce furent ceux qui autrefois avaient co-pensé l'homme qui lui tendirent un piège au Paradis. Ce serait alors affaire des anges de ne pas faire supporter à l'homme les conséquences de *leur* manque d'unanimité.

À partir de cette réflexion, je ramènerai le regard à la scène rapportée dans l'Évangile de Luc où l'archange Gabriel s'introduit chez la Vierge pour lui annoncer ce Fils qui n'est possible qu'en Dieu. Ainsi les anges auraient-ils mis *leur* propre monde en ordre.

Mais on peut se demander si cela ne devait pas nécessairement déboucher sur le docétisme. Ou même si le monde n'était pas, du fait qu'il avait son origine dans la pensée des anges, lui-même un petit morceau de docétisme. Comment sinon ce qui survient en son sein pourrait-il être de quelque véritable consistance ? L'ange de l'Annonciation au commencement fait naître le soupçon que la Passion, à la fin, n'est que simple apparence. Annoncé par Gabriel à cette invention manquée des anges qu'est l'humanité, le fils de la Vierge présenterait le même manque d'être que le monde dans lequel il serait appelé à naître. Bethléem et le Golgotha n'auraient pas le signe distinctif de l'« ontologie » la plus forte. C'est là ce qu'il faut voir aussi pour comprendre ce à quoi la *Passion selon saint Matthieu* ne se laisse pas entraîner.

DIEU IMPLIQUÉ DANS LE MONDE

Quelle était l'intention ? Le Paradis, le jardin d'Eden, n'était-il d'emblée qu'un séjour transitoire pour la créature que Dieu avait créée à son image et à sa ressemblance ? Le dessein était-il dès le début l'« expulsion », le franchissement du seuil et le passage de la vie simple à une vie de soucis ? Et l'exécution de ce dessein – comme c'est le cas jusque dans *Faust* – ne devait-elle être confiée au tentateur que sous forme ministérielle, protégée par le « Seigneur » contre toutes les prétentions de la « théodicée » ? Avec, concédée en cas de succès, une part de propriété sur l'étrange produit de cette fabrication ? Quel serait alors le rapport entre toute l'entreprise de la Création et l'installation limitée d'un jardin privilégié dénommé Paradis ? L'ensemble, malgré tout, comme la destination finale de la petite parcelle de jardin ? Et si c'était le cas, la reproduction des humains ne figurait pas au programme d'Eden, parce que il y avait là l'arbre de Vie. Mais une fois coupés de l'arbre de Vie et devenus mortels, leur multiplication devint leur tâche principale, invoquée sans relâche, afin que, maintenant qu'il était, ce monde ne restât pas en friche.

Comment fallait-il l'exploiter ? Ce fut tout de suite une affaire de vie et de mort entre le premier couple de frères – de mort au profit de la forme d'exploitation plus radicale de l'agriculture sédentaire, bien que Dieu eût visiblement favorisé la forme plus douce pratiquée par les pasteurs nomades. L'espèce humaine a triomphé de cette préférence. Elle a persisté dans la voie de la sédentarisation par la possession du sol, constituant ainsi une terre qui serait celle de la Promesse que le Dieu du contrat aurait à accomplir.

Comme signe contraire, il y avait pourtant le fait que le Sauveur, qui avait été en principe envoyé pour assainir le tout, était présenté sous l'image du bon pasteur qui concluait sa carrière terrestre par l'injonction : *Pais mes agneaux, pais mes brebis !* Déjà il était né d'emblée avec l'assentiment de pasteurs qui veillaient sur leurs troupeaux et qui étaient dans la contrée au hasard de leurs pérégrinations.

Quelle était l'intention ? Dans la Bible ne pouvait figurer ce qui vient trop facilement à l'esprit : Dieu ne savait pas ce qu'il faisait lorsqu'il créa le monde. Et moins encore lorsqu'il modela une créature à son image, l'habitua à la vie en Paradis pour ensuite l'en chasser et l'abandonner à l'obligation pure et simple de pourvoir à sa survie. Lorsque, chez Luc, Jésus sur la Croix demande à Dieu : *Père, pardonne-leur, car ils ne savent pas ce qu'ils font !* il connaît un autre cas d'inconscience que celle de ces misérables valets tortionnaires.

Dieu avait éloigné les hommes de la source de vie parce qu'ils n'y pouvaient faire autrement que de devenir *ses* rivaux. Par la mort, il fit d'eux *leurs propres rivaux,* à la vie à la mort. Car si le Jardin avait suffi à deux, la terre entière ne suffirait jamais au grand nombre pour avoir tout de tout, parce que chacun n'avait *qu'une* vie. C'est ainsi qu'avec la mort le « péché » vint dans le monde, non le contraire. Était-ce cela l'intention ? Comment cela pouvait-il n'être pas l'intention, alors que l'omniscience de Dieu devait savoir ce qui allait arriver ? Avec l'expulsion du Paradis commence l'interrogation lancinante de la théodicée. Il n'y a qu'une solution plausible : Dieu ne savait pas ce qui allait arriver, parce qu'il ne *pouvait* pas le savoir. Comment aurait-il pu savoir que la mort agit en retour sur la vie, puisqu'il ne pouvait lui-même compter avec la mort ? La seule situation comparable, c'est que *personne* ne peut savoir ce que c'est que la « douleur » tant qu'il n'en *a pas ressenti* une ; et même à ce moment là, il ne connaît qu'avec réserve ce que cela signifie pour d'autres d'en avoir une. Il ne pouvait en être autrement avec tout ce que l'interdiction de l'accès à l'arbre de Vie eut pour conséquence pour l'homme : la vie était devenue un « souci », et d'emblée portée à l'extrême, elle était devenu motif du premier meurtre.

Il ne peut pas y avoir de savoir préalable d'une chose pour laquelle on ne possède pas de « concept » qui repose sur une donnée propre concrète. Comment un tel présavoir devrait-il se former, comment serait-il constitué ? Ainsi Dieu s'était-il empêtré dans quelque chose qui devait l'effrayer, tant la façon dont cela s'était manifesté sur sa créature était déroutante et inattendue : sur une espèce de meurtriers potentiels qui pourtant ne voulaient rien d'autre que se dépêtrer de la situation préoccupante où les jetait leur exclusion.

Cela ne pouvait pas être l'intention. Cela devait être l'« imprévisible », même pour une Providence qui ne provenait que de *sa propre* donnée et qui, *avec elle,* devait régir le monde. Le tout était une impasse de l'ignorance divine, une stupidité essentielle de Dieu. Et *cela fut* aussi la contrainte qui détermina le procédé par lequel Dieu entreprit de remettre « la chose » en ordre : il lui fallait se mettre véritablement à la place de l'homme et voir authentiquement comme lui, devenir avant tout capable de souffrir et de mourir – capable donc de tout ce qui n'avait rien à voir avec le « savoir » concernant le cours du monde et la constitution de la nature en vertu de la perspicacité du Créateur. Ce n'était pas l'« essence » d'une créature faite à l'image de Dieu, d'être dans le souci, de souffrir et de mourir.

L'Incarnation n'était pas l'hyperbole d'un amour divin, mais la compensation d'un manque de perspicacité divine.

Dieu avait été le pur contraire d'un « être défectueux ». C'est cela qui le mit en situation coupable face à une créature qu'il livrait aux déficiences de sa nature en lui ôtant son privilège. Le « monde » comme nature était une affaire de savoir ; de lui son auteur pouvait tout connaître, tout avoir en main et en tête, et ainsi il n'était pas besoin de théodicée pour son rapport au monde.

Que ce rapport ait existé, est moins difficile à comprendre que toute l'intrication de non-su et d'insaisissable mise en évidence avec l'homme. Car si Dieu devait être ce sujet que la philosophie ne pouvait penser que comme absolu, alors la pensée-qui-se-pense-elle-même que lui attribue Aristote est la pure insatisfaction d'une subjectivité qu'il est tout à fait sensé de qualifier ainsi : elle exige un autre qu'elle-même pour objet. En termes moins abstraits : le sujet absolu ne peut pas supporter son insouciance ; il se charge du poids du monde et des hommes, et charge l'homme, son image et sa ressemblance, du souci de son existence. Mais ce que signifie le souci, même un dieu omniscient ne peut pas le savoir *a priori,* il ne l'apprend que lorsqu'il est voué à la mort, marqué par la douleur, trompé par l'infidélité des siens. Le Créateur doit-il aimer sa créature, pour devenir semblable à ce qu'il a voulu semblable à lui-même ? La question reste ouverte ; en tous les cas, il doit par amour de lui-même chercher l'accomplissement de son intention. Il lui faut abandonner le conditionnel de son antériorité au monde et de sa propre préservation au Paradis – qui s'enliserait dans le : *Que se passerait-il si...* – et franchir le seuil de l'indicatif : *C'est donc comme cela ce que j'ai fait !*

Voilà ce que signifie : le *Logos* s'est fait chair et il a vécu parmi nous – comment autrement aurait-il pu se « sauver » dans ce qu'il avait été ? Sans accepter de s'engager dans le destin d'une vie limitée par la mort, il ne serait pas possible d'accomplir l'intention d'un rattrapage symétrique de la Création à l'image et la ressemblance de l'homme. Cette « intégration » de la subjectivité divine, hors et avant toute perspective de Salut, n'est envisagée dans sa totalité que dans l'Évangile de Jean, que celui-ci fait commencer par le *kai ho Logos sarx egeneto kai eskēnōsen en hēmin*, et qui conclut la Passion par le *tetélestai* du mourant : la corporéité comme auto-accomplissement.

Qu'a-t-on gagné ? Tout d'abord quelque chose qui s'éloigne tout à fait de la tradition chrétienne du Salut, qui s'en tient à l'écart : le pécheur n'est pas le pôle de référence de cette histoire. On oublie peut-être trop souvent que les auditeurs contemporains de la *Passion selon saint Matthieu* de Bach non seulement sont plus ou moins des « incroyants » ayant perdu tout accès à la « dogmatique » de celui qui souffre et meurt, mais sont bien plus encore des gens qui ne peuvent rien comprendre et ne veulent rien savoir de la nécessité d'avouer qu'ils sont « pécheurs » et qu'ils ont besoin d'une Rédemption, quelle qu'elle soit. Ils sont plutôt capables de comprendre que quelqu'un a souffert *pour lui-même*, plutôt que *pour eux*, qu'il l'a fait parce qu'*il* ne supportait pas de ne pas comprendre que ceux qui étaient à son image fussent obligés de vivre exclus de la pleine possession du monde, car voués à la mort et soumis à la finitude, sans jamais s'y faire. Dieu aurait effacé le déficit de son intervention sur la créature. En quelque sorte, il aurait gagné. Même si l'on voulait encore le « sauver » en tant que quintessence de ses attributs « classiques », comme l'omniscience.

Ce qui a été gagné pour l'homme doit être compréhensible même pour celui qui ne comprend pas qu'il est censé être pécheur dans un monde qui ne lui a rien laissé d'autre à faire que de se conserver en vie. Il peut alors pourtant comprendre qu'après la Passion, il *pourrait* avoir un autre Dieu qu'auparavant, dans la mesure où il le voudrait : un Dieu qui l'aurait enfin compris et qui ne veut pas lui laisser supporter seul les « conséquences » de l'implication de Dieu dans le monde, comme cela avait été le cas avec l'expulsion du Paradis. En d'autres termes : tous deux, le Créateur et sa créature, sauraient désormais quel souci la mort avait introduit dans la vie.

C'est surtout la scène du Nouveau Testament dans laquelle le *diabolos* tente Jésus qui confirme bien qu'il pourrait s'être agi de cela : dans une gradation critique, il s'agit par la tentation d'arracher le Christ au souci existentiel humain. Par peur du blasphème, la comparaison de ces « tentations » avec le pacte de Faust n'a guère été pensée jusqu'au bout. Car bien que Faust, conformément au pacte, doive mourir comme tous les autres, il n'accepte cette mort qu'en échange d'une vie accomplie – condition impossible à satisfaire, même par le pouvoir du démon. C'est aussi pourquoi l'« instant suprême » ne peut être que tromperie de l'aveugle [42]. Au cas où il y aurait eu réel accomplissement de la condition du pacte, l'apothéose et la mort de Faust auraient été une *coincidentia oppositorum* : mourir en tant que dieu. Tenté, Jésus résiste à l'invite de quitter l'incarnation du *Logos* pour retomber dans la légèreté d'être du docétisme et des simples métamorphoses. Semblable à l'homme, il se maintient semblable à Dieu.

À partir de cette position minimalisée du point de vue théologique, on peut comprendre plus facilement ce qui est donné dans les comparatifs. Que se passerait-il si la promesse de l'antique *visio beatifica*, du béatifiant et éternel commerce avec Dieu, se réalisait ? Ils ont en commun le souvenir d'une existence de douleur et de mort, et ce qui avait été réalité devient la possibilité d'une « variation libre » infinie, d'une compensation des destins réels par le conditionnel des destins possibles.

Il n'y a rien de méprisant à qualifier d'« affaire de goût » l'aménagement de cette promesse – le bonheur restant ce qu'il est dans son *essence* et ne peut être autrement

---

42. Allusion à la fin du *Faust* II de Goethe : aveuglé par le Souci, Faust croit entendre les ouvriers mettre en œuvre son grandiose plan d'assèchement de marais (symbole de l'activité de l'homme, garante de sa liberté), alors que c'est sa tombe que l'on creuse.

une quintessence subjective d'accomplissements. On peut bien sourire lorsque le poète et ses amis pensent à une *basileia*, à un royaume de la *Poiesis*, sous le règne final du conditionnel. Mais, dans cette distance, *parler* de la vie et se la *faire raconter* suppose de l'avoir *eue* réellement et sans distance. Comme cela suppose de ne plus l'*avoir* en tant qu'être voué à la mort – de n'*être* plus ce que l'on avait *été*.

Dieu et ses créatures seraient devenus les complices du conditionnel qui – bien qu'il se détache de l'indicatif – suppose une « vision » sans laquelle personne ne peut savoir de quoi on parle. Le fait que l'on « doive parler » est le corollaire du dogme chrétien de la résurrection physique des morts – à quoi serait-elle bonne sinon, à supposer qu'elle soit bonne ? La scolastique médiévale avait déjà remarqué qu'elle détermine un aspect *esthétique* de l'eschatologie théologique. Depuis, parler d'« aspect » ne suffit plus : qui serait capable de vouloir cela, voudrait plus.

DEPUIS QUAND SUIS-JE ?
DEPUIS QUAND ÉTAIT CELUI-LÀ ?

Sommé par l'Apollon de Delphes et par Socrate de se connaître soi-même, on n'a jamais su très bien quelle était vraiment la question ainsi posée. Que suis-je ? On a appris dans l'intervalle comment s'en tirer : une confession, une nation, une profession, une faction, ou une fraction de faction – telles sont les échappatoires pour contourner l'incertitude socratique. Par contre la question : *Depuis quand suis-je* ? est une question plutôt rarement posée. N'est-il pas un peu trop simple d'aller voir la date dans ses « papiers d'identité » ? Pourtant c'est ainsi que commencent les curriculum vitae, encore que ce soit toujours à la question des autres qu'il leur faut répondre, car ce sont eux qui demandent quand vous êtes né et quand il faut éventuellement fêter votre anniversaire. Celui qui demande depuis quand il existe lui-même, ne cherche justement pas ce renseignement-là. Il est un peu décevant de voir celui qui écrit « sur lui-même » commencer par la plus improductive des informations, alors que l'autre, en tous les cas plus importante, qui indiquerait à partir de quand il a cessé d'être, ne saurait figurer dans une autobiographie.

Quand Goethe commence *Poésie et vérité* par la phrase : *Le 28 août 1749 alors que sonnait le douzième coup de midi, je vins au monde à Francfort-sur-le-Main.* [43], on sait qu'une telle information peut moins qu'aucune autre résulter d'un examen rétrospectif de sa vie. Il ne pouvait pas le savoir par lui-même, cela ne relève pas de la connaissance de soi et ce n'est pas une réponse à la question : *Depuis quand suis-je ?* C'est un exemple qui nous amène à nous demander si notre souvenir ne

---

43. Goethe, *Poésie et vérité*, Paris, Aubier Montaigne, 1941, p. 13, trad. P. du Colombier.

succombe pas à des confusions et si nous ne prenons pas ce que nous avons entendu dire à d'autres *pour ce que nous possédons vraiment par expérience et par observation personnelle.*

Goethe a dissimulé l'embarras du souvenir en faisant suivre les sèches indications de temps et de lieu par le plus vaste des détours possibles : le détour par l'univers. Par une astuce apprise chez Girolamo Cardano, il introduit les signes du zodiaque dès la deuxième phrase : *La constellation était heureuse ; le soleil était dans le signe de la Vierge...* Cardano n'en était venu à la *Nativitas nostra* qu'au second chapitre de son autobiographie, le premier était consacré aux *Patria et Maiores*. Goethe retourne consciemment le procédé et, s'il parle de son grand-père Johann-Wolfgang Textor, à qui il doit son prénom, c'est avant tout comme bienfaiteur de la ville, pour laquelle à titre de bourgmestre il engage un assistant pour les naissances et introduit des cours pour les sages-femmes, parce que son petit-fils faillit presque mourir au cours d'un accouchement mal assisté. Ainsi ce petit-fils né sous un ciel favorable a été, par le premier péril mortel qu'il encourut, à l'origine de meilleures perspectives de vie pour les enfants à naître. Même sous une configuration céleste moins favorable.

Tout ceci est « vue extérieure » du commencement. Ce n'est pas ce que paraît vouloir savoir la lancinante question : *Depuis quand suis-je ?* Elle appartient à une époque qui pose des exigences jusque là inconnues au souvenir. L'oubli de sa propre vie, de son propre vécu, est désormais exposé à un soupçon d'un genre nouveau : il constituerait une façon de se débarrasser de ce qui est dû. La suspicion de « refoulement », du moins rhétoriquement, se montre insistante et importune comme peu d'autres, comme s'il s'agissait d'un barrage délibéré, d'une mauvaise volonté à avouer une responsabilité. Mais la découverte du « refoulement », comme processus permettant de se protéger de très anciennes blessures, n'avait rien à voir avec ces souvenirs de manquements coupables, contemporains ou passés, qui peuvent être mobilisables pour faire obstacle ; elle avait créé un lien entre la vie psychique et ce qui, enfoui, peut être rappelé à la mémoire, elle avait prétendu être capable d'en rendre lisibles les « réécritures ». À la question : *Depuis quand suis-je ?*, il semble qu'on ait ajouté un prologue, auquel sous les concepts de « traumatisme de la naissance » et de « perception prénatale », on attribuait des extensions pour lesquelles il ne pouvait plus y avoir de souvenirs. C'est aussi pourquoi on n'assista pas non plus à des surenchères *littéraires* sur ce qu'il était encore possible de décrire.

Depuis quand suis-je ? La réponse la plus osée à cette question est venue presque en même temps que le début de la rédaction de *Poésie et vérité* : elle est de Schopenhauer. La préhistoire de l'enfance commence avec le premier regard qu'échangent les amants, qui sont ainsi destinés à devenir les parents d'un nouvel être vivant : c'est la volonté de vie de ce dernier qui les fait se retrouver dans leurs regards, avant même que leurs corps n'en produisent le fondement physique. Avant toute psychologie du préconscient intervient la métaphysique de la volonté. On ne peut interroger celle-ci, comme si elle était le *deus absconditus*. Cette pensée court-circuite, s'il est permis de dire cela, tous les doutes de l'introspection littéraire qui est à la recherche du fondement le plus important de chaque existence : savoir si elle était voulue. C'est pourquoi Télémaque cherche Ulysse, son père disparu, c'est pourquoi les enfants de la littérature cherchent leurs pères. Quand et avec quelle insistance cette question se pose à eux, quelle expressivité ils osent lui donner, cela dépend de la situation dans laquelle elle surgit.

Quand la question : *Depuis quand suis-je ?* a-t-elle été posée ? Celui qui l'a formulée avec cette simplicité au début de son livre *Conduite et escorte* – paru en 1933, mais pas à son déshonneur – Hans Carossa, nous éclaire à ce propos : *Au milieu des premiers tumultes de la guerre, les souvenirs les plus anciens de mon enfance m'étaient revenus, et en campagne j'en notai quelques-uns. L'agitation du temps de guerre ne me dérangeait pas dans cette entreprise...*

Cela est presque trop évident : parce qu'il est présent à la mort des autres, le médecin se rapproche de la sienne. La fin fait penser au commencement : *L'heure où le monde nous accueille, et l'autre où il nous rend, ces heures sont notées et après un temps oubliées. Mais le cœur ne se souvient pas quand il a commencé de battre ; il se sent sans commencement ni fin...* Cela pourrait ressembler à du pathos métaphysique, mais ce n'en est pas. C'est la description d'un fait que chacun, pour autant qu'il le veuille, pourrait connaître.

Le souvenir saute par-dessus les phases obscures, il se fait plus sporadique, plus ponctuel, c'est à peine encore s'il peut être daté, mais il ne se fait pas plus imprécis. Avant même l'ultime apparition de ses images accessibles, il y a un pré-temps qui ne se laisse pas délimiter. Personne ne sait quoi que ce soit d'un quelconque début, pas plus qu'on ne saura jamais rien d'une fin. Tous ceux qui ont dit : *Maintenant je meurs* vivaient encore au moment où ils pouvaient le dire. C'est un mythe de croire que la conscience puisse jamais totalement coïncider avec elle-même. Pourtant il est vrai qu'elle désire parvenir à cette totalité : *Depuis quand suis-je ?*

Seulement voilà : que fait celui qui s'était posé cette question qui renvoie dans l'obscurité antérieure ? Lorsque la Première Guerre mondiale fut finie et que la mort se fut éloignée, Hans Carossa fit paraître *Une Enfance* en 1922, – qu'il commença presque comme Goethe : *Je suis né à Toelz en Haute-Bavière un dimanche d'hiver de l'année 1878.* Pas de configuration des astres, pas de nativité. Pourtant un signe du ciel. Une nuit sa mère le réveille et descend avec lui dans la rue où les gens étaient rassemblés et regardaient le ciel : *Vois-tu la comète ?* L'enfant la vit, comme d'autres plus tard qui ayant assez d'endurance pour vivre suffisamment longtemps purent au cours d'*une même* existence voir deux fois la comète de Halley. Rien de si « significatif » ne se prépare alors chez Carossa. Mais il est symptomatique du regard du futur médecin que les angoisses et les chuchotements des témoins de cet événement céleste aient fait sur lui plus profonde impression que la longue queue arquée au dessus du village. Certes, tout ceci l'avait *beaucoup plus saisi* au moment où il se l'était remémoré *que durant cette nuit-là*. Mais on aurait déjà pu prédire que cet enfant de trois ans ne deviendrait pas un amateur d'apocalypse et des présages qui l'annoncent, car déjà dans les bras de sa mère il *éprouvait à travers elle le cours assuré du monde*.

Pas besoin d'en dire plus pour comprendre qu'au moment où apparut la comète, il n'était plus nécessaire de prendre une décision pour la vie, parce qu'elle était déjà présente comme sentiment du monde, sans qu'on puisse élucider *comment* et *quand* elle avait été prise. Le souvenir du médecin cherche et trouve les symptômes de ce qui est enfoui plus profondément et plus loin encore. Il n'y a pas de préexistence platonicienne ni d'*anamnesis* pour la retrouver ; la vie s'est toujours précédée elle-même dès le temps originel lorsque *le monde nous accueille*. L'absence de commencement est ce qui est déjà là dès l'origine, tout comme l'absence de fin est ce qui est attendu sans être questionné – le contraire, la finitude, est une chose apprise, c'est un récit, un savoir qui va de la procréation à l'*exitus*. La « précision » de ces premières phrases, chez Goethe comme chez Carossa, n'est qu'un substitut ironique à l'information qui n'est jamais fournie : depuis quand donc quelqu'un est.

Il n'y a pas de congruence entre le souvenir et la vie relatée par les documents, la vie qu'il faut reconstituer par les témoins et les sources. Le pendant théorique du souvenir est l'idée de base positiviste selon laquelle, à partir de la matière des sentiments, certaines condensations forment de fugitifs assemblages qui engendrent pour eux-mêmes l'illusion éphémère d'identités. Dans le mouvement rétrograde de la *memoria* se formeraient à partir de ces condensations des constructions évanescentes, jamais le néant qui a précédé la procréation. Dans cette hypothèse, la séparation du Moi et du monde se prolonge consciemment dans la vie vécue, elle est même ce que le souvenir cherche en premier. Une décennie après l'*Enfance,* cinq ans après les *Métamorphoses d'une jeunesse,* le docteur Carossa, qui remonte le temps, sait ce qu'il en était de ces commencements : *Ainsi savons-nous que, à l'origine, nous faisons un avec ce qui est donné tout autour. L'enfant qui se détache peu à peu du crépuscule du nourrisson ne sait pas que la matière commune du monde dont il a été tiré depuis longtemps s'est écarté dangereusement de lui ; il sourit à chaque être, il ne connaît ni la compassion ni la crainte, il voudrait toucher les yeux des humains et des animaux, il caresserait le tigre et embrasserait la flamme.* Dans un de ses poèmes les plus concis et les plus intenses, on retrouve cette faveur du monde ressentie par l'enfant qui est exprimée par l'image du mouvement d'accompagnement : *Le soleil matinal était tapi / Dans la forêt de la rive./ Nous quittâmes le bord./ Il sauta dans l'eau,/ Nous escortant par-delà le fleuve/ De ses rayons d'or.*

Mais ce médecin de campagne, est tenté de se demander le lecteur qui vient après une autre guerre mondiale, n'a donc jamais entendu parler de psychologie ? La démonisation de l'enfance lui a-t-elle échappé, qui inscrit les premiers instants dans la fatalité d'une détermination psychique qui remonte très loin – et qui finalement a dégradé toute biographie à n'être plus que l'« épilogue » de scènes primitives ? Lorsque Carossa mourut en 1956, il n'y avait plus de lecteurs pour ces enfances « idylliques », le goût pour cette faveur du monde avait passé. Freud écrivait en 1897 à son ami Fliess : *Il est intéressant que la littérature se tourne tellement aujourd'hui vers la psychologie de l'enfant*. Mais, jamais lassé de se méfier, il ajoutait dans le même mouvement : *Ainsi reste-t-on toujours un enfant de son temps, même avec ce que l'on tient pour le plus propre de soi*. Cela vaut aussi pour ce « goût qui passe » : moins d'un siècle plus tard, ce n'est plus qu'avec le dégoût de la satiété que le lecteur aborde les « auto-analyses » des histoires de pulsions enfantines et qu'il se souvient du mot sceptique que formulait ce même premier analyste au milieu de son auto-analyse : *L'auto-analyse proprement dite est impossible, sinon il n'y aurait pas de maladie*. Le souvenir a échoué comme instrument d'« explication ». Qu'en reste-t-il en fait ? Que peut-il devenir ?

Un monde où les enfants se font toujours moins nombreux, et qui est issu du choix désormais possible de profiter de la vie ou de renoncer à la prolifération, est passé insensiblement à une idéalisation de l'enfance comme un univers à part, exotique, susceptible même de se transformer en « réserve ». Mais ce n'est là que l'aspect extérieur, le regard des autres sur tout un « monde de la vie ». Quel souvenir produit-il, quelles questions peuvent être posées à l'obscurité tournée vers l'arrière ? Nous ne pouvons l'apprécier qu'à partir de ce qui entoure et infiltre ces artéfacts du monde comme « histoire », dès que les membranes deviennent poreuses – et c'est justement là leur destin, dans la mesure même où auparavant ils étaient protégés. De cette « histoire » proviennent les propositions de se comprendre et de se faire comprendre. Nous ne connaissons qu'elles et non les amalgames qu'elles pourraient commettre.

Des troupes de théoriciens s'affairent autour de l'enfant, cet inconnu – avec le dessein avoué et paradoxal de le laisser être ce qu'il est. On postule qu'il est très réceptif aux perturbations, et le « déperturber » constitue désormais toute l'activité de ses protecteurs. Ce qui le rend différent des enfants d'autres époques, c'est le simple fait qu'il est là : il faut à tout le moins qu'il n'ait pas été non voulu. Nul n'est besoin de renvoyer à quelque insondable décret la raison pour laquelle il est devenu comme il est. Au cours des enfances ne surgit plus la question : *Depuis quand suis-je ?,* qu'il reste à chacun d'essayer de poser à sa mémoire, mais l'autre, celle que l'on peut poser à des personnes concrètes et au choix qu'elles ont fait : *Pourquoi suis-je ?* Le choix du partenaire de la procréation devient, comme pour donner raison à Schopenhauer, l'acte d'une détermination qui devient toujours plus sujette à interrogation : *Pourquoi précisément moi ?* Ainsi se dessine un champ autobiographique où doivent être explorées d'autres « pré-histoires », pour en arriver enfin au phénomène proprement dit qui dans la philosophie de ce siècle s'est intercalé devant tous les déterminants d'une enfance, et continuera de le faire dans la mesure où une existence est voulue : la « contingence », ses aléas, son dépassement. Pourquoi suis-je, puisque, en dépit de toute la force de la nature qui pousse dans le sens de l'ainsi-de-suite, j'aurais aussi bien pu, et à si peu de frais, ne pas être ?

Le monde de la création chrétienne avait été assurément un monde des êtres voulus, surtout dans la logique du créationnisme, qui laissait certes à la procréation parentale toutes les déterminations de l'organisme, mais qui dans chaque cas particulier « provoqué » par les parents enjoignait d'attribuer chaque âme individuelle à l'intervention créatrice de Dieu. Ce qui devint l'« opinion dominante » de la dogmatique. On se demande seulement ce qui s'ensuivit. Peut-être le niveau d'une confiance globale fut-il élevé, chaque individu devant pouvoir posséder pour assurer le sens de son existence une part de garantie divine et pouvoir prétendre participer au processus du Salut ; la Création dans son ensemble ne pouvait être tenue pour perdue si elle avait cette origine et ne se refusait pas à y satisfaire – ou ne se la laissait pas dérober.

Dans certains cas d'un relief particulier, on pouvait tenter d'interroger non seulement la naissance comme détermination interne au monde et de se fier à elle (dans la mesure où elle le méritait), mais on pouvait aussi tenter de demander à l'intention supérieure, pourquoi c'était précisément cet être qui, à ce moment-là, sous cette constellation, avait pu venir au monde. La détermination était plus que le destin. Dans son récit de la vie des artistes *Vite de'piu eccelenti pittori, scultori, e architettori* (Florence, 1568), Giorgio Vasari fait naître un fils, Michelangelo, à Lodovico di Lionardo Buonarroti Simoni, de « son honorable épouse et noble dame », *sous une étoile favorable, fixée par le destin,* le 6 mars 1474, dans la huitième heure de la nuit – Mercure et Vénus étant dans la seconde maison de Jupiter, c'est-à-dire dans une conjonction favorable. Il voit à ce moment *le Seigneur des mondes qui incline avec bienveillance ses yeux vers la Terre, et qui, pris de pitié pour les vains efforts de tant de doués et zélés artistes depuis Giotto pour représenter avec la splendeur de l'art la grandeur de la nature, envoie sur Terre un esprit suprêmement doué pour tous les arts, afin qu'il mette fin aux errements.*

La faveur des astres était l'aune à laquelle mesurer la réalisation de l'intention suprême. Le biographe ne pouvait certes la déduire que *post festum*. Cela signifiait pourtant que tout ce qu'il en était résulté comme « vie » et comme « œuvre » s'était passé comme il fallait et avec l'assentiment divin. Ce qu'il y a d'instructif dans cette méthode apparaît quand on se demande si, dans ce cas, toute autobiographie ne devait pas nécessairement être moins « efficiente » que les dimensions profondes auxquelles parvient l'ami biographe survivant.

Au siècle de la causalité scientifique, il est exclu de voir de la sorte la nature au service des décrets de la Providence. Le monde des êtres voulus semble avoir fait long feu. Le coup de génie de Schopenhauer, impliquant celui qui doit être engendré dans le processus de sa création, ne pouvait plus être alors davantage qu'un souvenir métaphysique de ce monde. Il fallut attendre 1951 pour que Gregory Pincus [44] pose le fondement d'un nouveau monde des êtres voulus, et change ainsi le comportement de l'humanité davantage que ne l'avait fait aucun fondateur de religion ou sauveur avant lui. La seule chose qui importe ici, c'est que des dimensions nouvelles et inouïes sont devenues interrogeables. Faire apparaître des données de la petite enfance derrière des souvenirs qui leur font écran n'est plus rien en comparaison du droit de savoir pourquoi l'on est là plutôt que pas du tout. L'humour biographique primaire de *Tristram Shandy* était virtuellement devenu une *terra incognita* de l'insistance.

Sur le mode humoristique, Lawrence Sterne a esquivé la question presque jamais résolue par les biographes, de savoir quand donc l'enfance de leur héros a pris fin – et à quoi on peut reconnaître qu'il est devenu un adulte responsable de lui-même. À force de digressions, le Shandy de Sterne n'arrive même pas à cette « problématique ». Biographes et autobiographes se séparent résolument sur ce point : les premiers restent pour l'essentiel redevables au monde de ce que les derniers peuvent le moins se permettre : passer furtivement le seuil, le plus souvent indéterminable, qui sépare l'enfance de la « jeunesse » – peu importe le nom que l'on donne à la post-enfance. L'autobiographe doit pouvoir décrire comme « événement vécu », ce que le biographe peut en tout cas enregistrer comme départ ou comme fuite loin du nid familial et de sa protection, pour

---

44. G. Pincus (1903-1967), physiologue américain qui le premier a mis au point la pilule contraceptive.

faire commencer la « vie proprement dite », en tant qu'expression attestée d'actions ou d'« œuvres ».

Toutefois des libertés ont été accordées à ce plaisir qu'ont les biographes de formuler des hypothèses, depuis que Freud a retiré sa première confiance au réalisme du souvenir, avouant à Wilhelm Fliess : *À la question : que s'est-il passé durant la première enfance, la réponse est : rien...* Pour mieux rendre la résignation du propos – il s'agissait aussi, il faut bien le dire, de la fiabilité de l'auto-analyse – je me suis autorisé à supprimer le *noyau de pulsion sexuelle* qui vient après *rien*[45]. Cette restriction n'ôte rien au fait que le souvenir supposé commence avec la projection en arrière de fantasmes – et peut-être en reste là. C'était là quelque chose comme l'investiture de l'imagination avec le privilège de « la dernière instance » : les doutes de l'autobiographe face à sa propre enfance étaient confirmés et de ce fait indifférents. L'enfance était devenue une affaire d'« expérience esthétique », et celle-ci ne se le laissa pas dire deux fois. En ce siècle, « poésie et vérité » s'entendrait comme « poésie *en tant que* vérité ». En 1899, de la même année date cette lettre de Freud, Rilke écrivait en annonçant lui-même ses *Deux récits pragois* dans l'*Avenir* de Maximilian Harden, *qu'il avait cherché d'une manière ou d'une autre à se rapprocher de sa propre enfance : car tout art aspire à s'enrichir des senteurs et des obscurités de ce jardin disparu, à faire sienne l'éloquence de ses bruissements.*

Quand la science n'a plus d'objection contre le caractère « historique » douteux du souvenir, celui-ci gagne la liberté de se créer lui-même, et de laisser celui qui s'est créé en cela qu'il possède finalement ce souvenir, être ce

---

45. La phrase complète de Freud est : « Rien, mais il y avait un petit noyau de pulsion sexuelle » (« Nichts, aber es war ein kleiner sexueller Reiz da »), *Briefe an W. Fliess 1887-1909*, Fischer, Frankfurt a. Main, 1986, p. 370.

qu'il a choisi d'être. C'est le langage de l'« existentialisme », consciemment choisi pour faire apparaître la liberté donnée à la *memoria* comme un « renforcement » de la question du début. Dans la décennie de Gregory Pincus, quand le monde des êtres voulus devient possible, la philosophie du se-vouloir-soi-même, de l'*esse sequitur agere*, atteint son point culminant. Pour le lecteur d'après-guerre de *L'Être et le Néant*, paru en 1943, il ne fallut pas plus de deux décennies pour que ce retournement n'apparût aussi transparent que suspect, avec l'auto-analyse de Sartre, *Les Mots* (publié en 1963) : on peut alors s'étonner qu'une enfance qui, à force de rétrojections, n'en est plus une s'achève même de ce fait.

En tant que *causa sui ipsius*, elle est le simple refus de faire la moindre concession au fait que le seuil de maturité est encore à venir. Seuls les livres sont un bien de l'espèce ; celui qui obtient accès à eux atteint le même âge. L'enfance est un simple phénomène ; une guerre mondiale, un beau-père ne semblent n'être là que pour provoquer la césure qui n'aurait jamais dû exister si quelqu'un avait jamais été libre de « se constituer » librement. Le besoin du philosophe peut être satisfait aussi bien par son souvenir que par sa réflexion – voilà une chose qu'on n'attendait pas de qui est allé à l'école du maître Descartes.

S'il était permis de parler d'erreur, elle résiderait dans la détermination erronée de l'appartenance à l'espèce de l'enfant. Tout le souvenir converge vers la communauté d'espèce de l'être humain biologiquement « jeune », acceptant ou soupçonnant qu'en tant que tel il n'a rien à gagner au vieillissement, et, au sens propre, ne peut que « perdre » son « essence » par ses actes [46]. L'enfance alors

---

46. Jeu de mot sur « ver-wirken » (« perdre par sa propre faute, gaspiller ») : Blumenberg rappelle que dans « ver-wirken », il y a « Werk » (« travail, œuvre, acte »).

ne serait que « pré-existence », même si ce n'est pas celle de Platon, et le souvenir ne serait que l'accès à l'inviolé de l'unité de l'espèce, à partir de laquelle toute individuation devient compréhensible : aussi en tant que séparation, singularité, originalité. Expliquer, tout comme transfigurer sa propre enfance, ce désir qui vient certainement avec l'âge – et auquel pratiquement aucun autobiographe n'échappe, puisqu'en fait il n'a commencé à écrire que pour cela – entre en conflit avec lui-même parce que la question de la culpabilité ne tarde pas à surgir : comment a-t-il pu accepter, voire exiger de lui-même d'abandonner une telle « possession » ?

L'une des réponses les plus confondantes, c'est le personnage du « pécheur dès le commencement » ; et ce, assurément, de façon inévitable par le seul fait d'être devenu celui que l'on est et pas un autre. Julien Green a exploré comme nul autre ce péché de naissance lié à l'individuation, depuis le sentiment d'existence éprouvé comme un « soupçon » jusqu'au désir de ne pas devoir être celui que l'on est précisément : *Je me rappelle très nettement qu'alors que je savais à peine tracer des bâtons sur une feuille de papier, je me demandais pourquoi j'étais moi-même et non une autre personne*[47]. Il faut bien dire que le roman *Si j'étais vous*, qui est né de cette sorte d'idée de la contingence, n'est pas très réussi ; mais cet échec fait seulement douter qu'il y ait quoi que ce soit qu'on puisse construire à partir de cette « idée ». Elle ne contient rien, et en cela elle ressemble au « rien » de Freud dont il a déjà été question.

Chez Julien Green, celui qui est capable de ce souvenir a presque eu aussi la vision de Satan. À peine âgé de sept ans, il avait conjuré le diable dans l'obscure profondeur de l'armoire-penderie des parents, mais il n'avait pas pu

---

47. J. Green, *Œuvres complètes*, Paris, Gallimard/Pléiade, 1973, p. 1526.

affronter ce qui s'était montré, et il s'était précipité en pleurant dans les bras de sa mère qui ne comprit rien à cette scène. Le sexagénaire qui se la remémore dans *Partir avant le jour* ne doute pas qu'il *y eût là « quelque chose »* [48], et considère que c'est un manque irrémédiable dans sa vie de ne pas avoir eu le courage d'affronter la chose terrifiante qu'il avait conjurée. Veut-on faire croire que la conséquence de cette vision du Mal, si elle avait été soutenue, aurait été une autre vie, la vie d'un autre ?

Le paradoxe de l'enfance remémorée se résume en deux phrases : il n'y a jamais eu d'enfance et il n'y a rien en elle ; il y a toujours eu l'enfance et tout vient d'elle. Aucune des deux propositions n'a pu s'imposer contre l'autre.

L'antinomie de l'enfance s'exprime à travers la trivialité des commencements d'autobiographie, depuis Cardano jusqu'à Carossa : le souvenir qui moins qu'aucun autre a pu être là simule le témoin, le fonctionnaire attestant l'origine, le document même. L'enfance est intemporelle, mais le souvenir doit s'assurer de sa contemporanéité, ne serait-ce que parce qu'en tant que souvenir littéraire, il serait vraiment trop pauvre sans son « monde » à elle. Ainsi Goethe était-il aussi redescendu en peu de lignes du ciel étoilé à sa ville natale, qui avait mis à profit sa naissance difficile pour aider les autres à venir au monde. Dans la mesure où ils participent du souvenir d'une vie, les lecteurs s'intéressent au monde dans lequel d'autres aussi ont vécu et auquel remontent d'innombrables souvenirs, déclarés et tus, imprimés et racontés. Invoquer la chronique et la date, c'est une aide ironique pour les classements – celui qui se souvient devient plutôt indifférent, à partir du moment où il ne veut pas lui aussi rendre les étoiles responsables de lui. Moi-

---

48. *Ibidem*, p. 656.

même – s'il me faut ici entrer dans le débat – je ne sais pas si je suis né le jour ou la nuit.

Dans une note du vingt-huitième cahier de ses *Journaux* (1928/1930), Robert Musil a formulé l'insidieuse ambivalence qui est ici possible, avec la concision la plus grande qui ait peut-être jamais été atteinte. Elle figure au mot « Contemporain » : *Je suis né le..., ce à quoi tout le monde ne peut pas prétendre. L'endroit même était insolite : Klagenfurt en Karinthie ; il y naît relativement peu de monde. Dans un certain sens, ces deux faits préfigurent déjà mon avenir.* [49]

Le décalage entre possibilité de se remémorer et possibilité de dater a atteint depuis longtemps le comble de son ironie dans un fait connu de tous : si notre chronologie compte bien *post Christum natum*, elle ne satisfait pas au présupposé contraignant qui veut que la date exacte de la naissance dans l'étable de Bethléem soit fixée comme s'il n'y avait rien de plus certain pour ceux qui, de ce côté-ci encore de toute post-christianité, célèbrent, avec plus de solennité que n'importe quel autre, l'événement le plus manifeste pour l'heur ou le malheur des hommes. De surcroît, la dispute autour de la datation historique de la naissance de Jésus de Nazareth porte sur des années, pas sur des jours ou des heures. Pourtant, bien que contestée, cette même date fait l'objet de la plus étrange indifférence, parce que le mythe, profondément ancré dans les cœurs, a acquis le statut de l'intemporalité.

Le seul des quatre évangélistes qui transmette l'histoire de la nativité a pris, en invoquant le témoignage de celle qui était là depuis le début, la seule précaution qui soit suffisante pour assurer sa propre crédibilité. Là où le souvenir d'aucun homme ne peut aider à résoudre la question de l'origine et du commencement, il reste le secours du

---

49. R. Musil, *Journaux,* Paris, Seuil, 1981, t. 2, p. 183, trad. P. Jaccottet.

fait anthropologique que l'homme, cet être qui doit vivre dans un nid, continue d'être protégé et couvé par ses parents, et que ceux-ci sont les gardiens de la *memoria*. Peu avant la mort de sa mère, Goethe fait interroger celle-ci par Bettine, en vue du récit de sa propre vie. Pour le début de son évangile, Luc s'est assuré – a dû s'assurer du témoignage de la mère de Jésus, puisqu'il était tout seul avec son récit, pour lequel il n'y avait pas d'autres témoins, pas même Marc et Matthieu qui l'avaient précédé avec leurs évangiles.

La légende a fait pour sa part du peintre Luc le seul portraitiste authentique de la mère de Jésus, l'inventeur du modèle iconique de toute peinture pieuse. Comme si cet évangéliste tard venu, qui ne pouvait plus se présenter comme un témoin oculaire des actes et des paroles de Jésus, avait eu un moyen plus expressif pour produire de l'authenticité, en ajoutant l'image à l'imagination la plus durable qu'il avait pu fonder parce que celle qui posait pour le portrait avait été sa « source » particulière. C'est l'exactitude de cette source qui est visée quand Luc annonce dans la version la plus vénérable de la dernière phrase de la péricope liturgique de Noël : *Marie gardait toutes ces choses (panta synetērei) et les repassait dans son cœur (symballoysa)* [50]. C'est pour cela que Luc pouvait être le seul évangéliste à répondre avec une pieuse effronterie à la question : *Depuis quand était celui-ci ?*

Luc seul peut aborder avec un sérieux radical la question du commencement parce qu'il remonte encore avant l'histoire de la naissance et qu'il livre un secret que les mères dissimulent à leurs enfants non seulement pour des raisons de décence, mais surtout parce qu'il leur a échappé à elles-mêmes. Mais pour Marie, et pour Luc, qui se l'est inventée comme « source » (car il n'est guère probable

---

50. La TOB propose : « Quant à Marie, elle retenait tous ces événements en les interprétant ».

qu'elle vivait encore, lorsqu'il se mit à l'œuvre après la destruction du Temple), l'instant où elle consentit à l'incarnation du Dieu, l'instant donc où elle accepta le pacte avec l'initiateur de son enfant, était devenu racontable par le menu. Même le nom de l'ange qui propose le pacte de procréation est connu d'elle. La date est indirectement fixée par référence à la grossesse un petit peu moins merveilleuse de la femme de Zacharie, prêtre du Temple, qui devait, elle, mettre au monde Jean le Baptiste, l'inventeur de l'invocation de l'agneau de Dieu, et qui, par le baptême, initiera Jésus à son activité publique, comme le disent tous les synoptiques.

La différence de temps entre les deux fécondations, celle du prédécesseur, le fils du prêtre, et celle de celui qu'il désignera, est exactement d'une demi-course annuelle du soleil, et, par-delà les millénaires, elle est représentée par la polarité opposée des fêtes anniversaires de chacun des deux dans l'année liturgique. Seul Matthieu a raconté, ce que Marie n'a certainement pas dit à Luc, comment l'homme à qui elle était promise, Joseph, avait été amené par le rêve d'un ange à tolérer l'origine étrangère du fruit que sa fiancée portait en son sein comme une filiation divine et à ne pas établir de document de divorce. Tout de même – un ange seulement *rêvé* pour pareille épreuve !

Ce dont tout dépend, c'est que Marie témoigne pour Luc. Elle lui permet d'entrer, si tardivement, en compétition avec d'autres qui ont enregistré ce que les témoins avaient vu dès le début (*hoi ap' archēs autoptai*), mais comme quelqu'un qui, comme il est dit dans la singulière introduction de cet évangile, s'est informé *avec précision depuis le début* (*anōthen pāsin akribōs*), ce à quoi ne peut se rapporter que la qualification de la mère du Seigneur. De tous les évangélistes, il était celui qui connaissait le commencement des commencements. Lui seul vraiment ? En tout cas, il eut encore, probablement sans en avoir connaissance, ce trop tardif rival qu'était le dernier des évangélistes qui croit n'avoir besoin de rien savoir de la mission de l'ange et de la naissance hors du foyer, à l'étable, et donc de tout ce qui est si familier aux croyants, bien qu'il se présente comme celui à qui le crucifié par l'une de ses ultimes paroles confie de veiller sur celle qui est témoin : *Voici ta mère !* Le disciple auquel ces paroles s'adressait la prit ensuite chez lui – mais, *à lui,* elle a dû taire beaucoup de choses.

Tellement même qu'il ne peut faire autrement que commencer par une histoire tout autre, et hautement abstraite, des origines du Fils de l'homme, qui débouche immédiatement sur le témoignage de Jean et le baptême dans le Jourdain. Un évangile dont le thème pourrait être : comme il est difficile pour un Dieu de se faire homme. Et de vivre parmi les hommes comme l'un d'entre eux, sans recourir constamment à son origine supérieure. La figure du Messie de l'évangile de Jean n'est jamais tout à fait retombée de la hauteur de l'abstraction qui était la sienne en tant que *Logos.*

Jean répond à la question : *Depuis quand était celui-ci ?* en maximalisant un : *Au commencement était le Logos* formulé sans réserve et qui n'a pas besoin d'explication. Avant toute autre chose, car tout ce qui est autre est advenu par lui : la vie, la lumière dans les ténèbres qui ne purent la vaincre. Ceci à peine dit, apparaît un homme qui précisément *n'est pas* le *Logos* devenu homme : Jean le Baptiste, celui qui minore l'abstraction, le témoin par qui les autres devaient se voir confirmer où ils pourraient trouver la lumière et la vie. Jean aussi surgit comme s'il venait du néant, il n'a pas d'histoire, pas plus que Jésus n'en a une – ils n'en ont *une* qu'à eux *deux,* quand ils se rencontrent, tout comme le prophète authentifie la vérité et celle-ci le lui rend.

Le quatrième évangéliste ne sait rien de la parenté de Jean, le fils du prêtre, avec Jésus, le fils de la Vierge – il n'en doit rien faire savoir, car le Baptiste rencontre celui qui est étranger au monde, qui est venu dans le monde et qui s'appelle *Logos*, parce que dans le *Verbe* réside la seule « activité » de Dieu que connaissent les Écritures. Surtout la manifestation de sa puissance dans la création du monde par le verbe : *Que cela soit !* Que le *Logos* vienne dans le monde a pour présupposé que celui-ci est déjà, par lui, advenu : il vient dans ce qui est sien.

Tout ce que le Dieu biblique fait est « Verbe » : il crée, révèle et juge. C'est pourquoi le *Logos* préexiste de toute éternité. En dernier ressort, sa relation au monde est tout à fait indépendante du fait que les hommes ont besoin de lui à cause de leurs péchés. La préexistence johannique est la forme première de la spéculation théologique beaucoup plus tardive sur le Fils de Dieu, prédestiné de toute éternité à s'incarner. Elle affirme d'abord pleinement l'indépendance de cet acte divin par rapport à tout agissement humain. C'est pour cela que la dernière parole du crucifié est très logiquement chez Jean la confirmation d'une action : *tetēlestai* – tout est achevé. Comme si le créateur du monde avait encore proféré son : *Et cela était bien*. La Création et le Salut occupent le même rang : tel est le noyau de la désignation du *Logos*.

Un tel positionnement est déjà « théologie » de l'évangéliste qui insiste pour élever l'histoire de Jésus parce qu'il se sent oppressé par ce qu'il ressent comme sa « bassesse » (*kenōsis*). Car ce qu'il invente dans son « Prologue » en réplique à la question : *Depuis quand était celui-ci ?* et qui dépasse et supplante tout ce qui avait été dit auparavant, ne réapparaît à aucun endroit de son histoire de Jésus, ne serait-ce que sous forme d'une allusion à la question : *Depuis quand suis-je ?* Jésus ne s'est lui-même nulle part défini comme *Logos*, même si la qualité de fils dont il est pénétré, et la proximité de Dieu qu'elle fonde, prend chez Jean une tout autre évidence que chez Luc. Avec la plus grande rigueur, celui-ci fait commencer la filiation de son Sauveur à partir du moment où Marie accepte la proposition de l'ange : se laisser envahir par l'Esprit Saint (*pneuma hagion*), se placer dans l'ombre de la puissance du Très Haut (*dynamis hypsistou*), n'être rien d'autre que l'esclave du Seigneur (*hē doulē kyriou*) et laisser tout se dérouler selon les paroles de l'ange messager (*kata to rhema sou*). La « place » était libre pour un coin de *Logos*, en tant qu'il inaugure et agit – mais chez Luc il n'y a rien d'autre pour le Verbe que le banal *to rhema*.

Nous ne sommes naturellement pas autorisés à en conclure que la femme qui garantit la véracité du récit n'a pas soufflé à son auditeur le bon terme qui fait référence au Salut. Car elle ne parlait pas le grec, bien que d'aucuns nous assurent qu'il était déjà bien répandu dans la région. Ce dont Marie parlait n'était que parole d'ange, ce n'était pas le *Logos* divin, et l'évangéliste marianique n'avait en tête aucune préexistence éternelle de celui que Gabriel appelle le *Fils de Dieu*, quand il le fait commencer à cette heure très précise à Nazareth, et non d'une éternité abstraite. Le premier-né (*prōtotokos*) de la fiancée de l'homme Joseph n'était pas encore celui que le second article appellera *filium Dei unigenitum* et *ex Patre natum ante omnia saecula*, et pour finir *genitum, non factum*, quand on saura tout bien plus en détail que ne l'avait su l'un des évangélistes.

Pour Luc, ce que Marie conserve de cette nuit de la naissance et des pasteurs, et qu'elle garde dans son cœur, ce n'était nullement l'élévation du *Logos*, ni même simplement des *logia*, mais plutôt quelque chose comme « le discours » (*ta rhēmata*), si cette expression ne nous plaçait pas dans un fâcheux voisinage. Et ce qui atteint le Baptiste dans le désert et lui enjoint de gagner le lieu où il baptisera Jésus dans le Jourdain, est bien « parole de Dieu » (*rhēma theou*), mais comme dans un refus hautain cela n'a rien du *Logos*.

Le « Prologue » de Jean reste ainsi seul à rivaliser avec la garantie mariale qu'invoque Luc pour rendre compte du véritable commencement. Il est aussi le seul à placer *son* Fils de Dieu à un degré supérieur, à un autre commencement, inaccessible à la pensée. Car, avec plus de zèle encore, Jean, par *son* écrit, se place dans les mots comme dans la forme à côté des *Écritures,* en débutant par son *Au commencement* (*en archē*), tout comme Moïse, selon la Septante, avait posé le commencement des commencements : *Au commencement* (*b'reschît*).

POURQUOI SI TARD ?

Rien ne devait mieux convenir à l'essence de Dieu que de se faire homme. À vrai dire cela n'a jamais suffi pour que cela devienne un dogme au sens strict, mais la doctrine du moine franciscain médiéval Duns Scot, pour qui le Fils de Dieu était prédéterminé (Prédestination) de toute éternité à se faire homme (Incarnation) a recueilli un large et profond assentiment. Ce *theologumenon* signifie qu'il n'était pas besoin du péché de l'homme et de la perte de son Salut pour amener Dieu le Père à faire prendre nature humaine à son fils unique et à envoyer celui-ci dans le monde. Il serait aussi venu même sans la *felix culpa*, parce qu'il avait été élu pour cela de toute éternité au plus profond de la divinité. La conclusion s'impose, et elle a même été avancée avec timidité : la ressemblance avec Dieu le créateur, choisie au moment de la création de l'homme, l'aurait déjà été dans cette intention supérieure de préparer la demeure de chair dont le fils aurait besoin. Inversant ainsi tous les rapports « classiques », la création du monde et le modelage de l'homme ne seraient rien d'autre que le prélude à ce grand acte salvateur du devenir-homme de Dieu comme du devenir-dieu de l'homme ainsi distingué et impliqué dans le choix décidé de toute éternité. Considéré sous cet aspect, le péché originel ne serait qu'un accident de peu d'importance, si l'on n'était obligé de soulever, en secret ou ouvertement, la désespérante question de savoir si celui qui s'était fait homme aurait bien dû souffrir et mourir, si sa mission mondiale n'avait pas dégénéré en opération de Salut pour ceux qui étaient perdus, ce qu'après tout elle *n'aurait pas dû* être forcément.

Il est dans la nature d'une théologie que toutes les questions ne peuvent être posées en elle. Elle a ses mécanismes immanents pour empêcher cela. Par là, elle ne se distingue pas trop des systèmes théoriques, sauf que ceux-ci se servent de l'instrument de la « parathéorie », soit pour discréditer les questions irrecevables du point de vue immanent, soit pour déclarer qu'elles sont sans importance. Toujours est-il qu'il y a une sorte de topographie de la possibilité d'éluder les questions. On ne peut pas toutes les considérer comme des symptômes de la « résistance » à la vérité, comme Sigmund Freud l'avait compris à sa manière si magistrale et si intimidante. On peut déduire de l'histoire des dogmes chrétiens une *analysis situs* de ces réalités qui ne peuvent être éludées. Après que l'ivresse procurée par l'attente de la destruction imminente du monde se fut dissipée, ivresse qui avait étouffé toutes les autres questions, la question qui se révéla la plus pressante fut bien celle du moment choisi par Dieu pour mettre en œuvre son acte salvateur : *Pourquoi Dieu apparaissait-il si tard ?* On voit facilement maintenant que la belle pensée médiévale selon laquelle le Fils de Dieu était prédestiné de toute éternité à se faire homme devait donner une nouvelle force précisément à cette question : si cela était décidé de toute éternité, pourquoi a-t-il laissé l'humanité si longtemps seule avec elle-même et, qui plus est, seule avec son malheur ?

À cet égard, les temps primitifs du christianisme étaient avantagés. À cette époque, on n'avait pas encore porté la pensée du Salut au point culminant de sa spéculation, en revanche on n'avait besoin aussi que de moyens plus modestes pour en terminer avec ce problème du retard. Ce qui connut le meilleur succès ce fut cet article ultérieur du Credo, le *Descensus ad inferos,* la descente aux enfers de Jésus pendant la durée de son repos au tombeau qui, par là, perdait ce que la faiblesse de la mort pouvait avoir de scandaleux. Une action de Salut se déroulait tandis que la pierre restait devant la tombe creusée dans la roche et qu'il n'y avait aucun signe d'espoir. La descente dans le monde souterrain compensait le temps perdu avant la Rédemption : celui qui *serait* parvenu au Salut grâce à elle, profitait d'elle ultérieurement du fait de l'ouverture des portes de l'Enfer pour les justes qui avaient vécu dans les époques antérieures. Ce n'était pas l'Incarnation alors qui devenait indifférente, mais seulement sa date factuelle dans la chronologie de l'histoire universelle. La question : *Pourquoi si tard ?* n'entrait pas dans le complexe des faits qui bien plus tard reçurent comme appellation de négociation le nom de « théodicée ».

Pourtant la question gardait toute son acuité précisément pour l'évangélisation des païens, et elle ne devait en aucune façon être minimisée si l'on ne voulait pas ôter toute sa « singularité » au « Salut », étroitement limité dans l'espace et dans le temps, des Évangiles. Il demeurait amèrement nécessaire que cela se fût ainsi déroulé – et non que ce fût l'affaire d'un coup de main qu'un Dieu tout-puissant aurait pu aussi exécuter plus commodément. Et surtout, plus tôt : pourquoi le Seigneur du Jardin n'était-il pas intervenu lorsque le tentateur s'était approché de sa créature ? Pourquoi n'était-ce pas justement *le* moment de détourner sans hésitation le malheur qui était en train de surgir ou qui avait déjà surgi ? Et ce, par l'intervention du *Logos*, le Verbe qui se fait chair, dont en son commencement parle l'Évangile de Jean ?

Le Père de l'Église Grégoire de Nysse, éminent théologien de l'Orient grec au quatrième siècle, a posé cette question dans sa *Grande Catéchèse*, reconnaissable à la conscience de l'inéluctabilité, puisque depuis longtemps il n'était plus possible de dire que si le Fils était venu et avait mis un terme au monde, c'est que ce monde était mûr pour cela. Pourtant, ce n'avait pas été la fin de l'Histoire, c'était plutôt une césure avant un élargissement à perte de vue. La fin était devenue un tournant, et même celui-ci était difficile à percevoir, et seulement si l'on faisait preuve de bonne volonté. C'était le dilemme de la soudaineté de la venue du Messie, pour laquelle l'attente du Salut devait chez les Juifs trouver de si subtiles formules – peut-être en lorgnant en cachette sur les déboires chrétiens.

Grégoire de Nysse prend appui sur une métaphore médicale : l'art de guérir réside dans le choix judicieux du moment de l'intervention. Les maux de la maladie, ainsi disait la théorie, doivent tous être apparents, il faut que le « tableau » de la « maladie » soit complet. La théorie doit précéder la pratique, la connaissance assurée doit précéder la thérapie. Il ne pouvait donc avoir subsisté aucune nouvelle possibilité de mal lorsqu'était intervenu le guérisseur *afin que le traitement pût s'étendre à toute l'infirmité humaine.* [51] Lorsque Grégoire dénombre alors, pour justifier le besoin de rédemption, tout ce qui en fait de méchanceté est apparu entre le fratricide de Caïn et le massacre des Innocents ordonné par Hérode, il lui faudrait nier – ce qu'il se refuse expressément à faire – qu'au cours des trois siècles qui se sont écoulés ensuite, il ne s'est rien fait de nouveau, et surtout rien de plus grand, en matière de méchanceté. Cela aurait signifié niveler précisément la singularité des crimes monstrueux commis par les empereurs envers les chrétiens. Le martyre, comme témoignage de vérité, était une spécificité de l'histoire postchrétienne et s'il accumule sainteté et crédibilité d'un côté, il lui faut attribuer symétriquement de l'autre côté méchanceté, horreur de la vérité, refus du Salut et damnation méritée. Les réponses de Grégoire étaient déjà manifestement standardisées d'un point de vue apologétique, mais impuissantes pourtant, parce qu'il leur manquait un soutien tiré des Saintes Écritures qui étaient moins que tout préparées à de telles preuves à charge. Le document fondateur de la foi n'apportait pas de réponse à la plus embarrassante des questions qu'il avait léguée sous forme de « bonne nouvelle ».

---

51. G. de Nysse, *La Catéchèse de la foi*, Paris, Desclée de Brouwer, 1978, p. 79, trad. A. Maignan.

Mais c'est surtout la conception de la Rédemption que Grégoire emprunte à l'Évangile qui cadre mal avec sa métaphore médicale censée expliquer le retard du Salut. La Rédemption était un rachat de l'humanité tombée au pouvoir de Satan à la suite du péché. L'explication qui fait intervenir une durée exigée pour l'acte de Salut est absolument fatale à la métaphore du rachat. Chaque journée ajoutée ou concédée à l'ère du malheur n'augmentait-elle pas le prix à payer pour la masse croissante de ceux qu'il fallait racheter ? Anselme de Cantorbéry sera le premier à se rapprocher d'une solution un peu plus plausible : pour reconstituer le nombre fixe de ceux qui, dignes de Salut, devaient regarnir les chœurs célestes clairsemés, il avait fallu une durée qui corresponde à la rareté des justes et des saints. Après un millénaire, était enfin introduit un ordre de grandeur, inconnu bien que précis, de ce qui était nécessaire ; personne ne savait comment répondre à cette nécessité, mais la durée du monde en dépendait.

À cette conception, toute consolation faisait assurément défaut. Plus l'Histoire dans son ensemble durait, surtout après le tournant du Salut, et plus le soupçon devenait pressant que, alors que le contingent à fournir restait constant, le contingent atteint et accessible en unités de temps ne pouvait être que très petit. Plus l'Histoire durait, et plus la proportion de valeurs négatives de Salut, de la *massa damnata* d'Augustin, devait croître. Manifestement Dieu ne pouvait employer qu'un trop petit nombre : il avait passé l'Enfer au peigne fin à la recherche de justes – mais quel pouvait avoir été leur nombre, étant donné que le processus de sélection se poursuivait sans arrêt ? Placé aujourd'hui encore devant ce problème de philosophie de l'histoire, il faudrait dire : presque aucun n'avait réussi les auditions pour obtenir l'éternité. Ou ce vide provoqué par la chute des hordes de Lucifer était-il bien plus grand que ne pouvaient se l'avouer de pieuses évaluations sur la très haute qualité des anges ? Peut-on commencer par douter des hommes, si déjà les anges s'étaient révélés de si piètre valeur, eux qui devaient être exempts des doutes de la foi comme des plaisirs des sens ?

Pourquoi le Salut venait-il si tard ? La question s'est en sous-main élargie : Pourquoi *tout* vient trop tard ? Et dans un état aussi piteux ? Qui rachètera Dieu de la faute commise sur l'homme ? Était-ce d'aventure aussi *pour* cela, voire surtout pour cela qu'était mort le Fils de l'homme ? Toutes ces questions sont permises, si la « critique biblique » est dans le vrai quand elle constate qu'aucune des déclarations attestées de Jésus n'attribue à sa mort une signification de Salut. La chose ne serait donc venue qu'après, sur la *via kerygmatica,* et, sur cette voie, il n'y a pas d'instance qui pourrait ordonner : *Assez !* – et moins encore pour l'auditeur de la *Passion selon saint Matthieu.*

UNE PROMESSE EXAUCÉE

À quoi sert cette chose immonde ?, chante à quatre voix le chœur des disciples au début de la *Passion selon saint Matthieu*. Il s'agit de la scène dans la maison de Simon le lépreux à Béthanie. Une femme qui ne porte pas de nom répand sur Jésus un précieux parfum, choquant ainsi le zèle caritatif des disciples qui posent avec rudesse cette question dans l'allemand de Luther. On aurait pu vendre cette huile, en donner le produit aux pauvres. Mais Jésus accepte ce luxe ; il lui reste peu de temps, le corps ainsi parfumé sera bientôt porté en terre. Contrastant avec ce peu de temps accordé au Rabbi, est alors prononcée la phrase sur les pauvres que l'on aura de tout temps (*pantote*) près de soi. De tout temps ? Cela représente combien de temps en fait, si comme le dit la Promesse, il est vrai que sous peu c'en sera fini du monde, et que le Fils de l'homme reviendra pour le juger ?

La contradiction se renforce encore, lorsque Jésus, adressant son « amen » prophétique, que Luther traduit par « wahrlich » (« en vérité »), annonce à cette femme bienfaisante que l'on racontera ce qu'elle a fait partout où la Bonne Nouvelle sera proclamée de par le monde. Non pour sa gloire à *lui*, mais en souvenir d'*elle* (*eis mnēmosynon autēs*).

Si l'on jette un coup d'œil sur les commentaires de ce passage, on constate que cette parole sortie de la bouche du Sauveur eschatologique ne suscite pas le moindre étonnement. Ce monde doit bientôt aller à sa perte, et même les vivants connaîtront cette fin. Chercher à comprendre et à prévoir un monde durable ne sert plus à rien. Cependant, dans le cas de cette femme qui rend hommage au corps, s'ouvre pour longtemps la dimension de la gloire d'une action mémorable, la *doxa* et la *gloria* des païens. Ce n'est pas un Salut dans l'au-delà du monde qui lui est promis, mais le vil éclat d'un souvenir impérissable parmi les hommes qui dans le monde entier entendront encore cette histoire. Comment l'étendue du monde et la durée du temps peuvent-elles intervenir dans ce contexte si c'est tout le contraire d'un monde durable qui est attendu, espéré, imploré dans un avenir tout proche ? Une récompense accordée dans le monde alors qu'il est voué à la perte ?

En 1729, Bach fait entendre pour la première fois sa *Passion selon saint Matthieu*. Alors, la promesse et l'accomplissement accèdent tous deux à la splendide évidence de l'audible. Dès lors aussi, un monde plus grand que celui qui avait pu être mesuré à l'époque, devient en un quart de millénaire témoin de ce qu'est devenue la célébrité d'une inconnue, autrefois réprimandée pour le caractère quelque peu « déplacé » de son acte.

Elle a eu raison contre les visions apocalyptiques du Rabbi dont elle a préparé le corps à la mort. Le monde que, tout en se contredisant, Jésus avait nommé comme condition de sa *memoria* à elle, existait encore, et, dans des sonorités insoupçonnées, il entendait parler de la femme dans la maison du lépreux à Béthanie. À travers le plus grand artiste de son art, cette histoire était devenue, pour toujours, un hommage adressé dans le monde entier à cette femme. Elle était devenue la figure archaïque du cœur chrétien, à qui Bach fait dire dans le récitatif suivant qu'il entendait prendre le parti de la femme contre les disciples qui contestaient son acte : *Laisse-moi / Verser un peu d'eau sur ta tête / Ce flot de larmes de mes yeux !*

L'incohérence de la *Passion selon saint Matthieu* est celle de son évangéliste : selon la promesse, elle accorde célébration et justification à la femme au parfum de la maison de Simon à Béthanie, mais elle ne satisfait pas à la condition de toute gloire : dire le nom de cette femme. Celle-ci reste *cette pieuse femme,* parce que toute l'attention de l'auditeur doit être attirée sur le corps dont l'inhumation sans embaumement dans la tombe ensuite scellée conclura la Passion. Par sa mort, Jésus justifie le gaspillage de l'huile parfumée contre ceux qui grommellent, et qui prétendent penser aux pauvres parce qu'ils ne croient pas véritablement que ce corps ait besoin d'huile. Ils sont secrètement docètes. Jésus lui-même doit réaffirmer le « réalisme » de sa corporéité ; c'est pourquoi, sans se soucier du scandale, il parle du besoin où sera son cadavre que, sans le savoir, l'inconnue anticipe : *Pourquoi tracasser cette femme ? C'est une bonne œuvre qu'elle vient d'accomplir envers moi.* Car seul un corps, au sens le plus brutalement réel, peut, aux yeux des blâmeurs, recevoir ce que l'on appelle une « bonne œuvre ». Celui que l'on tient pour incapable d'éprouver le besoin se place lui-même du côté des nécessiteux : *Des pauvres en effet, vous en avez toujours avec vous ; mais moi, vous ne m'avez pas toujours. En répandant ce parfum sur mon corps, elle a préparé mon ensevelissement.* Pour cette femme et les autres, sous la Croix et au tombeau, quand les disciples auront disparu, cette scène va être un grand moment alors qu'elle va entraîner la perte du maître et pousser Judas à la trahison. On comprend facilement que la spéculation pieuse ne s'est pas satisfaite de l'anonymat de la femme au parfum. Elle a été identifiée à la *Maddalena Penitente,* à la pécheresse repentante de Magdala dont Heine écrivait, à propos du tableau peint par Véronèse au Palazzo Durazzo de Gênes : *Elle est si belle qu'on doit craindre qu'elle ne soit encore séduite une fois* [52].

Dans le poème de Rilke, « Pietà », il est manifeste que la Marie qui porte sur ses genoux le cadavre de Jésus n'est pas, comme le veut la tradition, la Mère, mais Marie Madeleine, qui avait versé les huiles sur son corps et voulait l'embaumer le lendemain du sabbat (cette indication ne figure que chez Marc). Rilke a interprété la configu-

---

52. H. Heine, *Tableaux de voyage,* Paris, Éd. de l'Instant, 1989, p. 179, texte français de Heine.

ration de la Pietà comme la lamentation sur un amour prématurément interrompu par la mort : *Ainsi pour la première fois dans cette nuit d'amour/ Je vis tes membres qui ne connurent pas l'amour*[53]. Ces plaies ne sont pas celles de son délire d'amour, cette plaie au cœur n'est pas l'accès qui s'offre à elle : *Ô Jésus, Jésus, quand fut notre heure ?*

Ce que ni Heine ni Rilke ne pouvaient connaître, c'était cette tradition apocryphe, contenue dans l'évangile de Philippe découvert seulement en 1945 à Nag Hammadi : Marie Madeleine aurait été la « compagne » de Jésus, qu'il avait l'habitude d'embrasser sur la bouche. Dans ce texte gnostique, il est question dans un tout autre sens de la jalousie des disciples face à celle qui jouissait de la faveur de Jésus : *Pourquoi l'aimes-tu, elle, plus que nous tous ?* À quoi Jésus aurait répondu : *Pourquoi ne vous aimé-je pas comme je l'aime, elle ?* Si affleurait un reste de tradition plus ancienne dans l'attribution, déjà explicite chez Jean, du nom de Marie à la femme au parfum de Béthanie, chez Matthieu, le mécontentement des disciples témoigne d'un conflit qui tient d'une manière plus « réaliste » à la corporéité de Jésus que ne le laisse deviner son interprétation du geste de la femme comme onction anticipée de son cadavre ; car par là il refuse de conférer à ce geste une signification messianique, ce que Matthieu exprime quand il change d'objet et qu'il parle de l'onction de la *tête* et non du *corps*. Ce que la scène de Béthanie annonce à long terme, c'est le rétablissement du lien entre docétisme et ascétisme : cette corporéité indécise de celui qui s'est fait homme est le corollaire de la corporéité que doivent abandonner ceux qui veulent le suivre sur sa hauteur d'être. Et, dans les apocryphes, ce sont une fois de plus pour la plupart des femmes pour qui cette manière

---

53. R. M. Rilke, *Œuvres, op.cit.*, p. 176.

de le « suivre » prend la forme évidente, voire éblouissante, d'une voie du Salut.

Le souci que le corps, la souffrance et la mort ne pourraient être offerts qu'en apparence aux puissances et aux hommes de ce monde, n'est plus celui de la *Passion* de Bach. S'il renforce le « réalisme », c'est pour assurer l'âme qu'elle sera sauvée. La femme de la promesse de Béthanie, à qui la musique de la *Passion* accorde ultime confirmation, n'aurait pu toucher l'âme croyante autrement qu'en témoin de la corporéité de Jésus, capable de souffrir et de mourir. Mais il se pourrait qu'un peu plus de lumière se soit faite sur l'énigme de ce qui scandalise Judas chez Jésus à Béthanie. Comme beaucoup de disciples par rapport à leur « Sauveur », Judas ne savait que trop bien ce qui allait de soi pour quelqu'un en qui il devait pouvoir maintenir son attente et son ambition. Ce que Jésus pouvait avoir perdu d'aura en « se montrant » dans sa réalité corporelle, il le payait aussi dans sa stature de Sauveur : comment celui que la femme avait oint et qui prévoyait sa mort prochaine pouvait-il être le Messie, l'« Oint » parmi les fils de David, le porteur du *charisma* ? *Alors l'un des douze se rendit chez les grands prêtres...*

RENÉGATS

LE COMIQUE DE SIMON PIERRE

Dans cette histoire qui s'appelle « Passion », il n'y a pas avant la fin un seul moment pour souffler. Car tout ce qui arrive doit avoir le sérieux qui authentifie la réalité de la souffrance et de la mort d'un rédempteur – et le moindre indice qui permettrait de penser que celui-ci n'a pas besoin d'endurer à la lettre ce qui est rapporté ferait naître sans difficulté le soupçon du docétisme : le dieu se tiendrait à l'écart alors que l'homme meurt à sa place. Jusqu'à ce que cette mort soit accomplie, personne ne s'assoit, même en larmes. Seule la fin pourra résoudre dans la grâce ce qui précédait, rien d'autre auparavant. C'est pourquoi il n'y a pas un brin d'humour, pas le moindre sourire complice de l'âme croyante, dépositaire par avance du secret.

Car elle a affaire à un dieu qui est extrêmement susceptible. À la fidélité qu'il prétend avoir témoignée à ses créatures dès le début, répond fidélité qu'il exige de celles-ci. C'est cela et rien d'autre que ce qui est demandé et infligé à l'âme à titre de foi. Par rapport à l'histoire de la Passion, cela veut dire à chaque instant : ceci est véritablement vrai. Chez Bach, c'est la fidélité ritualisée par la musique qui est mise à l'épreuve et célébrée. Et son noyau, c'est le sérieux avec lequel est perçue la fragilité d'où surgit le Salut.

Pourquoi est-il besoin de mentionner cela ? Parce que cela va désormais trop de soi – par le fait même de cette « Passion » – pour qu'on en ait encore conscience. Car il ne manque pas non plus d'« ingrédients » dans ce récit pour laisser ne serait-ce que transparaître la comédie inhérente à toute tragédie. En définitive, en élisant ses disciples, Jésus a réuni autour de lui un « personnel » qui manquait absolument de qualification pour les rôles qui lui étaient distribués : des gens qui jusqu'à la fin ne savaient pas très exactement de quoi il pouvait bien s'agir, si ce n'est d'un alléchant royaume de Dieu (*basileia theou*). Des gens qui devaient se disperser à tous vents, dès lors que les conséquences de l'entrée à Jérusalem n'étaient pas celles qu'on attendait. Et dont la connaissance de l'Écriture n'était, selon toute apparence, pas assez solide pour les mettre à même de reconnaître que tout cela avait été déjà annoncé auparavant, et que, par conséquent, il fallait bien que les choses se passent comme elles se passèrent, et que, s'accomplissant, elles authentifient celui dont ils n'avaient jamais pu complètement cesser de douter.

Les disciples, avec leur mélange d'attente et de déception, sont selon leur disposition exactement aussi « comiques » que l'impose l'énormité de ce décalage entre réel et imaginaire : ils sont devenus comiques du fait de la vanité radicale de leur vertu supposée, l'espérance.

Et ce Pierre, qui le premier aborde le thème des pleurs amers, n'a-t-il pas tout ce qu'il faut pour faire un personnage comique ? Il fait pourtant partie des « accomplissements » indispensables de l'Écriture : *Je frapperai le berger et les brebis du troupeau seront dispersées*, d'après Zacharie. Luc fait ajouter à Jésus, parce que personne ne s'en était rendu compte : *Car le Fils de l'homme s'en va selon ce qui a été fixé*. C'est en cela que réside la fonctionnarisation du Salut, y compris chez les personnages ridicules de cette nuit des infidélités.

Avant de faillir à sa tâche, ce Pierre n'est qu'un matamore, c'est un *miles gloriosus* quand il met la main à l'épée pour trancher une oreille au valet du grand prêtre. Luc sait qu'il s'agissait de l'oreille droite, et seul Jean sait que c'est Pierre qui a commis cet acte ; Matthieu tait le nom, quand seul encore Jean sait que le valet blessé s'appelait Malchus.

Bach n'est pas sensible au comique discret de l'escrimeur trop zélé. Il attend vraiment la phrase de l'évangéliste qui conclut la scène : *Alors les disciples l'abandonnèrent tous et prirent la fuite*. Car c'est de nouveau le moment où l'âme de l'auditeur est requise de s'acquitter de sa participation et de son tribut : *Ô Homme, pleure ton péché, pleure...* Car rien n'offense davantage ce Jésus que la versatilité de ceux qu'il n'a pu rendre fermes, même dans ses années d'enseignement et de miracles. La faiblesse de la foi est toujours d'abord celle de Dieu, et celui-ci se trouve offensé par elle. En tout autre cas on dirait : un Dieu peu convaincant. Comment alors la défaillance de ceux qui ont été élus à la légère pourrait-elle être un péché si grand ? Pourquoi faut-il que ce Pierre avoue la vérité aux servantes du palais du grand prêtre, et qu'il reconnaisse que lui aussi est un des disciples du Galiléen ? Pourquoi sommes-nous ébranlés par son faux serment : *Je ne connais pas cet homme*, alors que nous savons bien qu'il ne *pouvait* pas répondre de ses grandes paroles, puisque lui non plus ne savait pas ce dont il s'agissait. Pour lui, comme pour le croyant, Bach a la consolation du choral : *Si je me suis écarté de toi/ Je viens reprendre ma place...* Pourquoi l'auditeur tardif n'aurait-il pas le droit de sourire d'une telle candeur ?

Parmi les larmes qui seront successivement versées au cours de la « Passion », celles de Pierre apparaissent un peu comme prématurées. Pas les larmes « légitimes » du chœur final, mais seulement les larmes fausses et sentimentales : *Il sortit et pleura amèrement*. Car que fait Pierre alors ? Est-ce qu'il est sous la Croix ? On ne le revoit plus avant que tout soit fini, et pendant qu'il est doctement délibéré sur ce qu'il faut faire de la catastrophe messianique. Seuls ses successeurs dans la fonction de « pierre » tireront (feront tirer) de nouveau l'épée. Car au-dessus de toute foi, demeurera *cet* article de foi que ce dieu se trouve ignominieusement offensé par le moindre écart par rapport à son texte et qu'il faut le protéger de cela.

Le comique qui ne pouvait trouver sa place ici ni non plus ailleurs dans l'histoire de la foi, a sa raison ultime dans la disproportion absolue entre Dieu qui *doit* être infini, et le caractère minime des offenses qui *peuvent* lui être faites. Jamais l'auditeur témoin de la Passion n'a le droit de penser à la manière dont tout a commencé : par l'infraction à un interdit alimentaire édicté au Paradis, la première d'une longue liste, dont tout le comique réside à son tour dans la disproportion entre le législateur et sa loi ainsi que l'offense qu'il ressent quand celle-ci est violée. La Passion est bien loin de ces comptes d'épicier ; pas assez pourtant, parce qu'elle n'est éloignée de l'affront fait au Père, et pour lequel le Fils de l'homme doit mourir, que de la « distance » de l'histoire humaine.

QUAND LE RENIEMENT DEVIENT CALOMNIE

Le monde biblique est un monde dans lequel tout évoque tout. Cela a déterminé la spécificité de la pratique de ses textes : tout était en droit d'être référé à tout. La forme traditionnelle de l'exégèse ressemble à un jeu débridé d'association d'idées. En termes un peu plus légers : dans sa Révélation, Dieu s'était si peu concentré sur l'essentiel que ses destinataires ont eu les plus grandes peines à maintenir le tout ensemble et à déceler le « fil conducteur ».

Parfois, certains éléments n'ont même pas été remarqués. Des présupposés qui intervenaient à tel ou tel moment apparaissaient comme sans importance, quand ce n'était pas le fait même de les relever qui faisait réfléchir.

Dans l'épisode du reniement tel qu'il est relaté dans la *Passion selon saint Matthieu,* un aspect secondaire apparaît d'une manière presque trop claire : c'est l'accent mis sur le pays d'origine de Jésus et de Pierre. Dans la cour du palais, la servante dit à Pierre : *Toi aussi, tu étais avec Jésus le Galiléen.* Avec un peu de la condescendance propre à une fille qui habite la capitale, la ville du Temple : ce prophète venu de province dont on fait tant de bruit ici – car c'est à Jésus et non à Pierre que se réfère son indication à propos de l'origine (*Galilaios*). La seconde servante ne s'écarte pas du personnage principal, mais elle donne une précision en qualifiant Jésus de *Nazoraios*. Devant la première servante, Pierre était déjà intervenu et avait dit qu'il ne savait pas de quoi elle parlait. Pour la seconde, il va trop loin dans l'imprudence et il jure *qu'il ne connaît pas cet homme*. Cette accumulation de paroles l'a trahi. À présent, tous ceux qui étaient là et qui écoutaient viennent vers lui (menaçants ?) : *À coup sûr, toi aussi tu es des leurs ! Et puis ton accent* (*lalia sou*) *te trahit.*

L'augmentation à ce point de la tension dramatique ne réside pas dans le fait que Pierre recourt en jurant au moyen extrême qu'est la malédiction de soi – comme au bon vieux temps : je veux être maudit si c'est vrai ! – mais dans le fait que c'est sur lui que tout se concentre parce que, par son reniement prononcé dans l'idiome des Galiléens (du sud du lac de Tibériade, et qui plus est, d'un pêcheur), il a lui-même trahi son mensonge. Sans nécessité, car il ne lui arrive rien. L'opprobre de l'« étranger » suffit dans tous les cas, bien que pour la grande fête, la ville regorge de tels étrangers.

Toute cette agitation n'était-elle pas le fait de ces gens de province facilement portés à la foi du charbonnier ? Une affaire importée de Galilée en Judée, où l'on savait mieux ce que l'on pouvait se permettre ou non ?

On a tiré peu de choses de ce passage qui semble n'être qu'une simple anecdote. Pourtant toute personne versée dans l'étude biblique devrait aussitôt se rappeler qu'il a fallu beaucoup d'efforts au début de l'histoire de Jésus pour *ne pas* le faire naître en Galilée. Le recensement de Quirinius, qui devait être source de tant de problèmes pour la chronologie, n'intervient que pour transférer à Bethléem en Judée le lieu de la Nativité, seul site approprié pour la naissance d'un prétendant au trône de David. Du point de vue de la fin – ou bien de l'ingénieuse transposition de l'histoire de l'enfance par Luc qui se réfère à la mère – tout était un échec. Avant même que Pilate ne fasse porter sur la Croix l'inscription qui qualifie Jésus comme natif de Nazareth *et* roi des Juifs (Matthieu a reconnu la contradiction et y a remédié), les servantes savent que Jésus est Nazaréen et que ses gens sont des Galiléens.

La dérision qui s'adressait à Pierre et dont il redoutait la honte ne résidait-elle pas alors justement en ce que celui qui avait été célébré il y a peu comme *fils de David* lors de son entrée messianique à Jérusalem sur le dos d'un âne, accomplissant ainsi l'oracle du Prophète, ne pouvait en aucun cas être de la famille de David, parce qu'il était un Galiléen, et qu'il n'était pas né de la tribu de Judas comme les membres de la dynastie royale ? Toute l'effervescence, toute l'allégresse ne s'étaient-elles pas d'aventure brisées là, parce qu'il était apparu clairement que celui-ci ne pouvait être ce qu'il prétendait être ? En ce cas, la faute décisive aurait été de faire commencer le Salut à Jérusalem, où l'on ne pensait rien de bien des gens de Galilée et où l'on pouvait soupçonner devant les *Hosanna* lancés lors de l'entrée dans la ville que c'étaient les pèlerins de Galilée qui voulaient imposer *leur* Messie.

À ce moment donc, personne n'a pensé à Bethléem en Judée, à ce lieu qui pour le sentiment chrétien allait devenir définitivement aussi important que Jérusalem. Et Pierre ? Il n'avait pas seulement *renié* son maître. Dans la cour du palais des seigneurs du Temple, auprès de leurs valets, il avait rendu à son maître un mauvais service, car en jurant dans sa *lalia*, il l'avait calomnié en le désignant comme un Galiléen qu'il était lui-même, entraînant dans le mépris voué aux Galiléens celui qui lors de l'interrogatoire avait une fois de plus réaffirmé être le roi des Juifs. Dans son zèle à n'être pas ce qu'il était, Pierre en donnait la preuve audible pour lui comme pour celui qui avait si bien laissé s'éteindre l'appartenance davidienne que Pilate pouvait facilement risquer l'inscription sur la croix dont la *Passion selon saint Matthieu* nous tait l'ironie.

Le lecteur de la Bible, que Luc et, à sa suite, Bach ont pleinement familiarisé avec la nuit de Noël, se rappelle sans doute à peine au moment de l'épisode de Pierre le début de l'évangile de Matthieu, qui n'a jamais été tenu en faveur, parce qu'il contient la généalogie de Joseph et fait de Jésus à travers lui un descendant de David : *Histoire de Jésus-Christ, fils de David, fils d'Abraham.*

Trois fois quatorze générations venues de la profondeur des temps introduisent l'époux de Marie, qui accueille en rêve l'ange et reçoit son message, et l'ange l'interpelle encore une fois en tant que fils de David. Il n'y a pas besoin ici d'histoire préliminaire pour situer le lieu de la naissance à Bethléem : c'est *là* que vit Joseph, c'est *là* qu'il prend pour femme près de lui la vierge enceinte, et c'est encore *là* qu'elle enfante, et *là* que les mages venus d'Orient viennent rendre leur hommage, conformément à la parole du Prophète et guidés par les astres.

Matthieu ne décide de faire de Jésus un Nazaréen qu'après le retour d'Égypte. Encore une fois c'est la contrainte extérieure, la crainte du successeur d'Hérode en Judée, qui fait hésiter Joseph à faire finalement de son fils un Bethléémite. Alors seulement il se tourne vers la Galilée, visiblement à contrecœur, car il faut encore un nouvel ordre transmis en rêve pour qu'une autre prophétie s'accomplisse : celui qui viendra sera appelé *Nazoraios*. Nazaréen, il ne l'est donc jamais chez Matthieu en vertu de la résidence de son père, dont il est dit expressément qu'il vient alors « s'établir » à Nazareth (*katōkēsen*).

On voit bien que Matthieu accorde la plus grande importance au fait que son Jésus vient dans tous les sens du terme – et pas seulement à l'occasion – de Judée, qu'il n'est *Galiléen* que dans l'opinion des autres, ce qu'il compte aussi au nombre de ses humiliations. Pour suivre attentivement chez Bach lors de l'épisode du reniement la manière dont Pierre s'enferre, et passe du reniement à la calomnie, il faut donc d'abord attirer au préalable l'attention de l'auditeur « implicite » sur le mot clef de *Galiléen*.

LES GRANDES ESPÉRANCES
ET CELUI QU'ELLES POUSSENT

La fonction la plus importante du modèle mythique de la répétition après la dialyse de l'angoisse, est peut-être celle de la haine. Non seulement la figure centrale du « Serviteur de Dieu », mais aussi les personnages secondaires de la dimension d'un Ponce Pilate, voire celles du type de Judas, sont maintenues dans un flottement singulier entre la participation au Salut et la faute.

La dogmatique chrétienne n'a jamais permis de faire de l'ange déchu revêtant le rôle de Satan le principe du Mal, et donc n'a jamais permis de le rendre haïssable sans réserve, parce que le fonds des créatures susceptibles d'être créées est inépuisable et que le motif de se scandaliser de l'incarnation de Dieu vaut encore comme reste de ferveur pour Dieu chez le zélateur trop fervent...Dans la même mesure, il n'est pas possible dans le cas de Judas d'occulter la culpabilité partagée par celui qui l'avait bien lui-même appelé à participer à son cercle le plus intime et à partager sa confiance. Un zélateur exagéré de la pureté messianique devait inéluctablement se scandaliser de la scène à Béthanie qui, avec la femme aux huiles parfumées, touche vraiment à la limite de ce qu'il peut tolérer. On a beaucoup dit de choses à ce propos, et trop peu réfléchi dessus après coup.

Pourtant le fait que Bach commence par cette scène sa *Passion selon saint Matthieu* fait également partie de cette réflexion « après coup » : elle est en relation avec l'histoire de la Passion proprement dite en cela qu'elle préfigure l'embaumement de Jésus, et n'en prépare et introduit pas moins la trahison de Judas. Ce n'est pas Judas seul en effet, ce sont les *disciples* qui manifestent leur mécontentement (*ēganaktēsan*) et prononcent le mot péjoratif de gaspillage (*apōleia*), qui survient chez Bach comme de l'arrière-fond de la crise qui se prépare : *À quoi sert cette chose immonde ?* Quand Jésus réplique en prédisant de manière provocatrice que cette femme entrera dans l'Évangile tout autant qu'eux qui grommellent, Judas fait seulement office d'amplificateur. Il agit en homme conséquent, et sans plus tarder il donne *sa* réponse à cette provocation : *Alors l'un d'entre les douze, nommé Judas Iscariotte, se rendit chez les grands prêtres...*

Ce n'est pas seulement la réaction des hommes réunis autour du Messie qui voient élever à la dignité de l'Évangile la femme sans nom à l'huile parfumée, ce n'est pas seulement la pédanterie des régisseurs des aumônes, qui savent toujours comment l'argent peut être mieux placé – c'est la relation de cette huile versée et de l'inhumation, avec l'indication qu'un long temps doit s'écouler à recruter et donc à attendre, qui rend cet instant si lourd de conséquences pour cette Passion et la catastrophe messianique qu'elle devait devenir.

Celui qui était à l'avance oint d'huiles parfumées devait être enseveli – cela voulait dire : ce ne serait pas comme roi que ce fils de David triompherait et commanderait aux grands de son royaume sur lequel ils s'étaient acquis des droits. Entre Judas et les autres disciples, il n'y a qu'une différence de degré, et quand, chez Jean, il est appelé le « fils de perdition » (*ho hyios tēs apōleias*), il est lui-même le « gaspillage » en personne. Exactement tout ce qu'à Béthanie ils avaient réprouvé dans la cérémonie des huiles : de grands frais pour rien.

Judas n'est qu'une figure emblématique de l'impatience messianique. Il fait à sa manière ce que les autres feront à la leur, laquelle ne comprend pas seulement leur sommeil de dépit à Gethsémani, leur fuite après la capture, le triple reniement de Pierre. Tout comme Judas veut tourner la page en cherchant à forcer Jésus à faire la démonstration de son pouvoir, les autres agiront de même en évitant le suicide : ils sauveront ce qui peut l'être.

À partir de ces gens perdus, qui sont aussi à leur façon des « fils de perdition », ils fonderont à huis clos l'association qui dans la littérature théologique est connue sans trop de précisions comme la « communauté d'après-Pâques », et dont le produit est le « kérygme » : le renoncement au *Quoi* pour renforcer le *Que*. Car *que* tout ait dû advenir comme cela est advenu pour que l'Écriture s'accomplisse, voilà qui contrebalance tout ce qu'il y a de décevant dans *ce qui* est factuellement advenu et qui avait bien l'air d'anéantir une espérance tout autre.

L'auditeur de la *Passion selon saint Matthieu* n'a pas besoin de penser à la « communauté d'après Pâques » parce qu'il est intégré dans l'histoire par la scène à Béthanie et qu'il voit déjà venir que cette « communauté » n'est en tout cas pas à la hauteur de la Passion.

Qu'avait-il donc fait de son bon sens – sans même parler d'une faculté plus élevée – celui qui s'était choisi ce lamentable ramassis d'individus sujets à toutes les faiblesses, et les avait appelés à le suivre ? Pour, une fois venu le moment de la pleine exigence, leur demander, avec des femmes versant des huiles et des oiseaux de malheur évoquant son tombeau, encore plus qu'ils n'en peuvent ? *Vae victimis* – l'innocent est coupable de ce qui vient. Celui en qui il fallait faire confiance pour éviter qu'on en vînt là avait failli. Pouvait-il savoir que ce serait sur ce chemin justement qu'il pourrait revitaliser sa chute en une christologie théologique qui dépasse toute mesure ?

Avec sa mort précipitée, Judas aura manqué une solution qu'il fallait trouver pour résoudre le problème du Royaume de Dieu après la Chute. Et dont la consolation lui aurait probablement suffi pour ne pas désespérer du grand rêve. Ce n'est pas là le point de vue de la communauté de la Passion sur la péricope de Judas. Elle appartient à ceux de l'« après Pâques ». Ils n'ont aucune raison de voir en Judas celui qui joue contre leur Salut, pour la seule raison qu'il ne peut pas attendre sous leurs yeux. Il n'est pourtant pas celui qui accomplit quelque chose qui sinon ne serait pas intervenu et en l'absence de quoi les « pécheurs » de la communauté de la Passion auraient pu aller se coucher apaisés. Sa culpabilité est aussi peu décisive dans l'œuvre de Salut que l'offre de séduction du serpent au Paradis. Augustin l'envisagera avec l'expression presque rieuse de *felix culpa*, parce qu'il a trouvé chez Paul une tout autre pensée fondamentale : celle de la culpabilité divine dans le Salut comme dans la perte des hommes par l'acte de prédestination. Dont la décision n'a vraiment plus rien à faire avec ce péché-là ou avec cette Rédemption, parce qu'elle suppose et inclut le caractère insignifiant du Messie. Tel est le tribut qu'il faut rendre à un concept de Dieu, qui place celui-ci hors de portée des faits ou des méfaits du monde.

Judas, chez Jean, devient dans la langue de Luther : *das verlorene Kind, l'enfant perdu*. Personne n'est plus perdu que lui, mais avec cet ajout : *pour que l'Écriture s'accomplisse*. Qui aurait-ce pu être sinon celui qui, chez Matthieu déjà, ne pouvait supporter qu'on parle pour son maître de mort et de tombeau : l'accélérateur de la décision, et non pas son auteur.

Qu'avait-il en effet apporté de plus ? Il n'avait même pas ajouté quelque chose à l'accusation parce que la vérité de celle-ci était justement la sienne, et c'est parce que Jésus avait manqué à celle-ci depuis Béthanie qu'il était poussé à la trahison. Chez Jean, Jésus s'exprime autrement : il annonce la solitude de tous, mais non l'abandon par le Père. Dans la théologie « johannique », celui-ci est devenu impossible : *Voici que l'heure vient, et maintenant elle est là où vous serez dispersés, chacun allant de son côté (hekastos eis ta idia) et vous me laisserez seul. Mais je ne suis pas seul, le Père est avec moi*. C'est la réfutation pure et simple du cri qui est chez Matthieu et Bach : *Eli, Eli...* Jean, qui, à en croire son témoignage, est le seul des disciples à se trouver au pied de la Croix, n'accomplit pas la prophétie des disciples qui se détournent du Christ pour s'en aller chacun de son côté – il veut témoigner par la vue et par l'ouïe, et il ne sait rien du dernier cri, il ne connaît que l'ultime parole d'achèvement et d'accomplissement. Il est aux antipodes de *l'enfant perdu*.

L'adjonction expresse de l'accomplissement de l'Écriture est la justification du « rôle » de Judas dans le drame du Salut vu par Jean, elle est même la réduction au minimum de ce qui mérite encore d'être mentionné du point de vue « théologique ». Alors qu'au cours de la Cène il reste encore chez Matthieu l'énigme de l'ultime échange de paroles entre Jésus et Judas, après le *Malheur* au traître qui livre le Fils de l'homme, *pour qui il aurait mieux valu pour lui qu'il ne fût pas né*, Judas demande : *Serait-ce moi, Rabbi* ?, et Jésus se borne à lui répondre, comme s'il n'avait pas posé de question : *Tu l'as dit*. Bach passe là-dessus, perplexe : il en vient au pain rompu, au « testament » de chair et de sang de Jésus. Puis, lorsque Judas survient pour donner le baiser de la trahison, Jésus dit comme s'il ne savait pas et comme pour nier le déterminisme du Salut exprimé lors de la Cène : *Mon ami, pourquoi es-tu venu ?* [54]

Ce qui se passe entre les deux est ce qu'il y a de plus énigmatique dans la Passion en deçà de l'abandon par Dieu de son propre serviteur – une énigme que Jean démonise en disant « à titre explicatif » à propos de la bouchée que Jésus trempe : *C'est à ce moment, alors qu'il lui avait offert cette bouchée, que Satan entra en Judas*. Pourtant Jésus l'incite encore à faire sans tarder ce qu'il a à faire – monstruosité que seul le disciple favori rapporte, parce que lui seul était assez proche pour pouvoir l'entendre. Accélération du Salut ? Participation ou, mieux encore,

---

54. L'expression littérale est elliptique : « Ce pourquoi tu es ici. » La TOB donne la forme impérative : « Fais ta besogne ». Luther traduit par une question.

manière d'assumer la faute de l'autre, si toutefois ce pouvait bien en être une ?

Jean, on ne saurait le passer sous silence, joue à l'initié qui avait le droit de reposer contre la poitrine du Maître pendant la Cène, et qui de ce fait entendait et voyait ce qui échappait aux autres. Son tour de force consiste à apporter en tant que dernier venu des évangélistes des informations encore inédites, et de prétendre à l'authenticité, contrairement aux autres qui n'étaient pas là du tout ou seulement à distance. Lui sait autre chose et davantage : mais il ne sait encore rien de l'« inspiration » à laquelle il pourrait en appeler pour ce qu'il vient ajouter. Non, il avait la place privilégiée du témoin qui a même appris ce qui n'était pourtant pas visible : comment Satan entre en Judas. L'union rituelle du morceau trempé et tendu par le seigneur de la Cène est pervertie pour devenir rupture.

Ce qui chez Matthieu pousse le traître hors du droit chemin, le manquement supposé de Jésus à sa vocation à régner sur Jérusalem – assez plausible au vu de cette onction si peu messianique de l'« Oint » – devient chez Jean acte mystique de rejet, « mission » falsifiée pour un possédé de Satan, sur qui le grand exorciseur pratique son ouvrage *à l'envers*. Dans tout ceci, il n'y avait rien à tirer de l'Écriture qui « dût être accompli ». Alors l'évangéliste porté à la spéculation enchaîne avec une effrayante liberté sur ce qui figure chez Luc comme une formule tout à fait abstraite, isolée de tout contexte : *Mais Satan entra en Judas... Et il alla...*

Faut-il maintenant que ce qui n'est plus « accomplissement de l'Écriture » : l'entrée de Satan en Judas, sous la main de Jésus qui tend le morceau trempé – et qui dépasse toute référence à l'Écriture, rende la rupture absolue, soit l'acte fondateur de dualismes futurs ? Si c'était le cas, ce serait le refus de Jean de considérer la conduite de Judas comme faisant partie de ce qui, dans le comportement des disciples est encore tolérable après Béthanie, après la Cène, après Gethsémani. Satan n'est pas entré dans les autres, n'a pas été introduit en eux par la bouchée de malheur. Ils sont eux, négativement, marqués du signe du Salut. Judas ne serait pas la figure emblématique d'une apostasie qui, de manière incompréhensible, fait « après Pâques » l'expérience de son retournement. Au sens de la perte radicale du Salut, il serait la victime qui permet aux autres de prendre leur mesure et de se décharger. Toute la construction d'une trahison qui était aussi superflue, devrait alors être vue comme la fiction du bouc émissaire qui « avait fait » quelque chose, tandis que les autres étaient « seulement » restés inactifs.

Alors Jean serait comme l'indicateur de la tendance déjà bien active qui consiste à faire de l'un un « fils de perdition », et à trouver pour les autres une échappatoire et une retraite dans la situation « d'après Pâques ». Cette figure emblématique serait devenue « unique malfaiteur », serait devenue l'instrument de Satan et ne serait plus seulement celui qui est désespéré de l'attente messianique déçue, laquelle ne se laisse pas amuser et distraire par une apocalyptique. Que pouvait bien encore vouloir dire l'attente d'un avenir proche, si l'entrée du Fils de David à Jérusalem avait déjà *eu lieu*. Après les réticences des synoptiques, Jean avait finalement coupé cette retraite à Judas, légitimé en cela par un Jésus qui avait encore poussé Judas à se mettre à l'œuvre. Ce qu'il fit sur-le-champ.

La démonologie de Jean n'est pas assez claire pour évaluer suffisamment l'entrée de Satan en Judas – excluant ainsi la « figure emblématique » de la débilité des disciples – et la mettre en relation avec la parole de Jésus qui, chez Matthieu, affirme qu'il eût été préférable pour cet homme de n'être pas né. En effet, cette sentence, cette contestation du droit de créer, pouvait-elle d'aventure s'appliquer à Satan ? On sent tout de suite la menace gnostique. En aucun cas, l'affirmation qu'« il eût mieux valu qu'il ne fût pas créé » ne pouvait s'appliquer au prince des anges déchus – car elle aurait davantage atteint le Créateur que la créature. Même pour lui, il fallait que ce fût une grâce d'exister, quand bien même il se serait placé hors de toute grâce. La démonisation de Judas pouvait-elle être poussée au-delà de ce point, dans la mesure où être-né était placé à égalité avec être-créé ?

L'« auditeur implicite » de la *Passion selon saint Matthieu*, tel qu'il est compris, tel aussi qu'on « s'adresse à lui » dans l'environnement des chorals et des airs de cette histoire de douleur, est le pécheur qui est assuré de sa rédemption grâce à la « force » de cette servitude de Dieu, mais qui perçoit aussi constamment à travers les personnages qui agissent contre Jésus le spectacle de sa complicité avec ceux qui provoquent la Passion ou bien la laissent faire. Les disciples trois fois endormis, c'est le refus endurci de la compassion et d'un destin partagé ; Pierre qui se renie trois fois, c'est encore la tentation de ne pas assumer un choix devant un monde qui, même sans menacer, méprise et tourne en dérision la prétention de se singulariser par la possession d'un Salut. Mais Judas est-il encore la « figure emblématique » du simple croyant ou bien ce malfaiteur exotique, auquel il est clairement exclu de s'identifier par l'affirmation qu'il eût-mieux-valu-qu'il-ne-fût-pas-né, et, de manière plus univoque encore, parce que c'est Satan qui s'empare de lui ?

L'auteur de la musique de la *Passion* laisse passer, comme s'il ne la remarquait pas, cette parole incroyable du point de vue théologique : cet homme, il aurait mieux valu qu'il ne fût pas (*ei ouk egennēthe ho anthrōpos ekeīnos*). La Création se trouve ainsi éliminée de tout le processus de Salut. Quand il est dit du héros tragique de la tragédie grecque qu'il vaudrait mieux qu'il ne fût pas né, il y a là derrière l'idée que les dieux qui l'aveuglent pour le perdre ou l'abandonner à sa perte n'ont pas fait le monde dans lequel une telle chose se passe. À plus forte raison, ce ne sont pas eux qui ont fait venir celui à qui cela advient ou celui par qui cela advient ; ils ne sont l'un envers l'autre que d'une puissance limitée, et ils le sont plus que jamais envers le monde qui, à eux aussi, assigne ses conditions. Il devrait en aller tout autrement dans l'Évangile et dans l'histoire de la Passion qu'il relate – si l'on part de l'« unité » des formules de confession qui étaient communes au musicien et à son public : celles du premier et du second article. Alors la parole du mieux-vaudrait-n'être-pas-né ne serait plus possible, car il faut bien maintenir l'identité du Dieu de la Rédemption avec celui de la Création : le traître resterait la créature du trahi.

Jean se donne comme le témoin exclusif de grandes choses qui auraient échappé à ses précurseurs en matière d'évangélisme. C'est lui qui relate la plupart des dernières paroles sur la Croix, et c'est lui qui fait entrer Satan en Judas *avec la bouchée* (*meta to psōmion*) que lui donne Jésus. Mais, on l'a vu, cette démonisation scandaleuse – qu'aucun des autres convives ne remarque, eux qui ne comprennent même pas pourquoi Jésus le presse et qui rapportent ces propos aux aumônes que Judas, qui tient la bourse, doit faire – *n'est pas* comparable en teneur de secret avec la valeur-limite qu'atteint la *Passion selon saint Matthieu* avec cette parole de tragédie : *Il aurait mieux valu pour lui que cet homme ne fût jamais né*. Matthieu ne sait pourtant pas ce qu'il fait dire là au maître de la Cène : lui non plus n'a pas en tête la Création et la responsabilité du Créateur pour chacune de ses créatures.

Ce pourrait être justement cet élément qui fait choisir à Jean l'autre voie, celle de la prise de possession par Satan. Car dans la mesure même où il est le maître du « Prologue » du *Logos*, Jean est aussi le premier « théologien » de l'unité consciente de la Création et de la Rédemption. En faisant devenir chair en Jésus le *Logos*, il a identifié Jésus avec la parole de la *création*, dont il dit : *Tout fut par lui, et rien de ce qui fut ne fut sans lui.* Ce qui valait aussi pour Judas. C'est pourquoi le corrupteur devait prendre possession de lui, et éclipser la motivation de Béthanie qui conduit, pour Matthieu, à la catastrophe.

Jean pouvait-il faire de Satan l'une des figures présentes lors de la Cène, s'il savait quelque chose de ce que Matthieu avait écrit des trois tentations de Jésus dans le désert, à quoi chez Luc il était ajouté que Satan avait renoncé *jusqu'à une occasion* (*achri kairoū*) encore à venir ? Jean ne faisait-il alors que poursuivre cet épisode satanique en faisant de Judas l'instrument de la plus grande et de l'ultime « tentation » : refuser de se soumettre à la souffrance et appeler à soi les légions des anges ? En ce cas, Jésus pousserait Judas à agir parce qu'il cherche précisément *cette* résolution (*krisis*). Toute la justification de l'introduction de Satan dans le passage de Judas devrait-elle résider en ce que Jésus se révélait être le sujet agissant, parce qu'il était le sujet qui octroyait la « crise » à son tentateur et contradicteur, en lui présentant le symbole magique du morceau trempé pour Judas ?

Voilà qui donnerait une cohérence à la scène : c'était donc encore et toujours le *Logos* par qui tout arrivait, y compris que la Passion commence à l'heure fixée, et jusqu'à l'ultime épreuve de force absolue avec la mort, comme pour mieux railler les tentations dans le désert après le baptême du Jourdain. Ce que l'intimité de Jean avec le Seigneur rend presque visible, c'est une sorte de conspiration avec Satan. Un aspect surprenant de l'épisode du désert, après l'initiation dans le Jourdain, se répète : Jésus a bel et bien été conduit *par l'Esprit* au désert *pour être tenté* par le diable (*peirasthēnai*). Mais comment avait-il été possible que non seulement le tentateur (*ho peirazōn*) l'abordât avec des mots, mais encore par deux fois l'emmène avec lui (*paralambanei*) – l'évangéliste l'aurait-il pu laisser faire cela sans un accord jusqu'à l'*hypage satanā*? Il y a là à l'arrière-plan une convention, comme si c'était un élément d'une plus grande transaction.

QUAND QUELQU'UN DEVIENT TROP VIEUX
POUR ENCORE S'EMPARER DU POUVOIR

Judas, c'est par un baiser que tu livres le Fils de l'homme? On ne trouve ce passage que dans Luc lors de l'arrestation de Jésus. S'exprime ici l'indignation que la trahison s'accomplisse par le salut de l'amour (*philēmati*). À l'évidence, Luc pouvait supposer de ses « auditeurs implicites » qu'ils exprimeraient encore plus de dégoût devant le comportement de Judas.

Matthieu se borne à enregistrer brièvement le rendez-vous pris par Judas avec la clique des gens armés, et il lui fait donner le signal par l'apostrophe : « Rabbi », *et il lui donna un baiser*. Peu auparavant, lors de la Cène, il s'était adressé de la même façon à Jésus : *Serait-ce moi, Rabbi*? lorsque Jésus avait prophétisé qu'il serait trahi. Mais maintenant que survient ce qui a été prévu, Jésus demande à Judas : *Mon ami, pourquoi es-tu venu*? Cherche-t-il une explication à cette trahison, explication à laquelle il avait renoncé à table comme s'il la connaissait ? À ces questions, il n'y a pas de réponses, si c'est d'elles qu'il s'agit. Les serviteurs des prêtres passent à l'action.

En exégèse, on fait comme si tout était clair dans cette trahison et comme si le baiser était l'hyperbole d'un cynique réprouvé. Mais pourquoi donc Jésus ne devait-il pas avoir réagi au rituel des salutations ? Parce qu'il ne voulait pas dévoiler Judas comme celui qui venait justement de le défier pour savoir si son jeu n'était pas découvert ? Comme si Judas n'était justement venu à cet endroit que pour saluer le Rabbi, ce qui aurait permis, par hasard, aux serviteurs du Temple de reconnaître celui qu'ils avaient cherché ?

On ne peut pas comprendre le fond de l'histoire de Judas parce que le personnage a été assurément vite stigmatisé. Le baiser de salut au jardin du mont des Oliviers ne fait-il que confirmer que cette trahison était tout à fait superflue ? Que même sans le traître tout serait survenu comme cela devait arriver d'après les Écritures ? Car, durant la Cène, Jésus n'avait-il pas dit au traître avant même de le nommer, comme pour le retenir d'un acte vide de sens : *Le Fils de l'homme s'en va là-bas selon ce qui est écrit de lui ; mais malheureux l'homme...* Jésus et Judas se rencontrent lors de l'arrestation, comme si Judas n'avait rien pu faire : il n'est pas méchant, il est superflu.

Ce n'est là pourtant que l'implication cachée de tout l'événement. Pour les fonctionnaires du Temple, il faut que Judas ait servi à quelque chose. Ce sera quelque chose de trivial : personne ne connaissait Jésus. Lui-même dit : *Chaque jour, j'étais dans le Temple assis à enseigner, et vous ne m'avez pas arrêté.* On admet comme allant de soi que ses ennemis redoutaient le peuple et pour cette raison fuyaient le jour. Mais y avait-il bien quelque chose à redouter de ce peuple enrichi d'un grand nombre de pèlerins qui dès le lendemain criait ce que l'on attendait de lui ? Non, même s'il avait enseigné dans le vaste Temple comme bien d'autres maîtres – il avait la même apparence qu'eux, et ils ne le connaissaient pas. Jésus le Nazaréen n'était pas à Jérusalem comme il l'était en Galilée ce personnage hors du commun que sa postérité voudrait voir en lui. Pour cela il fallait quelqu'un qui le connût bien si l'on ne voulait pas faire de fâcheuse méprise. Parce qu'il fallait attribuer à Jésus une grande notoriété parmi ses contemporains, dès l'époque de la rédaction des Évangiles, la trahison de Judas ne peut être présentée que comme l'occasion d'intervenir discrètement la nuit dans un lieu isolé.

Le début de la *Passion selon saint Matthieu* présente une succession tout à fait invraisemblable des événements : Jésus fait savoir aux disciples que *dans deux jours, c'est la Pâque ; le Fils de l'homme va être livré pour être crucifié* ; alors seulement l'évangéliste fait se tenir la réunion au palais du grand prêtre Caïphe, où il est décidé *d'arrêter Jésus par ruse et de le tuer,* sans risquer pour la fête une émeute du peuple ; en troisième lieu Judas se rend chez les grands prêtres pour leur offrir ses services, comme s'il avait eu connaissance de cette assemblée du Conseil.

L'inverse est beaucoup plus vraisemblable : Judas s'adresse à la curie et il accuse son rabbi de toutes les doctrines fausses qui seront reprochées à Jésus au cours du « procès » de la Passion. Comme on ne sait rien de ce personnage venu de Galilée, il faut bien que Judas leur propose aussi de leur faire connaître exactement la personne en question. Nous savons que Jésus a au Conseil au moins un partisan secret, et qu'il apprend ainsi ce qui l'attend et qui *l'a* déjà trahi, et non pas qui *va* le trahir. L'arrestation sur le mont des Oliviers n'est alors pour cette « trahison » le moment de la crise par excellence que si l'on accepte la procédure que Matthieu a si soigneusement renversée.

Il ne s'agit pas là d'un artifice trompeur, à moins que l'on applique les critères de la « raison historique ». La communauté à qui s'adresse l'Évangile n'aurait jamais admis que son « maître » appelé à bientôt revenir ait eu l'air anodin de n'importe quel habitant de la ville du Temple. Il fallait qu'il portât l'aura de sa singularité, comme un signalement pour les autorités.

La Passion nous permet d'observer qu'au terme de deux millénaires et un déluge d'images, nous nous imaginons savoir quel aspect pouvait avoir Jésus. En fait nous ne savons rien. Et nous savons moins encore pour ce qui va au-delà de son apparence. Nous ne savons même pas quel âge il avait au moment de cette terrible épreuve de souffrance et de mort. Importe-t-il qu'il ait eu alors trente ans ou cinquante ans ? La tradition de la mort à trente-trois ans est digne de respect – mais l'objection de l'évêque Irénée de Lyon dans son écrit *Contre les hérésies* l'est aussi, pour qui Jésus aurait manqué quelque chose de la pleine mesure de son incarnation, s'il n'avait pas eu sa part de la maturité et du vieillissement.

Il est vrai qu'avec cette belle pensée Irénée a une arrière-pensée, qui est moins belle : il veut empêcher que, dans le système gnostique des Valentiniens, les trente éons ne soient déduits de la vie de Jésus. Aussi ne se soucie-t-il pas de Luc qui indique qu'au moment de son baptême dans le Jourdain, Jésus *avait environ trente ans*, par contre il reprend l'objection adressée à Jésus que l'on trouve chez Jean : *Tu n'as même pas cinquante ans et tu as vu Abraham ?* Bien que ce soit une argutie, dirait-on cela à quelqu'un qui aurait précisément trente ans ? Non, explique Irénée, celui à qui l'on dit cela ne doit plus être très éloigné de la cinquantaine. Le crucifié n'était pas un jeune homme et pour preuve il existerait une bonne tradition : *l'âge de l'accomplissement va de quarante à cinquante ans, c'était celui qu'avait notre Seigneur lorsqu'il enseignait. Ce dont témoignent l'Évangile et les prêtres en Asie Mineure, qui l'avaient ainsi reçu de Jean, le disciple du Seigneur. D'aucuns l'auraient aussi tenu d'autres apôtres et ils en sont témoins.* Ceux qui lui contestaient *qu'Abraham se soit réjoui de voir mon jour* étaient dignes de foi. Ils n'auraient pas pris le risque dans la polémique de se tromper si lourdement sur son âge. Non, ils avaient regardé dans le registre, ou bien ils étaient suffisamment sûrs de l'apparence : *Tel qu'ils le voyaient, ainsi parlèrent-ils. Mais ce qu'il avait l'air d'être, il l'était aussi en vérité.* Un coup appuyé, bien qu'il ne soit ici donné qu'en passant, au docétisme des gnostiques.

La défense de la « pleine humanité » du Sauveur contre leur opinion exigeait qu'on niât qu'il ne fût que rapidement passé à travers le corps de l'homme. Il avait enduré d'être homme. C'est une manifestation préalable de la Passion avant que celle-ci ne commence à se manifester. Les vieilles personnes doivent pouvoir arguer du fait qu'elles étaient, elles aussi, comprises dans cette incarnation.

Les gnostiques auraient-ils été un de ces « mouvements de jeunes » non encore répertoriés comme tels ? On pourrait inversement en trouver confirmation dans le fait que les mouvements de jeunes au sens typologique le plus large se donnent des traits gnostiques et s'affublent d'ingrédients de ce type. Faudra-t-il même en venir à se représenter Judas comme un de ces fidèles de la jeunesse pour qui le rabbi menaçait petit à petit de devenir trop vieux pour la fonction messianique qui était la sienne, et, ce faisant, si hésitant, qu'il fallait bien le contraindre à exercer son pouvoir ? Il est peut-être bon que nous ne sachions rien des dates de la naissance et de la mort de Jésus, en dépit de toute la perspicacité dont on a usé pour les connaître.

VISITE D'UNE PIERRE QUI AURAIT PRESQUE CRIÉ

Entre la scène d'introduction de l'onction à Béthanie et le dernier repas avec les pains sans levain de Jérusalem, l'évangéliste Matthieu a refusé au compositeur de sa *Passion* la possibilité d'une grande scène de foule avec l'entrée du Messie dans la ville du Temple monté sur le poulain de l'ânesse sous les *Hosanna* de la foule. Cette reconnaissance épisodique du fils de David comme ultime impulsion pour décider de sa mise à mort est placée tout au début chez Matthieu afin de laisser encore beaucoup de place aux enseignements et aux miracles, à la purification du Temple et à la prédiction de la fin de la ville et du monde. La participation de Judas – en tant que mise en œuvre indépendante de son histoire – devient plus significative dans la mesure où le scandale spectaculaire du cortège triomphal du Messie est sorti de son contexte. La Passion découle ainsi de l'acte de trahison d'un individu déçu dans ses attentes messianiques. Les histoires particulières de Pierre et de Judas prennent alors place à côté de l'histoire du Nazaréen.

De ce fait, un petit épisode est lui aussi soustrait à la mise en musique : les cris des enfants au Temple. Manifestement, ils continuent longtemps d'imiter les *Hosanna* frénétiques de la foule qu'ils ont entendus lors de l'entrée de Jésus. Mais de manière moins dissimulée que ne l'avaient osé le peuple, c'est à celui qui est là présent, et non à quelqu'un qui doit encore venir qu'ils attribuent la toute-puissance souveraine du fils de David : *Hosanna au fils de David !* C'est cette identité que les théocrates et les spécialistes de l'Écriture veulent dès lors assigner à Jésus : entend-il ce que crient les enfants ? La réplique renvoie au Psalmiste, à l'accomplissement de son vers : n'ont-ils pas lu que Dieu célèbre sa propre louange par la bouche des enfants et des nourrissons ? Sur quoi il les laisse en plan et s'en retourne à Béthanie.

La chose est ainsi présentée chez Matthieu, où toute l'ironie repose sur l'autoconfirmation indirecte par le biais de la clairvoyance des enfants. Il n'y a pas dans l'Évangile de Luc cette référence au Psalmiste. Chez Luc, Jésus, après l'entrée à Jérusalem, est renvoyé par les Pharisiens aux blasphèmes messianiques de ses disciples. Il devrait les faire taire. Alors Jésus répond – et cela aurait encore plus précisément convenu à la réprimande qu'on attendait de lui devant la joie trop appuyée des enfants : *Si eux se taisent, ce sont les pierres qui crieront*. L'image des pierres qui crient vient du prophète Habacuc, mais à cet endroit elle mène directement aux pleurs de Jésus dans sa vision de la fin de Jérusalem. Chez Luc, ce n'est pas comme chez Matthieu l'accomplissement dans la bouche des enfants de la prophétie de la vérité messianique, mais l'accomplissement encore à venir de la menace apocalyptique dans la bouche de celui qui pleure – le cri des murs de la ville et du Temple qui s'effondrent – qui confirme celui qui doit interdire à ses disciples de l'appeler par son nom. Ce n'est qu'après que Jésus a affirmé que les pierres allaient crier s'il interdisait à ses disciples de parler – ce qu'il n'est pas disposé à faire, et qui devrait donc être encore exprimé par un temps de l'irréel –, ce n'est qu'après donc que Jésus a la vision effrayante de la chute de Jérusalem et donc, d'un futur que nulle condition ne limite plus. Comment cela se fait-il, alors que le salut au roi que lancent ses disciples a pourtant retenti sans plus d'obstacle que le *Hosanna* au fils de David qui sort de la bouche des enfants dans le Temple, comme le rapporte Matthieu ?

La Passion est aussi l'histoire des disciples rendus muets *sans qu'*il y ait de la part du maître le moindre ordre de se taire. La trahison, le reniement, la fuite, le suicide ne sont que des indicateurs de la grande perturbation dans laquelle l'impuissance de celui qui est enfin porté au triomphe jette ses disciples, comme s'il leur était véritablement interdit de savourer ouvertement leurs attentes et leur confiance en la souveraineté du roi. La Passion signifie qu'intervient ici la condition posée pour que les pierres crient, même si c'est d'une autre manière que cela n'avait été exigé de Jésus par le personnel hiérarchique. Ceci a des prolongements dans l'histoire ultérieure qui se déroule à couvert du public comme si sa vérité était aussi mal en point que la critique biblique devait le supposer. Ce que la « Résurrection » devrait signifier, ce que devrait constituer l'espoir des croyants, est une histoire secrète qui se déroule à huis clos. Nul *Hosanna* ne retentit vers l'extérieur, comme on serait bien en droit de l'attendre s'agissant d'une victoire sur la mort. Ce silence remplit la condition : ceux-là se taisent, alors les pierres crieront.

Dix-huit siècles après que les pierres de Jérusalem eurent crié, celle-ci est devenue la ville des moines et des pèlerins – ainsi que celle de leurs émules profanes : les touristes. En 1867, Mark Twain faisait partie d'un chargement de quakers débarqués d'Amérique, au titre de ces curieux que ne mène déjà plus la piété, mais qui restent solidement accrochés à la Bible. Il fait son récit pour un journal de San Francisco et, deux ans plus tard, il en fera un très charmant livre de voyage. Il n'a pas la patience des pèlerins pour qui le plaisir de voir et les souffrances du voyage se fondent en un vécu salvateur. Il est pourtant encore en mesure de ressentir ce qu'ils entendent par leur « idée de réalité » : n'est réel que ce qui laisse des traces.

Sur la *via dolorosa* que suivit le Seigneur en portant sa croix, il voit les vieilles pierres avec les yeux de ces pèlerins – tout en maniant la langue de l'incroyant distant – et il lit sur elles les traces du chemin de la Passion qui mène au Golgotha. Encastrée dans le mur d'une maison, il y avait là une pierre couverte de cicatrices et toute éraflée et polie par les baisers des pèlerins, qui paraissait avoir *une sorte de ressemblance grotesque avec un visage humain.* Interrogé, le drogman expliqua pourquoi cette pierre méritait d'être adorée. Elle était *une des « pierres de Jérusalem »*, dont Jésus avait dit qu'elles crieraient s'il devait faire taire ses disciples. L'un des pèlerins, féru de Bible, objecta que Jésus n'avait annoncé cela que pour le cas où les gens *ne crieraient pas Hosanna*. Ceci ne décontenança pas le guide : *Celle-ci est une des pierres qui auraient crié* [55].

D'aucuns diront qu'il n'y a rien de raisonnable à apprendre de la rouerie d'un drogman. Soit, mais on nous rappelle là quelque chose qu'il est toujours profitable d'avoir à l'esprit. La langue que parlaient Jésus de Nazareth et ses disciples, et que ses adversaires comme ses fidèles de Jérusalem comprenaient, n'avait justement pas la possibilité expressive dont se sert le guide : elle n'avait pas de conditionnel. La langue du Nouveau Testament dans laquelle nous possédons ce passage de Luc peut refléter ce fait dans la mesure où elle se sert du futur, avant même que la vision de la chute du Temple ne justifie l'indicatif. Auparavant – quoi qu'il eût « pensé » – Jésus aurait dû dire pour mieux se faire comprendre de ses adversaires, et pour renchérir rhétoriquement : *Si ceux-ci ne le criaient pas – ce qu'ils font pourtant – les pierres le crieraient*. Pouvait-il le penser s'il ne pouvait pas le dire ? C'est toucher là à cette limite de la langue contre laquelle la pensée vient buter, comme on le sait au moins depuis Wittgenstein, et contre laquelle la pensée bute (peut-être), comme l'histoire tardive de la réception de ce passage de Luc avec la citation d'Habacuc le laisse entendre, supposer, soupçonner ou simplement espérer, aux oreilles d'un reporter qui n'est pas encore enragé [56].

---

55. M. Twain, *Le Voyage des innocents. Un pique-nique dans l'Ancien Monde,* Paris, F. Maspero/La Découverte, 1982, pp. 433-434, trad. F. Gonzalez Battle.

56. Allusion à Egon Erwin Kisch (1885-1948), journaliste et écrivain, surnommé d'après le titre d'un de ses textes : « le reporter enragé » (« Der rasende Reporter »).

LE RÉALISME DU CHAMP DU SANG

Jusqu'à aujourd'hui, le champ du potier, destiné à servir de cimetière pour les pélerins, est appelé, dit-on, le « champ du sang » (*agros heimatos*), parce qu'il avait été acheté avec le « prix du sang » (*timē heimatos*), que Judas en proie au repentir avait rapporté et jeté dans le Temple.

Bach ne va pas plus loin dans le dénouement de l'épisode de la trahison. Contrairement à ce qui se passe lors du reniement de Pierre, il ne laisse pas le pécheur se retrouver dans le personnage du traître. Après le triple reniement de Pierre et le chant du coq, l'« aria » enchaîne sur les pleurs, amers, de l'apôtre et mêle les supplications du pécheur aux larmes de Pierre pour obtenir miséricorde : *Vois / Comme le cœur et l'œil pleurent devant toi/ Amèrement*. Le « choral » parachève l'identification avec quelqu'un qui n'a fait que « s'écarter » de la juste voie et qui maintenant y revient : *Si je me suis écarté de toi,/ Me revoici de nouveau près de toi..*

La fin de Judas est à proprement parler « rétractée », en dépit du rituel du repentir, qui autrement suffit pour le pécheur. Le regard n'est pas dirigé sur le traître mais sur celui qui est trahi. Sans la moindre identification avec celui qui dans son repentir s'est lui-même pendu, l'« aria » exige du conseil des grands-prêtres que celui qui a été livré soit rendu, comme si le pacte était devenu caduc par la restitution de l'argent du sang, et comme s'il était possible d'exiger la restauration de l'état antérieur : *Rendez-moi mon Jésus / Voyez, cet argent, le salaire du meurtrier/ Le fils perdu / Le jette à vos pieds./ Rendez-moi mon Jésus !* Ce que Judas n'avait pas exigé, lui qui s'était borné à reconnaître le tort qu'il avait commis, le chanteur veut le recouvrer. L'auditeur de la *Passion* doit rester fixé sur son Sauveur, même quand l'évangéliste fait sa longue digression exagérément détaillée sur Judas, à laquelle il ne trouve pourtant rien de plus définitif à dire que : *et s'est pendu lui-même* – ce qui est plus ramassé en grec : *kai apelthōn apēnxato*. Une seule chose semble importer : l'opposition avec l'épisode de Pierre, qui apparaissait comparable à la démarche du pêcheur, l'incomparabilité de l'épisode de Judas avec quoi que ce soit dont on puisse encore croire capables le compositeur ou son auditeur.

À de multiples reprises, l'exégèse s'est demandé pourquoi l'évangéliste traite de manière si digressive la fin de Judas, mettant ainsi le compositeur de la *Passion* dans l'embarras quant à ses proportions. Naturellement sans prendre en considération la dernière de toutes les « conséquences accessoires » de ce texte. Il me semble que la clef de cet intérêt disproportionné réside dans le petit fragment de phrase que j'ai placé au commencement : *heōs tēs sēmeron* – jusqu'à aujourd'hui. Sans entrer aucunement dans des questions très précises de datation, il se pourrait bien que ce fût un jour très tardif. L'assignation du champ acheté avec le prix du sang à devenir le champ du sang, comme cimetière des pèlerins, signifiait qu'il ne saurait y avoir d'ouverture des tombeaux avant le jour de la Résurrection.

Ainsi le lieu, le nom et la fonction – et, au jour du Jugement, dans la proche vallée de Josaphat, les ressuscités eux-mêmes – pouvaient témoigner de l'authenticité de cette origine. Bien plus tard, on voulut avoir retrouvé tous les accessoires de la Passion de Jésus en tant que *corpora delicti* : la Croix et les clous, la couronne d'épines et le linceul, jusqu'aux plus obscures reliques. C'est le fait d'une époque tout autre, qui se plaisait aux légendes. Mais dans les évangiles canoniques, il s'agit d'un cas particulier : la localisation sans équivoque d'un fait accessible, que l'on peut même acquérir, et que l'on voit surgir à côté de cette Passion, un contrat de vente passé avec le propriétaire antérieur, dénommé le potier, et qui porte sur ce qu'il y a de plus réel depuis toujours : un morceau de terre, un bien immobilier.

Jésus n'avait pas laissé de traces de pas, comme la monture du Prophète qui avait pris son élan avec lui presque du même endroit et avait disparu. Le champ du sang n'est qu'une trace médiate, un reflet de l'effondrement des espérances messianiques chez le traître, et par le déclencheur de la Passion. Mais le « détour », qu'emprunte aussi la digression de l'évangéliste, qui va de son état d'esprit à la trahison, de l'argent de la trahison au cimetière des pèlerins, est un monument de « réalisme » : la durée pure et simple, le lieu de conservation des morts, jusqu'à *chaque* jour d'aujourd'hui.

Or cette référence à ce qui dure jusqu'à chaque moment présent est une chose à double tranchant, et, par l'usage irréfléchi qu'il en fait, Matthieu trahit combien cela le dérange peu que le monde existe encore et que celui qui s'en est allé ne soit pas encore revenu sur les nuages du ciel, siégeant à la *droite du Tout-Puissant*, comme il l'avait, sans frémir, prophétisé devant le grand-prêtre, s'attirant ainsi la mort pour blasphème envers Dieu, selon les principes de tout droit sacré. L'autoproclamation de son statut de Messie qui va revenir et la référence à ce qui le rappelle encore *jusqu'au jour d'aujourd'hui*, se côtoient de très près – afin d'assurer durablement la possibilité de vérifier la véracité du récit de la Passion *et* de proclamer l'évanescence apocalyptique de tout ce qui a été fait là avec celui qui avait répondu sans circonlocutions ni subtilités théologiques, à la question du grand-prêtre qui lui demandait s'il était le Christ, le Fils de Dieu : *sy eipas – tu l'as dit*. Dans le contexte proche, il y a une correspondance terrible dans la réponse faite à celui qui est revenu en proie au repentir : *ti pros hēmās ; sy opsē – Que nous importe ? Cela est ton affaire.*

Cette manière de mettre en relief des épisodes même assez longs est une spécificité stylistique de l'évangéliste, qui a beaucoup contribué au potentiel de la mise en musique, surtout pour les scènes de foule. Et avant tout, ce *Barrabam !* qui pénètre jusqu'à la moelle. Fait partie également de ce type de chute accélérée de la phrase musicale le « ...et mourut » qui ne se trouve que chez Luther et qui est si important pour Bach, alors que le texte primitif, redoutant certainement la rudesse de cet ultime réalisme, est exceptionnellement plus détaillé avec son ajout : *aphēken to pneûma – et rendit l'esprit.*

Dans son dédain de toute métaphysique, Luther avait mieux préparé les choses pour Bach.

LES TRENTE DENIERS

Deux épisodes liés à des personnes du proche entourage du Christ occupent des places éminentes dans la *Passion selon saint Matthieu* : la trahison de Judas et le reniement de Pierre. Le rang de ces deux désaveux ne peut résider seulement en ce qu'ils font déborder la coupe des douleurs, du fait que, de la troupe rassemblée par Jésus même, non seulement tous l'abandonnent, mais que deux font pire encore, témoignant d'un manque de fidélité particulier. Il s'agit de davantage : ce sont précisément la relation de fidélité, la distinction particulière de ces deux personnages et l'attente qui s'y rattache qui constituent la trahison et la bassesse expresse de cette mise à distance. Ce Jésus n'a pas tenu ce que l'on se promettait d'obtenir de lui.

N'est-ce pas en vertu de ce droit plus profond que Bach ouvre la *Passion* avec l'onction à Béthanie dans la maison de Simon le lépreux, onction dont Jésus interprète le sens comme l'annonce de sa mort et de l'embaumement (qui par la suite ne se fera pas) de son cadavre ? Il se protège contre la critique qui se fait manifeste devant un tel gaspillage – à l'origine, chez Marc, seuls *quelques-uns grommellent*, chez Matthieu ce sont *ses disciples* ; et finalement Jean ne mentionne plus expressément que le seul Judas, qui est déjà accusé de toucher à la bourse aux aumônes dont il a la charge au sein du groupe. Les interférences sont claires : Jésus écarte la mauvaise interprétation de l'onction comme un hommage au Messie, dans la mesure où il ne parle pas de sa souveraineté, mais de sa mort.

Cette contradiction est enveloppée du reproche : *À quoi sert cette chose immonde ?* C'est du *prix* de l'huile parfumée dont il est ici question, et comme s'il s'agissait là d'un modèle d'association d'idées, l'homme de *Kerioth* est amené là-dessus à penser au *prix* de l'Oint et peu après à demander : *Combien voulez-vous me don-*

ner ? C'est ainsi que les trente deniers interviennent dans l'Évangile. Somme mémorable de l'« infâme », dont c'est à peine si l'on s'est jamais demandé si elle représentait vraiment beaucoup ou peu, si Judas s'était trouvé « enrichi » *ou bien* s'il n'avait voulu que le symbole de la vente au plus bas prix pour presque rien : un déçu et la dévalorisation chiffrable de ce raté messianique qui semblait chercher la mort. Voilà tout ce qu'il y a à dire et à chanter à propos de ce Judas pour que demeurent occultées les espérances éveillées en lui et les déceptions qui lui ont été infligées.

Jean, le dernier des évangélistes, est le premier à parachever, péniblement, la cohérence de l'histoire en laissant entendre que Judas, en bon concussionnaire, se fait rembourser par sa trahison l'argent qui avait en quelque sorte échappé à sa bourse. Matthieu, heureusement, ne sait encore rien de cette condensation des motifs. Chez lui, tout se passe comme si l'Iscariote, aveuglé par une volonté supérieure, allait de lui-même vers la corde, comme un personnage de tragédie.

Si on la compare à la prolixité des évangiles apocryphes et des « Actes des apôtres », on s'étonne de la discipline avec laquelle les évangélistes canoniques s'opposent aux tendances de l'imagination à compléter l'histoire ; de Marc à Jean, ils ont mis en avant très peu de « motivation » pour imputer au personnage du traître une « trahison » dont on ne voit pas très clairement en quoi elle aurait consisté. Pourquoi l'utilisation des deniers rapportés dans le remords est-elle si importante que la Passion doive s'y attarder, alors que la tragédie de Judas est déjà terminée ? La réponse pourrait être : il est si incroyable que l'argent joue un rôle dans le voisinage de ce parent de Dieu - rôle qui plus est tout à fait superflu étant donné sa destinée de Sauveur – qu'il faut donner la preuve exacte que cet argent a bien existé. Sa contre-valeur, comme objet, doit pouvoir être attestée.

La question des deniers était-elle pour autant réglée ? Certes non. L'imagination ne pouvait les laisser à eux-mêmes, librement dépensés, après l'achat du champ du potier. Bach consacre à cet argent un air de basse, qui prend place entre le rejet de l'« argent du sang » hors du trésor du Temple, et la décision d'acheter le « champ du sang » : *Voyez cet argent, le salaire du meurtrier/ Le fils perdu vous l'a jeté/ Retourné à vos pieds !* La pieuse équivoque de cette restitution repentante est la participation de l'âme du pécheur à la parole de Judas jamais prononcée, mais pourtant insinuée comme nécessaire : *Rendez-moi mon Jésus !* Mais avant même qu'il eût pu y penser, les prêtres et les anciens avaient renvoyé Judas avec les termes mêmes de l'irréversible, et qui ne doivent jamais devenir ceux du pécheur : *Que nous importe ? C'est ton affaire !*

À côté de l'identité de Judas se constitue une identité spécifique des deniers, dans la mesure où cette somme ne peut pas revenir là où elle a été prise, dans le tronc (*korbanās*). En tant qu'argent du sang, elle est impure. La « somme » comptable en pièces de monnaie devient *une* substance, elle est homogénéisée par l'impureté de la solde du traître. Voilà donc – sans même l'histoire préalable du régisseur infidèle qui se voit lésé (sans doute de ce montant justement) – ce qu'en fait déjà la *Passion selon saint Matthieu*.

L'imagination ne s'est pas satisfaite de cette « entrée en scène » des deniers. Dans la *Légende dorée* de l'évêque de Gênes, Jacques de Voragine, à la fin du treizième siècle, on retrouve déjà toute une histoire de la vie de Judas, expressément reprise d'une *historia apocrypha* antérieure : il s'agit dans l'ensemble d'une *vita*, qui adopte la forme circulaire de la tragédie d'Œdipe, sans pourtant l'aporie du tragique, comme l'a montré Friedrich Oehly, dans sa profonde présentation des personnages du « maudit » et de l'« élu ». La voici donc, cette exacte compensation, par le prix du sang, de la valeur de l'huile parfumée de Marie-Madeleine à Béthanie : lorsque Judas s'est enfui du cercle de sa vie, le parricide et l'inceste avec la mère, il devient le complice de Pilate en tant que « receveur » de Jésus, il évalue l'huile parfumée à trois cents pièces d'argent, et sa propre part, qui lui a échappé, à dix pour cent, dans la mesure où il n'a pas converti la valeur particulière ou la valeur de collection de l'argent du Temple, en la somme totale, c'est-à-dire dix fois plus. Il faut que les comptes soient justes. La précision du calcul permet d'accorder quelque crédit à toute l'histoire, *quoiqu'elle soit plutôt à rejeter qu'à admettre* [57], comme le dit le compilateur de légendes pour tenir son lecteur à distance. Sans manifestement soupçonner dans quelle configuration mythique fondamentale il se meut.

Judas pouvait avoir fixé un prix particulièrement « bas » parce qu'il voulait vendre symboliquement ce Messie raté, ce renonciateur au trône ; cependant la motivation ajoutée par Jean empêche d'entrer dans l'histoire par ce biais. Mais si c'est par cupidité qu'il voulait toute la contre-valeur, il fallait que le prix fût très haut. Et cela, il ne l'obtiendrait que si la monnaie dans laquelle ce prix serait payé était d'origine très ancienne et mythique.

C'est le cas dans une poésie latine du douzième siècle, dans laquelle le roi impie des Assyriens, Ninus, charge le père d'Abraham de frapper trente pièces dans de l'or pur, d'une valeur suffisante pour pouvoir avec elles payer la construction de sa résidence, Ninive. Toujours est-il que les pièces d'or se trouvaient dans la poche d'Abraham, lorsque celui-ci quitta la Mésopotamie et partit pour Canaan, où avec le même argent il acquit des terres près de Jéricho pour y faire des cultures et y fonder des sépultures. Ce sont les mêmes pièces qui furent données aux

---

57. J. de Voragine, *La Légende dorée*, Paris, Garnier Flammarion, 1967, p. 216.

frères de Joseph lorsqu'ils le vendirent. De ces frères, elles retournèrent de nouveau dans les mains de Joseph en Egypte lorsque ceux-ci achetèrent des céréales. Joseph à son tour acheta pour le même prix tout ce qu'il fallait pour un embaumement, celui du cadavre de son père Jacob. Les trente pièces restèrent ensemble jusqu'à ce qu'elles reviennent en tant qu'offrande d'une sibylle et reine au trésor du Temple de Jérusalem ; elles furent expédiées à Babylone et passèrent par les mains de la reine de Saba avant d'être apportées en offrande à la crèche de Bethléem par les Rois mages, elles furent soigneusement conservées dans la grotte de la Nativité durant la fuite en Égypte, puis déposées sur ordre de Jésus au trésor du Temple de Jérusalem – où ces trente pièces faussement qualifiées « d'argent » (*argyria*) attendirent celui qui devait être digne d'elles.

On voit bien que ce qui constitue la « valeur » n'est plus ici l'échange des métaux, mais la fonction dans « l'histoire du Salut », le fait que ces pièces interviennent constamment lors des tournants de l'« histoire qui précède » celle de Jésus. Dans cette revalorisation, Judas est devenu un parfait fonctionnaire. Tel est le produit d'une imagination de longue haleine, réuni par Gottfried de Viterbe, qui en tant qu'historiographe vint donner aussi, avec ce « panthéon », un coup de main à Frédéric Barberousse. Il en ressort surtout comme enseignement qu'aucun des participants de cette *translatio* ne savaient ce qu'ils faisaient et avec quoi ils le faisaient, surtout d'un point de vue supérieur, voire suprême.

La parole de la Croix, que seul Luc rapporte : *Père, pardonne-leur car ils ne savent pas ce qu'ils font !* n'est pas seulement un mot de pardon pour des méfaits et pour des malfaiteurs, mais le mystère de toute cette histoire qui aboutit à ce tournant : cette histoire n'est « faite » que par des gens qui ne « comprennent » pas ce qu'ils font, quand ils prennent et dépensent ces pièces d'argent surévaluées, dans quelque but que ce soit.

La phrase de l'évangéliste selon laquelle le « champ du sang » acheté avec le salaire du traître est resté tel *jusqu'à aujourd'hui*, est une constatation autant « réaliste » que mélancolique. Au moment où Matthieu rédige son Évangile, le Temple dans lequel Judas a rejeté le « salaire du meurtrier » n'existe même plus. C'est comme s'il n'y avait rien eu : ni attentes, ni déceptions. Sans l'apôtre qui se démène au loin et qui n'avait jamais vu Jésus en chair et en os, il n'y aurait jamais eu cette « christologie », avec laquelle Jean pourrait en rival mesurer la sienne.

Mais il y avait encore *une* parcelle de réel : la contrevaleur foncière des trente pièces. Pour quiconque a jamais affaire à une « philosophie de l'argent », cette histoire des deniers, de leur surévaluation et de leur échange pour l'indestructible morceau de terre destiné à la sépulture des étrangers, est un fil conducteur unique en son genre qui mène au « réalisme » paradoxal de ce qui est nominal ; on la croirait faite pour un traité du type « De moneta ».

Jusqu'à aujourd'hui restait un engagement de la parole divine pour les témoins d'un monde qui ne voulait pas finir : pour les croisés du moyen-âge qui se frayaient dans le sang un accès aux lieux saints. Avec le flot de la marchandise sacrée des reliques, arrivèrent de nouveaux motifs de légendes locales. Chevaliers et pélerins trouvaient ce qu'ils cherchaient. Dans le récit de pélerinage de Rudolf von Suchem, au quatorzième siècle, il y a une description du « champ du sang » et du caractère expéditif des inhumations auxquelles on procédait en ce lieu. Car le cimetière est trop petit pour le nombre inattendu des « cas » : dans le champ sont creusés des trous ronds et profonds où sont jetés les cadavres ; après trois jours il ne leur reste déjà plus que les os, sinon *un lieu aussi petit ne suffirait pas pour tant de cadavres.*

Si le site est si petit, cela est dû à un fait qui n'a été « importé » que récemment : les grands-prêtres auraient dédommagé les gardes du tombeau scellé avec la moitié de l'argent du sang, en clair : ils auraient acheté leur silence. En conséquence, il fallait désormais qu'eut lieu ce petit miracle de la prompte disparition des corps. Il « épaissit » encore, si l'on peut dire dans un pareil cas, le « réalisme » de ce *jusqu'à aujourd'hui*, déjà vieux à l'époque de plus d'un millénaire.

Par contre, l'histoire ultérieure du capital de pièces perd de sa couleur parce que son premier partage entre gardes et potier se poursuit sur le modèle de la multiplication merveilleuse des reliques. Leopold Kretzenbacher a dressé tout un catalogue des trésors de cathédrales, de couvents et de châteaux où l'on pouvait voir un de ces « deniers d'argent » usés, à l'effigie de l'empereur qui pouvait bien être Ninus, le fondateur de Ninive. En 1480 encore, Johannes Tucher de Nuremberg, l'un des ancêtres de la femme de Hegel, avait encore pu voir à Rhodes au château des Chevaliers Hospitaliers l'une de ces pièces : *Il y a aussi là un de ces deniers pour lesquels a été vendu le Christ, notre Seigneur*. Tucher en avait ramené un moulage de plomb, et il fit des copies d'argent qu'il mit en circulation. C'était la multiplication des pièces d'argent paradoxalement « authentiques ».

ENTRE DEUX MEURTRIERS

JÉSUS ACCESSIBLE À LA TENTATION

Par son contenu, comme au niveau musical, la scène à Gethsémani est la plus faible de la *Passion selon saint Matthieu*. *Le Sauveur s'agenouille devant son Père...*, entonne la basse dans son récitatif, après que l'évangéliste a relaté la première des trois soumissions à la volonté du Père. À cet endroit, la composition tournée vers la méditation et l'exégèse pourrait développer le grand drame qui se joue immédiatement avant l'entrée dans la Passion et dont la conclusion n'est rien moins que l'acceptation de la capture. Ni l'exégèse théologique, ni la piété des deux millénaires écoulés n'ont pris complètement au sérieux la rebellion de Jésus, le fait qu'il ne soit pas encore résigné à l'extrême. Pas seulement pourtant parce que tout cela paraissait être une résolution de Salut mûrie et irrévocablement arrêtée au sein de la divinité, quelque chose comme une loi, à laquelle s'opposer serait, même pour le Fils de l'homme, faute et apostasie, si même une telle attitude était pensable. Jésus, lui, y avait pensé à Gethsémani ! Il dispute avec le Père, comme il le refera encore bientôt sur la croix, en exhalant sa plainte, qui n'est rien de moins qu'une accusation d'être abandonné de Dieu. Jésus pense l'impensable, et, tout en se soumettant à la volonté du Père, il n'exclut pas qu'on pourrait écarter de lui la coupe. Lui dénier cela au prétexte qu'il devait déjà savoir avec certitude tout ce qui allait se passer, ce serait faire un simple verbiage édifiant de toute l'impétuosité qui précède la prosternation devant le Père.

La faiblesse de Bach est celle de toute la tradition théologique. Sauf que lui a un pensum à faire, et qu'il ne peut laisser son œuvre muette sur ce point. C'est ainsi que dans l'attaque du récitatif de la basse, il aborde très fugitivement la chose et procède à une allégorie des plus rapides : En se prosternant, Jésus *nous relève tous de notre chute/*

Et nous rend à la grâce de Dieu. Et aussitôt après : *Il est prêt/ À boire/ Ce calice, cette amertume de la mort...*

Mais pourquoi donc Bach aurait-il mieux réussi que tous les maîtres en théologie de tous les temps ? La présomption implicite de cette diversion qui détourne aussitôt l'attention sur la volonté de Salut réside dans la supposition que souffrir et mourir pour les hommes était tout le sens de l'existence de Jésus de Nazareth. Aussi, se soustraire à ce devoir aurait signifié la répétition de quelque chose comme la chute des anges. C'est là purement et simplement frivolité théologique. Elle suppose qu'il y a une logique interne qui relie Bethléem et le Golgotha, la rive du Jourdain à la maison de Simon le lépreux à Béthanie, et qui mène du désert comme lieu de la tentation par le jeûne jusqu'au jardin du mont des Oliviers. Mais c'est surtout cette symétrie entre la « tentation » par Satan au terme du jeûne de quarante jours au début de l'activité publique de Jésus et la « tentation » de fuir la Passion à la fin de cette carrière après l'entrée messianique à Jérusalem – c'est surtout donc cet encadrement par des « épreuves » surmontées qui a une évidence suggestive : Jésus ne trahit pas sa mission.

Les trois invocations du Père sur le mont des Oliviers semblent aussi très évidemment correspondre aux trois tentations dans le désert. Sauf que, cette fois, la possibilité monstrueuse d'une prosternation devant Satan lui-même n'est pas envisagée. D'autre part, la triple répétition ôte toute force à l'idée que la soumission à la volonté du Père ait été dès le début soumission au destin de souffrance. Au contraire, tout se passe comme si Jésus revenait deux fois à l'endroit de ses invocations solitaires parce que, dans l'acte de soumission, il ne veut pas laisser sa prière de rémission sombrer dans la volonté acceptée.

Dans la *Passion* de Bach, on ne trouve pas trace de ce que signifie cette prière de rémission trois fois répétée ; en ceci Bach suit l'évangéliste qui attire principalement l'attention sur le comportement des disciples qui ne peuvent s'empêcher de sombrer dans le sommeil tandis que leur maître lutte avec son Dieu.

Dans son récitatif, la basse, alerte, se tourne vers la fidélité de l'auditeur croyant qu'elle représente : *Je m'accommoderai volontiers/ D'accepter la croix et la coupe/ Si je bois après le Sauveur*. On ne trouve pas, dans toute la *Passion*, de reprise aussi pâle de *l'imitatio Christi*. Le tout dans ce cas est de comprendre cet échec comme celui de la théologie, la fuite de celle-ci devant les exigences du texte sacré. Ceci est en étroite relation avec la paresse de l'exégèse devant la sixième demande de l'unique prière enseignée par Jésus lui-même, et qui est aussi une invocation au Père.

Déjà le plus perspicace de tous les hérétiques, le gnostique Marcion, ne supportait pas ce que l'on trouve dans tous les manuscrits bibliques, chez Matthieu 6.13 et chez Luc 11.4 : Que Dieu n'induise pas ceux qui prient en tentation (*eis peirasmon*). Marcion lisait : Que le Père ne les laisse pas induire en tentation (par qui que ce soit). Il est pourtant de la plus pure tradition biblique que Dieu induise les hommes en tentation ; la moins commune étant le sacrifice exigé d'Abraham.

Dans le « Notre Père », celui qui prie est pressé par Jésus de faire ce que lui-même fera au jardin de Gethsémani : prier Dieu qu'il le dispense d'être mis à l'épreuve d'obéir. À ce propos, les exégètes ont relevé qu'en matière de mise à l'épreuve, le cas de Jésus n'était pas comparable aux autres, parce qu'il n'avait pas été exposé au danger de la faute. Cette minimalisation est la racine de toutes les atténuations qui suivront, de ces faiblesses qui vont jusqu'à la *Passion selon saint Matthieu* et sa communauté implicite d'auditeurs qui ne *pouvait* pas prendre au sérieux le « danger » qu'encourait Jésus en se refusant à la volonté de Salut du Père, sans autoriser la prémisse blasphématoire que Jésus aurait pu devenir pécheur.

Ou bien les choses n'avaient-elles pas pris toute leur gravité dès le baptême avec Jean dans le Jourdain, et pas même tout de suite après, dans le désert, avec Satan ?

Nous voyons ici l'effet d'un texte canonique du Nouveau Testament : l'« Épître aux Hébreux ». Jésus y apparaît comme le grand-prêtre qui à travers les cieux a pénétré dans le saint des saints, ayant pris sur lui la faiblesse des hommes ; également la tentation en tout, mais il est vrai sans péché (*chōris hamartias*). Tout d'abord ceci veut dire : il a été tenté (*pepeirasmenon*), mais il a résisté à la tentation, comme lors des avances de Satan après le jeûne au désert.

Il n'y avait pas eu alors cette restriction selon laquelle ce n'aurait pas été un péché. Au contraire : même indépendamment du contexte de la mission messianique, chacune de ces propositions impudentes aurait été une violation de la loi de Dieu. Il en va autrement des trois prières adressées au Père sur le mont des Oliviers : il n'y aurait eu aucun manquement à un quelconque commandement biblique de Dieu si Jésus avait refusé de prendre sur lui le poids de la Passion. Sinon il n'aurait même pas pu *prier* pour que cette coupe lui soit épargnée. Jésus n'entre pas dans la Passion pour demeurer l'innocent qu'il est dans sa souffrance : *tel un agneau, l'agneau de Dieu, innocent*, que dans un grand mouvement de monstration le chœur introduit et, avec lui, la *Passion selon saint Matthieu*.

Pour que Jésus eût souffert la Passion afin de conserver *son innocence*, il aurait fallu une autre théologie que celle du Nouveau Testament. Dans ce cas, le Salut des hommes n'aurait été qu'un succès secondaire au regard de la conservation de son innocence par le Fils de l'homme. Il n'y avait pas pour le Fils de l'homme quelque chose comme un « devoir de Salut » face à l'humanité. L'issue du drame de Gethsémani était ouverte, sans que l'absence de péchés de ce grand-prêtre de l'« Épître aux Hébreux » ait pu même en être affectée. Aucun théologien n'a jamais osé dire sérieusement que Dieu n'aurait pas pu tout aussi bien accomplir sa volonté de Salut sans le sacrifice de son Fils de l'homme. C'est en ceci que réside le libre choix, dépourvu de culpabilité, de la Passion dans la nuit du mont des Oliviers. Il aurait incombé à la plus puissante des musiques de faire de son auditoire les témoins de cette liberté – si, à l'instar de l'échec, vieux comme le monde, des exégètes, elle n'avait pas été à cet endroit paralysée dans sa puissance face à toute la dureté d'un Salut indu.

La musique de la *Passion* représente peut-être la plus importante occasion manquée de la tradition chrétienne pour triompher en son noyau le plus dur du docétisme de la christologie : laisser dans son « réalisme » la formule de Jésus « accessible à la tentation ».

Qu'il soit resté là quelque chose de la pure invincibilité de la gnose, on peut l'éprouver dans l'œuvre de Bach, en tant que Passion de la Passion.

BARRABAS ET LES PAROLES AUTHENTIQUES DE JÉSUS

Le Verbe qui au commencement était auprès de Dieu et était Dieu lui-même, s'est fait chair et il a habité parmi les hommes : telle est la vérité qui est au cœur même du christianisme. Tout se concentre sur le Verbe et revenir au Verbe a été l'essence même de toutes les rénovations comme de toutes les scissions. La philologie et l'histoire ont exercé leurs prouesses critiques sur les textes sacrés que l'on peut considérer comme le résultat concret de cette venue au monde du Verbe du commencement.

Nous avons tous ces textes dans une unique langue, la grecque, et celle-ci – rien n'est plus perturbant dans ce contexte théologique - *n'était pas* la langue du *Logos* incarné. Plus encore : ce Jésus de Nazareth qui nous parle par delà les millénaires n'a même pas connu la langue dans laquelle son discours a été conservé. La langue officielle du pouvoir qui dominait le pays dans lequel il vécut et où il affronta la mort n'était pas davantage la langue dans laquelle les textes furent rédigés dans leur version la plus ancienne. Celle-ci était certes la langue de culture du monde hellénistique dans lequel finalement cette nouvelle religion devait se répandre – mais là encore ce fut seulement le hasard qui fit que Paul, un homme familier de cette aire culturelle, poussa la communauté primitive à sortir d'elle-même pour mieux se préparer à affronter la rivalité d'autres forces spirituelles qui luttaient pour les âmes.

Ces circonstances ont eu pour grotesque résultat que nous n'avons du Verbe divin qui s'était fait chair précisément pour cela que quatre locutions dans la langue même que Jésus de Nazareth parlait réellement en permanence. Avec cette langue, il n'aurait pas eu la moindre chance de faire passer sa préoccupation de Salut auprès de ses contemporains, sinon auprès de ceux qui vivaient dans les limites occidentales de l'araméen parlé – ce qui

234

n'incluait même pas la langue du Dieu de l'Ancien Testament.

Le cri déchirant de désespoir que le crucifié adresse à son dieu (« El », avec le suffixe possessif « i ») est entré dans la conscience générale chrétienne. Dans la version de la *Passion selon saint Matthieu* : *Eli, Eli, lama absabthani ? Mon Dieu, mon Dieu, pourquoi m'as-tu abandonné ?* L'emploi de l'araméen *Abba* dans l'unique passage de Marc (14.36) laisse soupçonner que Dieu y est invoqué presque comme un étranger. Jésus parle si fréquemment du « Père » qu'il est étrange que ce mot n'apparaisse pas au moins plus souvent comme nom. À en croire les philologues, l'invocation *Abba* a dû paraître familière et trop irrespectueuse aux oreilles des contemporains, comme si quelqu'un aujourd'hui allait traduire par « Papa Dieu » ou faisait commencer le « Notre Père » par un « Notre Papa ». Avec les oreilles de l'esprit du temps, on a voulu entendre au début des années soixante-dix dans l'invocation *Abba* une tonalité un peu agressive envers les principaux adversaires de Jésus, les Pharisiens, dans la mesure où leur pédanterie légaliste faisait du judaïsme une « religion d'efficacité ». La *ipsissima vox* du Nazaréen décharge la tension, lui permet de respirer, bien avant que Paul, tirant argument de l'impossibilité d'accomplir la loi, ne crée la théologie de la « justification ». La licence de Jésus pour dire *Abba* n'est certes pas encore le « kérygme », mais elle en partage le caractère ponctuel.

La polarité entre *Eli* et *Abba* a dû être ressentie profondément avant que la communauté primitive ne reprenne cet *Abba* sacralisé par Jésus dans sa langue de prière. Cela était aussi en rapport avec le fait que les suffixes des pronoms possessifs à la première personne du singulier comme du pluriel étaient identiques dans la forme araméenne : *Abba* a donc été authentiquement la première parole de la « Prière du Seigneur », que Jésus l'ait dite pour lui-même ou qu'il l'ait enseignée à ses disciples comme leur adresse commune au Père commun. Elle nous est rendue, dans la scène de Gethsémani, dans la scène d'intimité tendue avec le Père, qui pouvait encore épargner au Fils ce qui était en train de se préparer. Le commencement de la Passion chez Marc et sa fin chez Matthieu constituent cette polarité pour laquelle chacun des deux n'avait peut-être pas l'habileté « littéraire » suffisante.

Marc transmet aussi une autre parole originale prononcée par Jésus lors de la guérison du sourd-muet sur le territoire de la Décapole : il a certes recours à des impositions magiques de la main pour l'ouverture des oreilles, et au contact de la salive pour la langue, sans oublier le regard levé en prière vers le ciel, mais pour finir il met tout dans la parole de commandement : *Ephphathá*, que l'évangéliste fait suivre de la traduction : *Ouvre-toi !* Que l'on se souvienne : l'impératif est, dans l'histoire biblique de la Création, la langue de seigneur propre à Dieu. Ici « son verbe » agit si adéquatement sous cette forme linguistique que l'évangéliste croit devoir conserver pour nous cette « manifestation » inhabituelle de la nature de seigneur chez le Serviteur de Dieu dans la version originale de la racine verbale *ptch*.

L'ultime message oral authentique de la bouche de Jésus est encore une parole à l'impératif. C'est encore une fois l'acte final d'une histoire plus circonstanciée de miracle que tout enfant connaît depuis bientôt deux mille ans : le réveil de la fille du supérieur de la synagogue Jaïros. Jésus adoucit la violence miraculeuse, disant pour apaiser, à l'annonce de la mort, que l'enfant ne fait que dormir. Il laisse aussi subsister cette équivoque en s'adressant à celle que l'on croit morte comme si elle dormait : *Talithá kumi*, ce qui veut dire : *Fillette, je te le dis, réveille-toi !* Il s'agit d'une fille de douze ans et *talithá* est un diminutif syriaque lié à l'impératif hébraïque féminin de la racine *kum*, qui réunit comme en allemand les sens de « se réveiller » et de « se lever ».

Quand on se penche un peu sur la riche histoire de la recherche des authentiques paroles du Seigneur dans le Nouveau Testament sans tenir compte de leur formulation en grec, la récolte est maigre si l'on adopte pour la définition de l'authenticité un critère d'extrême sévérité. Cependant, il y a encore un aspect secondaire qui de nouveau a trait à Jean-Sébastien Bach. Lorsque, trente ans après la fondation de l'État d'Israël, la *Passion selon saint Matthieu* y fut exécutée pour la première fois et que le vieux thème du reproche de déicide menaçait de ressurgir encore une fois dans toute son amertume, un homme éminent posa la question de ce qui se serait donc passé selon la conception chrétienne si la « foule » des Juifs, pour répondre à Pilate, avait condamné Barrabas à être crucifié. Question des plus judicieuses et trop rarement posée. L'une des réponses, celle de l'auditeur de Bach, pourrait être : alors il n'y aurait pas de *Passion selon saint Matthieu*.

Il y a là un mystère qui est en étroite relation avec le nom d'*Abba*. « Barabbas » n'est absolument pas un nom, c'est le terme authentique qu'utilise Jésus pour se qualifier lui-même de « Fils du Père », *lingua aramaica : Barabbas*. Ceci s'accorde avec l'histoire de l'entrée à Jérusalem et de l'hommage rendu au fils de David en tant que roi des Juifs. Le populaire en émoi avait voulu, contre la volonté du Grand Conseil, que ce « Fils du Père » fût mis en liberté. C'est pour cela qu'il avait manifesté devant le représentant du pouvoir occupant, qui n'osait pas céder à la pression du peuple et se faire des ennemis de ceux dont il avait besoin pour l'exercice de son pouvoir. Le peuple, la « foule », en était resté à ce qu'il avait montré lors de l'entrée dans Jérusalem et qui avait poussé les prêtres à agir.

Le peuple avait crié dans sa langue. Les évangélistes Matthieu et Jean, qui transmettent le nom présumé, ne l'ont plus compris ou ont voulu qu'on le comprît autrement. Ainsi le brigand Barabbas fut-il inventé comme l'Autre, et le peuple de Dieu devint cette foule furieuse et meurtrière qui trahissait son roi. Il ne convient pas à la cohérence de l'histoire que Pilate ait posé cette alternative à cette masse de gens. Il était prisonnier de sa raison politique et il n'aurait jamais permis qu'on s'en remît à une « décision populaire ». Le peuple cria qui il voulait voir libérer, *sans* être interrogé. Pilate n'eut cure qu'ils réclamaient pour eux un personnage qualifié de manière si peu transparente de « Fils du Père », qui peu de jours auparavant avait dû inquiéter ses services de sécurité avec les rites spectaculaires de son triomphe. Seule la critique historique fut dépitée que le nom présumé ne revînt en nul autre endroit, bien que ce « nom » comme tel soit tout à fait aberrant, puisque le « Fils » et le « Père » s'y conditionnent l'un l'autre – à moins que dans la langue de cet Un il soit l'Unique à pouvoir transmettre à ses disciples son privilège de l'appeler *Abba*.

L'incompréhension et l'indifférence de Pilate se font encore valoir avec l'inscription qu'il fit porter sur la croix : un mort était en droit d'avoir été le roi des Juifs, leur *Barabbas*.

Jean-Sébastien Bach n'a rien pu savoir de cela. Mais l'auditeur de la *Passion selon saint Matthieu* qui a en tête qu'elle a pu maintenant être exécutée même en Israël et qui ne sous-estime pas ce que cela implique, écoutera un peu autrement la violence de la foule en faveur de la vie de Barabbas.

LES « DEUX MEURTRIERS » SUR LE GOLGOTHA

L'« auditeur implicite » de la *Passion selon saint Matthieu* est à peine concevable sans le monde d'images dans lequel il vit, même s'il ne s'est familiarisé avec celui-ci que par les visites dans les musées ou le parcours touristique des églises. Lorsqu'après l'évangéliste relatant la mise en croix, il entend la lamentation à fendre le cœur : *Ah, Golgotha, funeste Golgotha !* du récitatif de l'alto, il a sous les yeux les trois croix dressées sur le « lieu du crâne » avec les trois corps : Jésus, celui qui est accusé de revendiquer la royauté des Juifs, et à ses côtés *les deux meurtriers qui ont été crucifiés avec lui.*

Quiconque est familier de l'histoire de la Passion – et familier aussi du type musical qui la représente – a de quoi rester interdit devant la manière dont Matthieu traite les deux autres crucifiés : tous les deux sont des malfaiteurs et ils le restent jusqu'à la fin en cela aussi que, sans distinction, ils outragent tous deux Jésus comme le font les passants. De sorte que dans la *Passion selon saint Matthieu*, il faut que soit omise l'une des dernières paroles du Christ – qui sont au nombre de sept sur l'ensemble des quatre évangiles –, celle par laquelle, chez le seul Luc, il promet à l'un des brigands qu'il serait ce jour même au Paradis avec lui ; parce que celui-ci ne l'a pas honni. Bach, pour qui l'important ici, c'est l'ignominie de ce que souffre le Seigneur, est mieux servi par le texte de Matthieu ; il n'a pas besoin de rompre, par la promesse de Paradis faite à l'un des meurtriers, l'atmosphère qui mène au *funeste Golgotha* : *Ici, l'innocence doit périr pour le coupable / Cela pénètre mon âme ;/ Ah, Golgotha, funeste Golgotha !* Il y a là divergence entre la subtilité théologique de l'histoire du Salut chez Luc, qui veut faire état de l'effet de la Croix par un acte de grâce là même où elle est dressée, et la préférence accordée à l'unité interne de la scène de la Crucifixion chez Matthieu.

Nous n'apprenons rien de plus de ces *deux meurtriers*. La tradition a retenu le nom de Barabbas, libéré à la place de Jésus, mais il n'apparaît nulle part ailleurs dans un quelconque rapport avec lui. Les deux personnages qui entrent avec Jésus dans la communauté de la mort – soit que tous deux le raillent, soit qu'ils se comportent envers lui de manière opposée – restent, eux, anonymes.

L'imagination foisonnante qui prolifère à côté des évangiles destinés à devenir canoniques et à produire un matériau apocryphe que nous ne pouvons que soupçonner, n'en est pas restée là. Eusèbe connaît les « actes de Pilate », avec encore une tendance anti-chrétienne, mais dont la polarité devait être bientôt renversée pour les incorporer au service de l'apologétique. Dans ces actes, les deux compagnons de crucifixion de Jésus se voient attribuer les noms de Dysmas et de Gestas, c'est Dysmas qui intervient contre les invectives de Gestas, et, à la lettre, en est récompensé par la promesse de Salut dont parle Luc. Sinon les *deux meurtriers* n'ont pas de contours, ils n'ont ni histoire, ni antécédents.

Mais il va presque de soi que dans le zèle à combler et à exploiter les carences des textes canoniques il y avait aussi quelque chose à inventer pour ces deux personnages, qui ferait de leur apparition dans la Passion le trait saillant d'une histoire et pourrait ainsi servir à illustrer un fragment de l'histoire du Salut. Pour cela il y a toujours eu un auditoire plein de gratitude.

L'histoire des *deux meurtriers* qui furent *crucifiés* avec Jésus sur le Golgotha, l'un à sa droite et l'autre à sa gauche, remonte loin dans l'enfance de Jésus, jusqu'à la fuite en Égypte. Tel est le cas dans l'*Évangile arabe de l'enfance,* pour lequel il existe peut-être une version syriaque plus ancienne. Il fait partie des apocryphes chrétiens que Mahomet aussi connaissait et dans lequel il a puisé des motifs de légendes pour le Coran.

Marie, Joseph et l'enfant se trouvent dans une contrée solitaire, rendue peu sûre par des brigands, et par laquelle il leur faut passer pour se rendre en Égypte. En cours de route, ils sont surpris par deux brigands alors qu'une troupe plus importante de détrousseurs de grands chemins est endormie. L'un des deux brigands est prêt à laisser continuer la famille et à n'en laisser rien remarquer aux autres ; l'autre considère qu'il s'agit là d'une atteinte à la loyauté de groupe. Pour le faire changer d'avis, celui qui a de bons sentiments lui donne en gage sa ceinture qui contient quarante drachmes, dans l'attente d'un butin futur. Marie veut lui dire une bonne parole et elle lui promet que ses péchés lui seront pardonnés. Dans sa sagesse précocement mûrie – dans les textes gnostiques elle n'est pas susceptible de mûrir – l'enfant Jésus voit cela de façon plus réaliste : un brigand comme celui-ci n'aura besoin de rémission des péchés que quand il mettra un terme au brigandage. Aussi reporte-t-il le pardon de trente ans. À ce moment-là, il serait lui, Jésus, crucifié à Jérusalem, avec le bon à sa droite et le cœur endurci à sa gauche. Mais Jésus ne parle pas aux brigands de l'ajournement de la rémission des péchés ; il en n'en parle qu'à sa mère. Et cela prend une tonalité très spéciale lorsqu'il commence : *Dans trente ans, Mère...*, et Marie aussitôt de l'interrompre : *Que Dieu te protège de cela, mon fils.*

Dans cette légende, le nom de chacun des deux brigands ne saurait être passé sous silence. Celui qui est destiné à la croix de droite s'appelle Titus, celui qui se contente des quarante drachmes s'appelle Dumachus.

L'affaire était-elle close pour autant ? Non, bien sûr, parce que le sentiment religieux ne veut pas seulement *entendre parler* de grâce et de promesse, il veut aussi *voir* l'accomplissement et le triomphe. La littérature du *descensus* est bien utile à ce désir : elle pénètre jusque dans le plus petit espace laissé libre par les évangiles canoniques : celui qui prend place entre la mort et la Résurrection. Pour l'équité de l'histoire du Salut, il était urgent de vider l'Hadès de tous ceux qui entre Adam et Jean le Baptiste n'avaient pas mérité d'être ignorés par la victoire du Sauveur. Ainsi en vient-on à la descente aux Enfers du Fils de l'homme triomphant de sa mort, et, comme Pilate, ce fragment de l'imagination apocryphe est passé dans le Credo.

Lors de la triomphale descente de Jésus aux enfers, nous retrouvons l'un des *deux meurtriers* du *funeste Golgotha*. Pilate, que l'Église copte révère comme un saint, avait, dans ses archives, joint aux actes deux rouleaux de papyrus sur lesquels deux des ressuscités d'entre les morts – strictement séparés l'un de l'autre, et pourtant se retrouvant dans le choix des termes – avaient fait le procès-verbal de leur délivrance du monde souterrain. Sur quoi ils étaient retournés à leurs tombeaux. Karinus et Leucius avaient entendu une puissante voix de tonnerre exiger de Satan et d'Hadès l'ouverture des portes infernales, et puis finalement un homme était apparu qui portait une croix sur l'épaule et *qui avait l'air d'un brigand*. Ce qu'il était aussi, et ce qui avait pu inciter Satan à commettre l'étourderie de le laisser s'introduire par une fente de la porte de l'Enfer. Une fois là, il se redressa *dans une éblouissante lumière*, aveuglant de sa splendeur les justes des temps antérieurs. Ceux-ci lui demandèrent non sans méfiance : *Tu as l'air d'un brigand. Explique-nous quelle est cette charge que tu traînes sur ton dos*. Alors il leur expliqua qu'il était le brigand qui avait été crucifié avec Jésus : *Je viens comme je suis pour annoncer sa venue, lui-même me suit*.

Le monde souterrain est ainsi – par le camouflage du brigand, analogie directe du camouflage de l'envoyé de Dieu face aux puissances du monde – déjà noyauté de l'intérieur avant que le triomphateur lui-même n'apparaisse. Les portes de l'Enfer sont ouvertes par lui, et Satan enchaîné est confié à la garde de l'Hadès, tandis que la croix est érigée au milieu de l'Enfer en signe de victoire.

Les brigands du Golgotha ont été « étoffés » par l'imagination apocryphe qui en a fait des fonctionnaires de l'histoire du Salut : l'un en se rendant utile, depuis l'Égypte jusqu'à l'Hadès, l'autre par sa défaillance, jouant le rôle toujours nécessaire du personnage qui, par contraste, introduit la peur de ce qui se serait passé ou de ce qui aurait été manqué s'il n'y avait eu au monde – s'il n'y avait encore – que des gens butés.

De nouveau, ç'avait été la nuit, cette fois-ci celle du royaume des ombres, et de nouveau la décence du brigand avait ouvert la voie qui, sans ruse docétiste, par la pure « splendeur du Seigneur », paraissait aussi fermée que celle d'Égypte autrefois sans la corruption des quarante drachmes.

Ainsi se déroulent les histoires quand elles ne font pas seulement triompher la suprématie divine.

« IL APPELLE ÉLIE ! »

S'il est une lueur de vraisemblance que ce Jésus de Nazareth ait été davantage qu'un Fils de l'homme parmi les hommes, son seul indice – comparable à l'index pointé du Baptiste dans la *Crucifixion* de Matthias Grünewald – réside dans l'ultime parole que, selon Matthieu, le crucifié avait à dire et que l'évangéliste a tenu pour nécessaire de transmettre dans la langue originale : *Eli, Eli...*

Cette fois-ci il ne parlait pas à ses disciples, il ne parlait pas aux pharisiens, il ne parlait ni par symboles ni par menaces. S'il s'est détourné de tout auditoire, ce n'est pas comme lors de la prière de grâce au jardin des Oliviers dont on ne peut savoir comment le transcripteur a pu parvenir à la connaissance d'une telle intimité avec Dieu le Père. Sur la croix, Jésus parlait à haute voix, car même des passants non concernés purent l'entendre et penser qu'il appelait le prophète Élie – ce qui n'est pas indifférent, puisque le prophète épargné par la mort comptait au nombre de ceux qui prétendaient être des précurseurs du Messie : *Il appelle Élie !* faisait chanter Bach à son chœur à quatre voix.

C'était donc audible, bien que non intelligible, pour ceux qui étaient simplement là en spectateurs, puisque maintenant l'auditeur remarque qu'il faut qu'on le lui traduise. Le malentendu prive le mystère de la Passion de ses témoins. Ce malentendu consistait et consiste en ceci que seul pouvait pousser ce cri d'abandon celui pour qui cet abandon n'est pas la situation initiale de son existence – pas plus que celle des pieux zélateurs de la loi dans son entourage qui étaient certains de servir Dieu et qui n'avaient pas besoin d'être abandonné de lui pour l'être.

Comme le disent les mystiques eux-mêmes, la proximité de Dieu est un état d'exception. Et, pour citer le philosophe qui croyait l'avoir « expérimentée », ce « contact » (*haphe*) de l'Un – en tant qu'unique manière possible qu'Il soit réalité – Plotin ne l'a vécu qu'une fois. Cette singularité positive contraste avec la singularité négative de la dernière parole de Jésus. S'il est vrai qu'il ait voulu faire acte d'obéissance absolue, il faut le formuler ainsi : il s'était laissé abandonner par son Dieu. Mais c'est déjà là une interpolation entre Gethsémani et le tombeau vide. La Passion ne sait rien de tout cela ; elle présente l'abandonné de Dieu, vidé de toute confiance.

Il n'est nullement accessoire que Matthieu rapporte l'interprétation erronée de la double invocation : *Mon Dieu*. Il lui vient à l'idée de prendre pour témoins les passants non concernés, d'autant plus insoupçonnables qu'ils comprennent de travers. De son côté pourtant, l'évangéliste pouvait-il exclure le malentendu qui consistait à croire que Jésus appelait Élie ? Ceux qui étaient présents n'étaient déjà pas si indifférents ; ils étaient venus dans la ville du culte pour la fête suprême de la Pâque, ils étaient dans la plus grande excitation messianique qui allait de pair avec le souvenir de la délivrance d'Égypte. Un annonciateur si désespéré des événements ultimes ne pouvait-il pas précisément crier dans ce sens, puisqu'il était quand même écrit chez le prophète Maleachi (Malachie) : *Voici que je vais vous envoyer Élie, le prophète, avant que ne vienne le jour du Seigneur, jour grand et redoutable. Il ramènera le cœur des pères vers leurs fils, celui des fils vers leurs pères, pour que je ne vienne pas frapper la terre d'interdit.* De toutes les paroles du prophète qui devaient s'être accomplies, celle-ci était-elle restée inaccomplie ?

On a argumenté que les témoins de cette mort avaient trop bien leur Ancien Testament en tête pour ne pas reconnaître la citation du psaume 22. Un mourant cite-t-il le psalmiste ? Non, bien sûr, quand on se trouve à une époque d'authenticité créative, même pas pour sa dernière parole. Cela va de soi par contre, surtout précisément quand la vie est tellement ritualisée, de part en part, de la première à la dernière heure de la vie, que l'on n'a guère l'occasion d'être embarrassé pour trouver le mot juste en chaque circonstance.

Bach en tout cas n'est pas parti du principe que les témoins de la Passion auraient entendu le psaume. Sinon il ne les aurait pas fait couvrir de sarcasmes le cri d'*Eli*. On ne peut pas avoir les deux à la fois : Jésus citant le psaume et la foule des railleurs, autorisés à ne pas reconnaître la parole divine. C'est aussi le critère d'un temps de fausseté que d'interpréter le cri *Eli* comme une citation repérable, dépouillé de sa grandeur élémentaire. Que celui pour qui cette grandeur devait être par là devenue incertaine aille donc regarder l'aveu d'un pieux sentiment qui figure chez Luc, et s'écarte aussi bien de Matthieu que de Marc. Luc trouvait manifestement insupportable la déformation de cet *Eli* et c'est pourquoi il voulait encore une fois que la parole prononcée eût été intime : *Abba*. Et il fait encore une fois parler le psalmiste – à un autre endroit, au psaume 31 : *Père, je remets mon esprit entre tes mains*. Les paroles du psaume affaiblissent, rendent même inoffensif l'échange : on le voit mieux encore quand à l'adresse : *Seigneur !* du psalmiste, le crucifié substitue celle de : *Père !* Il n'est pas besoin ici de rappeler le degré supérieur atteint par Jean avec le *tetélestai* – *Tout est accompli !* – qui se situe enfin à la hauteur de la parole qui suit la Création : *Et il vit que tout était bien !* (*kai idou kala lian*). L'auditeur de la *Passion selon saint Matthieu* devait savoir ce qu'il en est de l'ultime parole de Jésus qui n'est plus suivi que du cri inarticulé, que nul ne peut oublier, bien qu'il n'ait entendu que l'évangéliste en faire état dans son récit, mais, au moment d'être ainsi renvoyé à ce qui n'est pas représentable, il sait aussi la fausseté de l'adresse au Père qui est chez Luc. Et ce, bien qu'elle fasse partie du fonds authentique de la « source primitive » qui demeure au terme de toute critique des textes.

Depuis le début de la *critique historique*[58], les contradictions sont mortelles pour une source, alors que de petites différences jouent par contre comme une confirmation. Marc a une variante de l'adresse à Dieu avec : *elōi*, mais conserve malgré tout la perception erronée de l'assistance : *Elija*. Toutes deux ont pour effet de faire rester sur place ceux qui ont mal entendu : ils veulent voir si Élie va venir sauver Jésus (*sōsōn auton*), et plus encore chez Marc, s'il va le descendre de la Croix (*katheleīn auton*). Avaient-ils en réalité entendu correctement et prêté à Jésus l'appel à Élie simplement pour le tourner en dérision ? Ou bien Jésus avait-il vraiment appelé Élie et ceux qui l'avaient entendu exactement n'excluaient-ils pas tout à fait qu'il pût survenir quelque chose comme un acte de sauvetage ? En ce cas, Luc aurait eu raison d'exclure l'invocation : *Eli* comme étant blasphématoire, tandis que Marc et Matthieu ne pouvaient pas supporter que Jésus eût appelé Élie en vain – car il n'aurait pas été tel qu'ils voulaient le montrer. Quel que soit le « motif » dont ont surgi la grandeur et le sublime par lesquels la musique de Bach permet indubitablement d'accéder à la profondeur de la Passion, cela ne change rien, dès lors que cette musique est l'abîme d'une équivoque que plus rien ne peut lever, et *donc* qui ne se remarque même plus.

Comme cette imperceptibilité ne peut pas être reconstituée contre le sens historique, il faut bien que l'auditeur qui vient trois siècles après Bach la redécouvre – tout comme il a déjà redécouvert la Passion elle-même à plus d'une reprise. J'ajoute pour n'être pas mal compris : il ne s'agit pas de remettre en cause la signification de ce cri chez Bach, et, pour Bach, pas davantage non plus la foule railleuse des badauds. Il s'agit de montrer que cette décision qui intervient sur un fond de non-décidabilité ne va pas de soi.

---

58. En français dans le texte.

Mais Jésus aurait-il donc pu penser adresser à Élie le mot de désespoir du psalmiste ? Je dirais de préférence : c'était son unique chance, la seule chose qui s'imposât. Mais dans ce cas aussi, ce n'était pas si aberrant ni si bizarre pour ceux qui étaient là, ses contemporains, de ne retenir avec arrogance et mépris que le ridicule et non le sérieux. Élie à cette heure n'aurait pas été un sauveur quelconque.

Dans la littérature apocalyptique juive, le prophète Élie était devenu bien davantage que *le* personnage même des situations *in extremis*. Si l'on pouvait penser à son retour, et même à la continuation de sa présence dans le monde, et si l'on y pensait plus encore après la chute du Temple, cela tient à ce qu'il faisait partie des quelques rares grands personnages des temps antérieurs dont on ne pouvait montrer la tombe : il avait été « enlevé aux yeux du monde » et on ne pouvait donc le montrer mort. Pas de tombeau – comme aussi dans le cas de Moïse – pas même le « tombeau vide », c'était là pour un monde religieux encore peu familiarisé avec l'« éternité » des indices pas trop fragiles d'une fiabilité durable pour les vivants, devant lesquels il se tenait seulement caché.

Il est étonnant de voir comment de tels « intermédiaires » des religions « s'enrichissent » selon un type solidement établi. Élie ne partage pas le sort d'Adam parce qu'il n'a pas péché : *Dieu dit : Élie ne vit-il pas dans l'éternité parce qu'il a respecté mes commandements ?* Élie tient en tant que scribe le grand livre des actes de l'humanité, il prend note des contrats de mariage pour affranchir le peuple des rejetons illégitimes au moment où viendront les temps messianiques. Il retient le bras de Dieu quand celui-ci veut une fois de plus frapper Israël : *Élie dit à Moïse : Fidèle berger, les mots pour détruire Israël sont déjà écrits ! Moïse répondit : S'ils sont scellés avec un sceau de terre, notre prière pourra être entendue ; mais s'ils sont scellés avec le sang, alors arrivera ce qui doit advenir. Élie lui dit : Ils sont scellés avec la terre des sceaux...* Fabulation déjà, à la fin du troisième siècle postérieur au Christ.

Élie apparaît sous forme de « personnages » : il survient en Arabe, en Romain, en courtisane, en vieillard, il surgit à cheval ou en volant. Il éclaire dans les questions de droit ; pour les rabbins, il est garant de l'interprétation de l'Écriture, surtout quand les difficultés sont insolubles. *Quand Élie viendra, il le dira*, telle est la formule de consolation. Ou bien : *Un jour, Élie expliquera ce chapitre.* Lorsqu'il y avait contestation sur des objets conservés, on disait après répartition de ce qui ne faisait pas l'objet de litige : *Le reste demeure en dépôt jusqu'à la venue d'Élie.* Ainsi sert-il à beaucoup de choses, là où le Dieu unique trop puissant dans son zèle pour ou contre son peuple ne vaut rien.

Qui ne penserait pas ici à l'élévation théologique, tout à fait inattendue selon les sources, de la mère de Dieu, devenue *Immaculata*, absence de péché à la racine, devenue *Assunta, mediatrix (omnium) gratiarum* ? C'est seulement en tant que personnage apocalyptique qu'elle n'avait pas connu d'accroissement comparable. Ses « doux » moyens devaient avoir aidé auparavant.

Jésus, dans sa détresse, aurait-il donc pu appeler Élie « à son secours » – ce qui n'aurait pas été en contradiction avec l'abandon de Dieu –, comme les flâneurs prétendaient l'avoir entendu, ce qui les avait incités à continuer d'attendre ? Ceci ne semble pas suffisant pour épuiser le malentendu repris par l'évangéliste. Élie était la figure de la fin des temps chez Malachie, dont le retour devait immédiatement précéder le temps du Messie. Si donc Jésus était dans la certitude de la fin prochaine du monde et du Jugement, l'instant de sa dernière parole était donc aussi le dernier dans lequel son attente imminente pouvait encore s'accomplir pour lui : il fallait qu'Élie vînt pour que la fin pût venir. Il ne s'agissait pas dans ce cas d'une « croyance privée » de Jésus, elle était aussi celle de ceux qui regardaient, dans la mesure où ceux-ci n'étaient pas des soldats romains. Et ceux-ci du reste n'avaient pas compris les paroles du mourant.

Jésus avait parlé de cette certitude à ses disciples, comme le rapporte ce même Matthieu, en annonçant pour la première fois sa Passion, et Pierre alors l'avait pris à part pour lui ôter cette pensée : *Cela ne t'arrivera pas* (*ou mē estai soi toūto*) ! Sur quoi Jésus avait écarté Pierre, comme autrefois il avait fait du tentateur dans le désert, et l'avait appelé *Satan*. À quoi fait suite ce que l'on appelle la Transfiguration sur le mont des Oliviers : lui apparaissent Moïse et Élie, ceux qui ne sont pas morts, et la voix qui retentit depuis le nuage et promet au transfiguré les attributs d'un Fils. Jésus ordonne de garder le secret aux trois qu'il a initiés.

L'apparition d'Élie les amène à réfléchir et ils l'interrogent sur sa venue, puisque précisément il est « venu » : pourquoi les grands érudits de l'Écriture ont-ils dit qu'Élie devait venir (avant que les grandes prédictions aient pu se réaliser) ? Jésus en donne confirmation : *Élie va venir et rétablira tout* (*Elias men erchetai kai apokatastēsai panta*). Plus encore : cet Élie avait déjà été là mais n'avait pas été reconnu. Ils interprétaient cela en pensant à Jean le Baptiste. Ce qui n'est guère justifié. Quoi qu'il en soit, l'attente d'Élie était dans l'air, ce n'était pas une « propriété particulière » de Jésus ou de ses disciples.

Aussi longtemps que les hommes n'auront qu'*une* vie à vivre, ils seront enclins à croire que c'est précisément dans ce laps de temps que doit survenir ce qui est significatif, cela même qui change le cours du monde. De ce fait, le potentiel d'attente est toujours extrêmement grand par rapport à l'offre de ce qui n'a jamais été là, et donc pour les apocalypses en tout genre. Si Élie représentait la figure des temps ultimes de la foi pour les contemporains de Galilée et de Judée, il convient aux attentes dans un proche avenir du Nazaréen. Supposer de celles-ci qu'elles sont des ajouts ultérieurs n'est ni plus ni moins qu'une bévue « critique ». Pourquoi la communauté aurait-elle dû charger son document fondateur de l'hypothèque de prédictions non accomplies ?

En quoi réside l'espoir placé en Élie ? Jésus l'a dit en grand style par cette parole du Salut qu'Origène a repris par la suite : *Apokatastasis* – le rétablissement de tout. Il ne s'agit pas du « monde », auquel ici on penserait déjà – non, il faudra attendre la métaphysique cosmogonique des Grecs pour orienter la pensée vers lui –, il s'agit bien plutôt de la nation des douze tribus, au moment justement propice de l'arrivée de son roi, le fils oint des David de la tribu de Juda. Pour qu'Élie non seulement puisse le précéder, mais aussi marcher à ses côtés, en tant que grand-prêtre du culte du Temple qu'il faut renouveler, il faut qu'il soit de la tribu des prêtres, celle de Lévi. En ce point réside l'« actualité » des dissensions rabbiniques sur l'appartenance d'Élie à telle ou telle tribu. Il y avait pour eux trois options : Gad, Benjamin, et Lévi. Chacune de ces options mettait un accent différent sur l'interprétation d'Élie. Mais il est clair que la « restauration » ne pouvait inclure, et mieux encore privilégier la fonction du grand-prêtre qu'après la destruction du Temple par Titus. Comme c'est le cas pour la christologie de l'« Épître aux Hébreux » du pseudo-Paul, et dans laquelle Jésus occupe les fonctions du grand-prêtre éternel. Qu'Élie même ait pu être le Messie, cela n'est pas mentionné avant le début du quatrième siècle, chez Rabbi Huna – au titre d'une des sept possibilités d'identification messianique. Cela ne convient d'aucune façon au troisième géniteur des tribus.

Le Messie royal, ben David, et Élie ben Lévi dans les fonctions de grand-prêtre, voilà qui apparaît comme la combinaison la plus cohérente pour les temps ultimes d'avant le Jugement. Mais il serait alors important de penser quelle était la relation de ces deux « offices » entre eux. L'institution de la « précédance », que le rôle de Jean-Baptiste a ultérieurement « légitimé » dans le Nouveau Testament, n'est pas pour Élie une simple conjonction de la purification et du renouvellement du culte. Cela va plus loin, comme Justin le Martyr en fait témoigner au Juif Tryphon dans son *Dialogue* avec celui-ci : *À supposer que le Messie (le Christ) soit né quelque part, vive quelque part, il ne peut être reconnu et ne se reconnaît pas lui-même, et de la même façon n'a pas de pouvoir, aussi longtemps qu'Élie n'est pas apparu pour l'oindre et le proclamer devant le monde entier*. C'est donc en ceci, pour aller au plus court, que réside la différence de foi avec ceux qui se sont *eux-mêmes fait un Messie*.

Sans aucun doute, le rôle du Baptiste est ajusté sur cette image de la précédance, et le tout constitue une sorte de justification « iconologique » ; les disciples peuvent référer à Jean-Baptiste la parole de Jésus selon laquelle Élie s'est déjà manifesté. Cela devait à tout le moins paraître plausible aux auditeurs de cette péricope, à quelque moment que ce mystérieux passage ait été introduit dans l'évangile de Matthieu.

Personne ne saura jamais ce que Jésus a vraiment crié avec ses ultimes paroles. L'auditeur de la *Passion selon saint Matthieu* n'entendra en tout cas plus la bonne volonté avec laquelle Luc lui fait dire ses dernières paroles. Mais, chez Matthieu, il y a un « problème de réception » : la mise en évidence de ce manque d'univocité. Il renvoie de l'intimité personnelle de l'abandon divin à la dimension eschatologique. Les oisifs de passage cessent soudain d'être stupides. En restant là à attendre, ils donnent à leur incompréhension une chance d'avoir raison. S'il s'avérait que ce Jésus avait en lui quelque chose qui soit en rapport avec l'image triomphale de l'entrée à Jérusalem, n'était-ce pas justement pour Élie le moment d'intervenir ? Ces témoins que l'évangéliste présente certes comme des gens de peu d'intelligence, mais qui n'ont pourtant point été condamnés à disparaître dans l'histoire, ces témoins *avaient compris* à leur manière ce que Jésus avait *pu* dire ou même ce qu'il avait *dû* dire s'il se considérait vraiment comme ce qu'on disait qu'il s'était déclaré être lors de l'audience devant le grand-prêtre et devant Ponce Pilate : chez Marc, le *Christos*, l'Oint, le Messie ; chez Luc, le *basileus*, le roi des Juifs, le Fils de David.

Est-on en droit de passer sur cette identité qu'il avoue au péril de la mort, face à un interrogatoire « officiel » et à des remontrances, si l'on veut comprendre plus avant quelle pouvait être l'intention de l'évangéliste lorsqu'il communique avec un tel détail le cri d'*Eli* dans la langue originale, le transmet dans sa traduction *et,* malgré l'incompréhension des témoins, ne le rend pourtant pas plus pauvre en signification ? C'est plus et autre chose que de la dérision. Mais Bach ne l'a pas perçu avec ce « plus », et il ne le pouvait probablement pas non plus.

Ses auditeurs ultérieurs sont ici « en avance » sur lui, et cela donne au fait d'avoir décidé que celui qui crie n'appelle pas Élie mais *son* Dieu une tonalité jusqu'alors inouïe. Ce n'est pas la répétition ou un degré de plus de ce qui s'était vainement réglé au Jardin des Oliviers. Si cela avait été Élie, ç'aurait été le dernier instant du Messie non proclamé, échouant dans sa prétention. Les badauds pouvaient continuer leur chemin : ce n'avait pas été lui. Le tombeau vide seul lui sauverait son aura, ouvrant l'histoire millénaire de la « christologie ». « Après Pâques », ce sera comme si Élie était quand même venu et qu'il avait parlé comme dans le Midrash Pirque Maschiach : *Levez-vous ! Car je suis Élie et celui-ci est le Roi, le Messie !*

LE CRI PREMIER

Quand l'on considère l'histoire de la communauté chrétienne primitive en tenant compte de ce que le court délai d'abord espéré ou redouté qui la séparait du retour de son Sauveur sur les nuages du ciel en vue du Jugement s'est prolongé au-delà de toute attente pour finalement sembler ne pas devoir prendre fin, on se heurte au besoin irrépressible de « combler » ce laps de temps gagné ou imposé, de telle sorte que cette nouvelle fraîche et joyeuse ne sombre pas dans l'oubli ou ne perde pas de son urgence vivante. C'est la seule possibilité d'assurer le « rattrapage » du temps offert.

Autour du personnage de Jésus de Nazareth, que Paul sait encore tenir dans d'étroites limites, viennent se greffer des histoires, des sentences, des signes et des accomplissements de prophéties. Le stock que constituent les textes canoniques du Nouveau Testament apparut à la critique historico-critique comme un chapitre extrait presque fortuitement de tout ce processus qui s'étend des sobres *logia* d'un commencement auquel on ne peut plus accéder, aux légendes et à la prolixité d'évangiles apocryphes dont l'exubérance n'apparaissait plus aux gardiens de la pure doctrine que comme une production de contradictions et d'incompatibilités.

À partir des textes canoniques, on peut envisager l'indéterminé dans les deux directions : en arrière, vers la construction d'un « kérygme », dont le noyau démythifié se révèle si nécessiteux qu'il a l'air de tout et de rien à la fois, et en avant, vers le trésor de légendes d'une piété portée à la fabulation qui s'agglutine sans relâche autour de nouveaux sites et reliques sacrés, car cette piété n'avait jamais assez d'histoires à se raconter, depuis qu'un jour elle avait « trouvé le temps long ». La compression et la dilatation du temps se situent de part et d'autre de ce qu'une économie nullement dépourvue de sagesse, et même digne d'admiration, avait déclaré comme ce qui devait obligatoirement rester.

La représentation du « kérygme » de Rudolf Bultmann, n'est pas non plus dépourvue de sagesse et d'esprit. Toutes les demandes de précision, tous les doutes liés à l'époque, sont tenus à distance du texte biblique, comme Marcion l'avait déjà tenté. Cette réduction généreuse laisse à peine subsister autre chose que l'authentique *C'est Moi* : la Promesse et l'espérance sont accomplies, dit le message évangélique. Il peut en rester là, parce que chacun sait, par sa propre « existence », ce que doit contenir un message de Salut pour satisfaire à son inquiétude et à sa faute. Le « contenu » ne vient pas de celui qui l'annonce mais de celui qui l'entend. La décortication du mythe par la critique qui le vide de cette « substance » est lui-même un fait historique que l'historicité moderne a apporté avec elle. Il suffit que cela soit survenu cette seule fois-ci. Le « kérygme » est à la hauteur de toute facticité en instance : l'élément le plus faible historiquement – l'« événement pascal » – détermine la norme.

Quel aspect tout cela prend-il concrètement dans le texte biblique ? Surtout dans celui de la Passion, si on s'accorde à placer la Croix au centre du christianisme ? Bultmann a fait le décompte final de la critique pour cet élément de texte aussi – et indéniablement dans la conscience que le « kérygme » ne gagne en dimension que pour autant que le texte contingent en perd.

Si l'on accepte de tout soumettre à la réduction critique, on s'étonne d'autant plus du succès de la tradition dans son travail d'homogénéisation de ce qui est disparate. Cela comprend aussi la participation ultérieure de la musique. Non seulement les *Passions*, mais aussi la réunion des « Sept Dernières Paroles » en un texte qui – à la différence des *Passions* – n'a nulle part de base, dans aucun des Évangiles, qui lui servirait de contexte. C'est une compilation de toutes les déclarations que les quatre évangélistes ont attribuées à Jésus sur la croix. Lorsqu'un ecclésiastique espagnol, Marquès de Valdès-Inigo, fonda à Cadix après le tremblement de terre de Lisbonne une église dans la roche, avec pour destination exclusive d'y proclamer et vénérer par un culte les Sept Dernières Paroles de Jésus, il se tourna vers Joseph Haydn afin que celui-ci composât une musique pour les pauses de dévotion entre les lectures des différentes paroles.

La *Musica instrumentale : Sopra le sette ultime Parole del nostro Redemtore in Croce o siena Sette Sonate con un Introduzione ed al fine un Terremoto* vit ainsi le jour en 1785, presque trente ans après le creusement de l'église « San Cuevo » dans la grotte de Cadix. En 1786, cette œuvre instrumentale fut exécutée pour la première fois sur le lieu de sa destination. En 1787, Joseph Haydn lui donna lui-même la forme d'un quatuor à cordes qui devait assurer son grand succès ultérieur. Le finale du « Tremblement de Terre » rappelait ce qui avait motivé la fondation de ce mémorial enfoui dans la Terre et revêtu de noir, rappelant que, lors de la mort de Jésus sur la croix, la terre aussi avait tremblé. Comme si elle avait été touchée par le contenu redoutable de ces dernières paroles, dont pourtant aucune n'est honorée du chant humain : le prêtre lit chacune d'entre elles et la musique lui fournit l'horizon nécessaire à leur prolongement dans la contemplation et la méditation.

Haydn avait eu cette chance musicale que le rite pratiqué dans la grotte le dispensait de devoir composer sur le texte même des dernières paroles de Jésus. En dépit de la concision de chacune des sentences isolées – prière de pardon pour les tourmenteurs, prédiction faite au larron repentant, adresse à la Mère et au disciple préféré, plainte adressée à Dieu qui l'abandonne, plainte d'avoir soif, accomplissement de l'obéissance, et remise de son esprit –, cette compilation aurait vraiment dû être plus loquace, si on la compare avec ce que Bach trouvait déjà chez Matthieu. Bach fait parler tous les personnages, les laisse déverser leurs sarcasmes, mais Jésus, il le fait se taire jusqu'à la neuvième heure, *quand soudain il se mit à crier d'une voix forte* et qu'il se lamenta – unique parole sur la Croix – d'avoir été abandonné de Dieu. Pour le second cri, le cri sans mot de l'agonie, l'évangéliste change de verbe : il passe de *anaboaō* (crier, interpeller) à *krazō* (crier de façon terrifiante) encore renforcé par le *phōne megalē*. Du point de vue de la langue, c'est la chose la plus extrême dont dispose le désespoir : la dissonance stridente et rauque du démon. Nulle proximité avec un quelconque mot comme c'était le cas lors du premier cri : *Jésus poussa de nouveau un grand cri et rendit l'esprit*. Bach avait encore plus de chance musicale que Haydn : il avait le double cri et *le* mot dans la langue même de Jésus.

Si l'on regarde le résultat de toutes les peines que s'est donnée la critique textuelle sur cette partie conclusive de la Passion, on voit combien le génie du texte de Matthieu, égal à celui de Bach, était sur le point de disparaître dans le néant. Car aucun évangéliste de la Passion n'aurait pu chanter, aucune musique n'aurait pu représenter ces cris, même le double cri différencié, avec sa violence qui s'accroît. Ce mot, le mot de la langue initiale, redoublé déjà par la traduction de l'évangéliste et donc aussi par celle de Luther, c'est lui le « kérygme » de la Passion que rien ne pouvait détruire. Seule la critique textuelle n'avait aucune peine à le faire. L'invocation de Dieu après le premier cri, serait, selon Bultmann, *une interprétation secondaire du cri sans mot de Jésus*. Il n'avait donc rien dit. Des sept dernières paroles, pas même la plus terrible.

Le double cri n'aurait pas suffi à ceux qui ne pouvaient croire que l'annonciateur du Verbe ait trépassé sans un mot, puisqu'ils ne pouvaient déjà se contenter d'un Sauveur crucifié et mort. Ainsi le cri fut-il « interprété », on y « mit » de la signification – le mot de la prophétie du psalmiste.

Ce n'est pas tant à « sauver » la *Passion selon saint Matthieu* qu'il faut être prudent. Elle n'a pas besoin de protection pour son texte. Ce qui rend méfiant, c'est le modèle utilisé par le critique du texte biblique. Le cri sur la Croix en tant que résidu de toute la tradition ne ressemble que trop au « kérygme ». Car son *ego eimi – C'est moi* est aussi un fragment, un résidu encore du *Logos* et des *logia*, devenu simple théolalie : pour ceux qui savent déjà qui doit venir là et qui souffrent déjà du manque de ce qu'il doit leur apporter, il n'est nul besoin de ce : *C'est moi*. De ce fait, une « dernière parole » sur la Croix n'est même plus nécessaire. Tout devait être dit. Ce qu'il y a de terrible dans ce dernier cri n'est rien d'autre que la négation de toute dogmatique, de tout docétisme, de tout réalisme de l'Incarnation – avec la seule transformation temporelle du « kérygme » : *C'était Lui et Il le sera*. La réduction à son noyau dur, inarticulé, détruit la possibilité de sa réception : pensé après la « démythification », Bach aurait été condamné à l'impuissance musicale, réduit au silence. Bultmann, après Bach, n'est qu'une note marginale à une histoire qui est devenue indestructible, indépendamment de sa validité critique. Le *Eli, Eli, lama asabthani*, comme l'a lu Luther, a la vérité d'un cri qui pourrait être encore adressé au « Dieu mort ». Si ce n'est pas même précisément à celui-ci.

DÉFENSE THÉOLOGIQUE ET GAIN HUMAIN

Cet *Eli, Eli...* redoublé dans l'unique parole de Jésus sur la Croix nous ébranle en ce qu'il apparaît comme une pression désespérée sur le Père, car à la double adresse succède le Pourquoi sans réponse.

Les théologiens ne supportent pas de redondance émotionnelle dans un document initial qui a été distingué comme « Révélation ». Dieu ne se répète pas sans raison *pour nous* et il ne livre rien de lui-même qui ne renferme une vérité. Donc, et c'est la première chose qui vient à l'esprit, il avait appelé son Dieu deux fois parce qu'il y avait pour lui deux personnes à appeler, la première et la troisième de la Trinité, alors qu'il prend lui-même la place intermédiaire. C'est là du bon travail d'exégètes et nous ne gagnerons rien à y trouver à redire.

Du coup, il apparaît aussi clairement que ce double appel ne pouvait pas rester indifférent à l'orthodoxie du monothéisme. Pour elle, la déviance par rapport à l'unicité absolue du Dieu judaïque ne pouvait être que son aspect historico-temporel. Ainsi, au milieu du troisième siècle après Jésus-Christ, Rabbi Chiya ben Abba inculquait-il de façon polémique : *Si le fils de la putain* (qualificatif peu bienveillant pour désigner l'origine de Jésus) *te dit : « Il y a deux dieux », réponds-lui : « Je suis celui de la mer des roseaux, je suis celui du Sinaï »* – c'est-à-dire celui de l'Exode d'Égypte, comme celui de la remise des Tables de la Loi, les deux actes décisifs de Dieu dans l'histoire de ce peuple.

Mais comment le rabbi Chiya en était-il venu à attribuer à Jésus, si inamicalement interpellé, l'enseignement de deux dieux ? Il n'est guère d'autre réponse possible que celle-ci : Jésus, par cet double *Eli, Eli*, avait *enseigné* quelque chose et non pas « seulement » *crié*.

Ceci est confirmé par un midrash du psaume 22,2, où ce double *Mon Dieu, mon Dieu* est formulé de telle sorte que le cri de Jésus pouvait, voire devait, être interprété comme une citation qui accomplissait l'Écriture. Pour cette formule du psaume, il est dit dans le midrash : « *Mon Dieu* » *de la mer des roseaux,* « *Mon Dieu* » *du Sinaï.*

Cette polémique contre le fils de la putain n'est pas seulement importante pour comprendre les réserves et les récupérations entre judaïsme et christianisme. Elle est aussi caractéristique de la différence qui existe entre un type dogmatique de l'exégèse, telle qu'elle a été pratiquée au cours des siècles chrétiens dans l'espoir que les vérités pourraient n'être pas encore épuisées, *et* le retour sur l'histoire du Dieu solitaire devenu abstrait. Ce n'était pas tant des attributs que des grandes actions en des points et des temps précis qu'il y avait à réclamer pour lui. Le Salut comme le malheur de cette histoire n'était pas entièrement dépensé en *une seule* date. Dieu montrait qui il était, làbas comme ici, lors de l'Exode comme lors de la remise des Tables de la Loi.

C'était aussi comme cela qu'il fallait arracher le *Eli, Eli* à la simple attente de la Révélation. Ce que fit Bach : pour cet instant de la Passion il n'y avait rien « à communiquer » à d'autres – *à nous* en tant qu'autres.

NUL MARTYRE

La Passion n'est pas un martyre, par conséquent elle n'est pas un élément de preuve d'une vérité. Bach n'était pas « en mission ». Il ne fait pas mourir et souffrir Jésus pour une « cause ». Ce que Jésus de Nazareth avait prêché et prédit, n'est pas prouvé par ce qui lui arrive. Au contraire : ceux qui l'avaient cru, ceux qui l'avaient suivi lorsqu'il les avait recrutés se sont enfuis. Eux, en tout cas, considèrent la « cause » comme perdue. Au moment de la Passion, on ne perçoit nul signe annonçant le culte ultérieur des martyrs, lorsque l'Église des catacombes est née de leur persécution. Les pécheurs peuvent bien trouver leur Salut, leur disculpation, leur réconciliation mis en œuvre et durablement assurés. Ceux qui ne savaient que faire de ce vocable de « péché » n'en sont pas pour autant convaincus d'être plus durs envers eux-mêmes et de réveiller en eux quelque chose dont jusque-là ils n'avaient rien su – ceci est l'affaire de plus récents distributeurs de fardeaux dont la prise de conscience peut être induite comme contenu de la vie. Les contemporains de Jésus étaient prêts à se considérer comme des gens qui avaient « manqué » quelque chose, parce qu'il leur fallait vivre avec l'expérience de l'histoire d'un peuple et de l'échec de celle-ci, d'une alliance rompue avec le Dieu de leur ancienne faveur. D'où sinon serait venue sa colère, si ce n'est de l'infidélité des siens à sa loi ?

Mais l'auditeur postchrétien de la *Passion* de Bach n'est plus sous cette loi, pas plus qu'il n'est soumis à ce contrat d'alliance. Si le discours du « péché » était et reste vrai, il doit bien plutôt *croire* être ce pécheur qui a besoin de rédemption que pouvoir *l'admettre* de lui-même. Ils existent bien, ceux qui peinent sous le poids de leurs péchés, et c'est une sublime histoire que celle de celui qui souffre et meurt pour ceux-là. Quels que soient le mystère et l'obscurité de la relation entre la faute et la souffrance, c'est une affaire de la « théologie » qui est loin encore d'exister quand survient ce que la musique de la *Passion* relate.

En d'autres termes : il n'est pas besoin d'être celui pour qui l'autre a souffert et est mort, pour être ébranlé par la violence de cette souffrance et de cette mort. Le fait que la Passion ait pour d'autres une autre « signification » que pour l'auditeur à qui elle ne peut pourtant rien « prouver » qu'il n'ait apporté lui-même, ne signifie pas qu'il y ait « détour » vers son esthétisation.

Les martyrs de l'Église entrent dans l'argumentation des apologètes et des missionnaires qui veulent contribuer au triomphe d'une nouvelle « vérité » : serait-on prêt à mourir, et même avide de mourir, pour quelque chose si cela n'était pas vrai ? C'est là la grande rhétorique non seulement des périodes de la persécution, mais aussi et surtout des siècles suivants, qui entretient la fiction de la célébration du culte sur les tombes de ces témoins de la vérité.

La Passion n'est pas un témoignage de vérité. Ce ne fut pas la vue du crucifié mais le renfort douteux du tremblement de terre qui fit confesser au centurion romain et à sa garde au pied de la Croix dans le chorus à quatre voix de Bach : *Vraiment, celui-ci était Fils de Dieu !* Cette parole de peur devant le tremblement de terre refuse justement la preuve de vérité pour celui qui vient de trépasser.

Luc manifeste ici plus de retenue. Il renonce au tremblement de terre et par conséquent aux rocs qui se fendent. Et surtout au « chœur » de la garde romaine, en faisant dire au centurion pour lui-même : *Sûrement, cet homme était juste.* Cet évangéliste sait qu'une parole concernant la filiation divine du Christ a peu de signification dans la bouche d'un Romain – en tout cas il ne sait rien de ce qui avait rendu Jésus coupable de la peine de mort devant le Grand Conseil.

L'ULTIME PAROLE DE LA PASSION SELON SAINT JEAN

L'évangéliste Jean, déjà bien éloigné des événements relatifs au fils du charpentier, fait intervenir un dispensateur de vie hautement stylisé du point de vue métaphysique : le *Logos* éternel qui s'est incarné et a vécu parmi nous. Toutes les déclarations de l'évangéliste sur lui-même jusqu'à cette conversation nocturne avec Nicodème, inconnue de tous les autres évangiles, participent de cette hauteur de vue du « Prologue » ; à cela s'ajoute aussi que ce Christ commente lui-même ses actions qui ne sont pas de ce monde.

Dans le même ordre d'idée, le crucifié ne meurt pas ici comme chez Matthieu en poussant un dernier cri de douleur et de désespoir. Dans un acte de conscience non troublée, il déclare chez Jean que son œuvre est accomplie. La crucifixion johannique sous l'écriteau en trois langues du gouverneur Pilate – voici le roi des Juifs – même s'il a pu vouloir dire : voici ce qui advient à celui qui n'a su renoncer à vouloir l'être –, n'inclut pas toutes les lamentations que suscitent l'abandon de Dieu, comme chez Matthieu, mais la mise en ordre de sa vie au moment de la quitter. Intervient ici aussi la relation du « profit » que les quatre exécuteurs tirent des vêtements restants. Et aussi le fait que Jésus règle encore ses « affaires de famille », en confiant sa mère au disciple préféré. Ce n'est pas par hasard non plus que Marie-Madeleine est mentionnée par l'évangéliste. L'évangile apocryphe de Philippe révélera qu'elle appartenait, et de quelle manière, « à la famille » – mais ceci ne se fera que bien plus tard aux yeux étonnés de ceux qui découvrirent la bibliothèque gnostique de Nag Hammadi, bien qu'on pût déjà lire chez Max Weber à propos de Hang-siu-tchuan, fondateur de sectes chinoises, qu'il avait pu voir dans une vision l'épouse de Jésus.

C'est alors seulement que l'évangéliste emploie à deux reprises et à de cours intervalles le mot de conclusion. Une première fois quand Jésus réclame qu'on apaise sa soif (*dipso*) quand il sait (*eidos*) que maintenant tout est accompli (*panta tetélestai*). Ce que l'évangéliste savait que Jésus savait, il le lui fait dire encore une deuxième fois. D'un seul mot, qu'il ne nous est pas même possible d'imaginer dans la langue originelle : *tetélestai*. Le tout (*panta*) un peu prétentieux qui faisait partie de l'expression a été écarté dans un mouvement d'abréviation dramatique. Chacun perçoit qu'il est question là de la « fin », du *telos* : cela est arrivé à sa fin.

Quoi ? Ce n'est pas si facile à déduire, car Jésus emploie un temps impersonnel que la Vulgate aussi rend par : *consummatum est* – c'est « consommé » qui a une tout autre connotation. Nulle version allemande, malgré la manie d'innover à la mode qui cherche à s'exprimer dans un langage familier [59], ne devrait s'éloigner du : *Es ist vollbracht* (*C'est accompli*) qui unit même les différentes confessions. Sur quoi Jésus baissa la tête en silence et – ce que l'on ne traduit qu'à contrecœur tel que cela figure dans le texte – rendit l'esprit (*paredōken to pneuma*).

La sanction de la plus haute dignité, de la tradition la plus inattaquable, et même des traductions (car en l'occurrence l'« original » n'est ici que la traduction d'une chose inconnue !) repose à bon droit sur le dernier *tetélestai*. Pourtant, comme pour les textes sacrés des autres religions, règne ici au centre, dans l'*Adyton*, la pénombre de l'incompréhensibilité. Pourquoi ne serait-on pas en droit de méditer sur le fait que l'évangéliste emploie deux fois le même mot à très peu d'intervalle ? Cela voudrait-il dire que le mot n'a peut-être pas tout à fait dans les deux cas

---

59. Allusion à la tendance à réécrire dans les années soixante-dix le texte biblique dans un style familier pour le rendre plus accessible, notamment aux jeunes.

une signification absolument identique ? Tout d'abord que Jésus savait qu'il avait désormais *tout* mené à sa fin, et dont il était le seul à pouvoir *savoir* ce que c'était vu de la fin : une œuvre, en cet instant de désastre et de naufrage apparents, inaccessible à ceux qui regardaient, une œuvre qu'il avait faite, proclamée et endurée. Puis, dans la bouche d'un tel mourant, la capitulation jusqu'à aujourd'hui compréhensible pour tous de celui « qui a ça maintenant derrière lui ». Il n'a plus besoin de supporter davantage et n'a rien d'autre à faire que d'incliner la tête et de rendre l'esprit. Ce qui est exprimé à haute voix en tant que ce qu'il y a de plus humain, à quoi ne se refuse nulle compréhension, nulle compassion. Pas même à l'impersonnel : *ça a été enduré.*

Jean l'évangéliste aurait donc indiqué avec le premier *tetélestai* attribué à la conscience inaccessible du Serviteur de Dieu, justement par l'expression pleine de tension, *tout* le niveau sur lequel il voulait se savoir compris ou même entendait rester incompris. À la seconde reprise, en émettant justement ce *tetélestai,* il aurait « abaissé le niveau », il aurait autorisé, favorisé même, cette exégèse débarrassée de toute charge messianique et métaphysique : soulagement d'être libéré d'une telle Passion. Ce changement dans la relation de l'« aspect extérieur » de ce qu'est le Rédimé – bien plutôt que le Rédempteur en tant qu'il est « libéré » de sa Passion – est aussi ce qui rend compréhensible le caractère choquant de la formule nue : « rendit l'esprit ». Il n'y avait rien d'autre à entendre que cette parole-là, rien d'autre à voir que la tête s'inclinant pour rendre l'esprit. Jean n'avait manifestement pas apprécié la formule intime qui avait été dite pour ceux qui écoutaient, et qu'on ne trouve que chez Luc : *Père, je remets mon esprit entre tes mains.* Était-il permis de faire dire à Jésus cette parole définitive si ce n'était qu'une question d'heures avant qu'il récupère son *pneuma* en tant que ressuscité ?

Cette réserve justement vaut aussi pour la parole définitive. Elle devait pouvoir être dite si elle communiquait la fin du tourment à ceux qui attendaient au pied de la Croix. Mais était-ce seulement pour ceux-ci et seulement dans ce sens qu'elle était entendue ? J'ai dit avec quelle prudence il faut traiter cette ultime parole. Mais il ne faut pas non plus craindre le reproche d'une effraction trop brutale dans l'*Adyton* s'il s'agit de la chance de dégager un contenu authentiquement plus riche de l'arrière-plan métaphorique de la mission de Jésus en tant que Sauveur. Le pathos de la mission remplie n'est pas banalisé quand on prend une des significations de *teleo* et qu'on la traduit par : *c'est payé*.

Car représenter le Salut comme la libération d'une dette, comme le rachat d'une chute aux mains de l'adversaire de Dieu, ne mène pas à quelque interprétation secondaire et lointaine du Salut dont il est ici constamment question. Que l'on se souvienne : en tant que créé à l'image de Dieu, l'homme était dans l'enceinte du jardin d'Éden la créature qui avait le privilège de l'immortalité. Pourtant « l'Autre », le « Tentateur », avait réussi à faire expulser l'homme du jardin des privilèges. L'« expulsion » ici ne signifie pas d'abord et seulement la perte d'une vie insouciante, mais aussi le fait d'être livré à la mort, de devoir pourvoir soi-même aux besoins de sa vie et du fait de la limitation matérielle et temporelle : d'être livré au péché. L'homme ne succombait pas seulement de temps en temps à la tentation, en tant que proscrit il était, de façon constitutive, hors-la-loi et livré à bon droit au principe de son vœu le plus secret : non seulement être l'image de Dieu, mais être celui-ci même.

Que l'auteur de cette créature doive payer un « prix » pour « dégager » celui qui est grevé de dettes, n'est surprenant qu'à partir du moment où la métaphysique antique influe sur le concept de Dieu dans le christianisme : pourquoi le Tout-puissant ne mit-il pas en œuvre sa puissance, au lieu de laisser souffrir et mourir le Fils de l'homme, de lui faire assumer, sans même la faute, la conséquence de la faute initiale ? Avec cette question, on est déjà en train de quitter le monde d'images propre à la pensée originale de la Rédemption. Car le champ métaphorique qui à l'arrière-plan sous-tend celle-ci est inhérent à un monde dans lequel la propriété exercée sur les hommes, leur vente comme leur affranchissement et la réglementation de ces rapports de propriété allaient de soi, et très loin, jusqu'aux représentations que l'on se faisait des dieux.

L'homme était donc passé d'un propriétaire à un autre, échu à celui qui avait pu lui prendre son image primitive. Que le prix qu'il lui fallait payer ne pût être que le prix le plus élevé possible résulte de la construction de son histoire dès le tout début. Le mot de la fin que Jésus prononce en mourant, *tetélestai*, ne pouvait alors que vouloir dire : ce prix suprême est maintenant acquitté. La rançon payée, le rachat de l'esclavage envers le démon de la mort une fois accompli, pouvait intervenir immédiatement le *theologumemon* de la descente dans l'Hadès et de l'ouverture des portes des Enfers. Ce n'est pas une démonstration de pouvoir, mais une transaction dans laquelle le Seigneur du Paradis, naguère vaincu, a dû payer le prix fort. Que cela ait été ensuite considéré comme n'étant plus digne d'un dieu du monde inspiré par les critiques philosophiques de la morale des dieux, ni adapté à lui, se comprend à partir du passage de la conception originelle d'un monde à un autre.

Celui pour qui l'idée d'une rançon à payer au *diabolos* est un scandale inouï doit se rappeler que toute cette Passion, telle qu'elle a commencé à se représenter du point de vue théologique à la communauté primitive, n'était que scandale. Pour les Juifs aussi bien que pour les païens : pour ceux-ci, parce que le Fils crucifié de Dieu représentait la contradiction d'un immortel qui meurt, pour ceux-là parce que l'idée que le Messie qui échoue est issu de YHWH était un pur sacrilège. C'est dans ce scandale qui entoure la Passion que réside aussi quelque chose de la liberté de la « mise en forme » théologique du schéma de l'événement dans lequel la Passion devait trouver sa place. Jusqu'au renversement du sens de cet acte de rédemption vers le Père en tant que destinataire d'une réconciliation que l'humanité *lui* devait, que le Fils de l'homme avait pris sur lui, et qui par là avait été obtenue par le surcroît de la « grâce infinie ». Combien cela était plus difficile à concevoir que le schéma archaïque du rachat, avait été pour ainsi dire éclipsé par le « succès ».

Quiconque compare les deux versions de la mort du Christ dans les deux *Passions* de Bach – Jésus mourant après avoir poussé un cri chez Matthieu, et la fin chargée de la parole d'accomplissement chez Jean – ne peut manquer d'observer quelles difficultés l'ambivalence du : *C'est accompli* a données au cantor de l'église Saint-Thomas. Comme si l'ultime parole de Jésus devait être profondément méditée, l'orgue avec l'intensité indécise de la réserve, fournit la transition à l'aria de l'alto qui recueille la parole de Jésus et à partir d'elle envisage le Salut de l'âme qu'elle garantit : *Ô consolation pour les âmes blessées !* Mais, comme si la voix se rappelait à l'ordre pour ne pas avoir d'abord pensé à l'accomplisseur, elle exulte devant le triomphe que doit d'abord constituer l'accomplissement avant qu'il ne soit question des dernières heures des croyants : *Le héros de Judas triomphe / Et achève le combat/ C'est accompli !* On voit que la difficulté à trouver pour cette ultime parole le ton juste de l'homme élu pour sa piété n'a plus rien à voir avec le mythe d'arrière-plan, oublié depuis longtemps, du : *C'est payé !*

L'aspect dramatique de la scène chez Jean relève du compositeur et cela le contraint à ces intensifications qui nous touchent à cet endroit. En même temps, on est presque reconnaissant au synoptique Matthieu – s'il est permis de le dire sans précautions – d'avoir, avec son cœur plus simple, « ignoré » la dernière parole de Jésus. Il n'a entendu que le cri du mourant. Probablement pour la simple raison qu'il ne figurait pas parmi ceux qui se tenaient au pied de la Croix, parmi lesquels le quatrième évangéliste se compte comme unique « témoin », – et que, devant la catastrophe de son Seigneur et de son règne, il avait déjà pris la fuite avec les autres disciples pusillanimes. Le Jésus de Matthieu n'a pas commenté la fin et n'a pas causé d'embarras pour ceux qui auraient à commenter son commentaire. Parmi eux, outre les exégètes et les prédicateurs, les compositeurs qui ont mis la Passion en musique.

LE TÉMOIN DU QUATRIÈME ÉVANGÉLISTE

La *Passion selon saint Matthieu* se termine avec le tombeau scellé, pas avec le tombeau vide. Elle laisse la communauté dans le deuil et dans les pleurs, non dans l'espoir et la certitude. Ce qu'on a omis de faire au cadavre de Jésus au moment de la mise au tombeau, devient pour les femmes motif de se rendre à ce même tombeau à l'aube du jour de Pâques et fait d'elles les premiers témoins effrayés du tombeau vide : elles se sont levées et elles sont venues pour accomplir le dernier devoir envers le défunt, celui de l'embaumement. Car à la veille du sabbat, dans la précipitation de la mise au tombeau, ces mesures qui devaient avoir été prises avant le coucher du soleil n'avaient pu être réalisées.

C'était une affaire de femmes et leur zèle envers le mort qui n'avait fait que désemparer et décevoir les hommes, les introduit dans l'Histoire comme premiers personnages « d'après Pâques » : ce sont elles qui entendent, venant de l'ange qui est dans la tombe, le premier « kérygme », sans savoir davantage ce que cela signifie, comme tous ceux qui viendront après elles – et tous ceux qui ne veulent pas accepter qu'un « kérygme » ne doit pas être une « communication » faite pour être comprise, comme on s'est pris à le penser avec une nouvelle ruse de la Résurrection après la catastrophe scientifique de la mort historico-critique de la foi. Les femmes de ce matin de Pâques constituent encore tout à fait la communauté en deuil, dont Bach a pris congé à la fin de la *Passion* en l'invitant à se rasseoir. Elles ne sont pas initiées aux attentes possibles d'un tournant, dans la mesure où celui-ci devait être advenu. C'est pourquoi elles doivent être de meilleurs témoins du tombeau vide que les hommes qui à huis clos débattent de l'échec du Messie, la tête pleine peut-être de pensées conjuratoires. Il fallait donc qu'elles eussent une motivation spécifique à leur sexe : le report forcé du service des morts. Cette ligne de motif qui a toujours été mise en relief en a éclipsé une autre qui devait plutôt avoir l'effet opposé : celui de la méfiance devant le tombeau vide. Car ce qui explique la négligence des femmes, l'approche du sabbat avec la rigidité de ses prescriptions, fait en même temps penser que, par manque de temps avant le coucher du soleil, toute la descente de croix en général aurait été faite dans la précipitation. Jean devait avoir exactement compris qu'il y avait là un facteur de doute. Car il est le seul à relater en détail que le jour de la Préparation était sur le déclin, qu'il fallait descendre les condamnés de la croix, que les soldats romains « achevèrent » les deux co-crucifiés, mais qu'ils ne brisèrent pas les membres de Jésus, *parce qu'*il était déjà mort. On avait déjà appris à objecter : comment pouvaient-ils le savoir ? Pour cela, Jean raconte l'épisode du coup de lance au cœur, par lequel le sang et l'eau apparurent dissociés. Et puis suivait quelque chose comme une certification du fait par le serment du témoin : celui qui a vu cela en a porté témoignage (*memartyrēken*), et son témoignage (*martyria*) est vrai. On peut l'en croire, ne serait-ce que parce que le fait attesté coïncide au plus près avec l'accomplissement de l'Écriture. Mais le témoin n'est pas celui qui l'a *fait*, mais celui qui l'a *vu* – et cela pourrait être à nouveau la façon dont Jean se met lui-même en scène. Quelle ne devait pas être alors l'importance de ce témoin ! Il s'agissait de l'essentiel pour la communauté « d'après-Pâques », et l'on ne saurait exclure que Jean avait précisément en vue l'interchangeabilité des « témoins du fait » – « l'acteur » et le « spectateur ». Quoi qu'il en soit, il n'avait pas encore pour « lecteur implicite » le croyant solitaire des Réformateurs, penché sur sa Bible imprimée, sur son exemplaire personnel du texte sacré, mais l'« auditeur implicite » de l'exposé liturgique des péricopes. Qui ne se souvient alors qu'il avait encore, et peut-être toujours, dans l'oreille et dans la tête que le soldat à la lance représentait le plus fort témoignage de vérité du quatrième évangile ? Mais le seul des apôtres à prétendre avoir été lui-même au pied de la Croix et même à avoir été interpellé par Jésus – les autres ne pouvaient l'avoir vu, car ils s'étaient dispersés et enfuis après la nuit de la capture, comme Jean lui-même au début – cet unique apôtre avait de nouveau attendu par-delà l'ultime parole jusqu'à ce que le Romain placé dans ce dessein par Pilate s'assure de la mort. Ce Romain fit quelque chose qui était en contradiction avec ce qu'il venait justement d'établir, à savoir qu'il n'était pas besoin de briser les membres du Christ comme il lui était ordonné, puisque celui-ci était déjà mort. Il s'abstint de le faire, car le témoin avait besoin de quelque chose qui fût visible. Aussi le porteur de lance fit-il usage de son arme et le témoin vit la preuve du sang et de l'eau. La thèse de l'imposture des prêtres développée par les Lumières [60] n'a obtenu son but qu'en surface. Elle déchargeait du soupçon d'être trop débile la raison de ceux qu'il fallait éclairer, elle la conservait donc comme destinataire de la nouvelle transparence, et elle rejetait tout le poids de l'égarement du côté des machinateurs, pour qui n'existait que la motivation puissante de leur intérêt de pouvoir. Pourtant, Platon avait déjà montré, dans le mythe de la Caverne, que les sophistes qui projetaient les ombres, à l'arrière-plan, n'auraient jamais pu à eux seuls enchaîner les prisonniers à leurs passe-temps, si ces derniers n'avaient pas déjà été que trop disposés à se satisfaire d'une réalité de dernier ordre et à y trouver plaisir. Les jeux d'ombre ne leur donnaient que l'occasion de faire quelque chose de leur satisfaction « ontologique ». Et, étant donné le type de la théorie, c'était *aussi* absolument une vérité. Seul celui qui croit pouvoir évo-

---

60. Thèse selon laquelle le corps de Jésus aurait été volé par les prêtres pour faire croire à la nature divine du Christ et fonder une nouvelle religion.

luer en dehors de la fascination des phénomènes voit ce qu'il y a de cynique dans cette tromperie. C'est ce dont il est question quand on reproche aux Lumières du dix-huitième siècle de manquer de « conscience historique » ; mais la réduction historico-critique de la Bible un siècle plus tard, y compris jusqu'au « kérygme », jusqu'au résidu d'un « malgré-tout », n'a le concept d'« historicité » que sur les lèvres. Elle ne commence que très tard à réfléchir à la « réception des textes », à la « disposition » de la communauté et à ses préparatifs cultuels : à des choses comme la « raison implicite » de ce qui échoue dans le messianisme, et de ses propres efforts d'autoconservation. Le témoin du quatrième évangéliste est l'évangéliste lui-même. Pour lui, ce qui importe c'est que le témoin sait mieux que quiconque s'il dit la vérité, et celui-ci déclare la savoir (*kai ekīnos oīden hoti alēthē legei*). La communauté n'est pas un tribunal devant lequel un témoin peut d'abord apparaître comme ambivalent, et pour la crédibilité duquel il existe des critères de consistance. On peut le croire comme il se croit lui-même (*hina kai hymeīs pisteusēte*). Ceux qui sont prêts à croire doivent pouvoir croire tout comme le témoin peut se croire lui-même. La validité de la déposition dépend de l'horizon de la réception, pas de la prise en compte des scrupules d'un tiers, voire de l'historien postérieur au Christ. La hâte avec laquelle est intervenue la déposition de la croix conformément à la loi qui stipule qu'en aucun cas le supplicié ne pourra rester là la nuit, et encore moins s'il s'agit d'un blasphémateur et s'il s'agit de la nuit du sabbat – cette précipitation conforme à la loi est compensée par la vérification de la mort effectuée par le païen étranger au pays. Si la proposition rhétorique d'interversion des rôles que fait l'évangéliste qui se cite lui-même comme témoin ne saurait convenir au contemporain de l'historicisme ultérieur, cela ne diminue nullement la grandeur de la pensée selon laquelle le témoin est malgré tout le meilleur garant de sa crédibilité : lui seul peut mesurer ce qu'il dit à ce qu'il a vu. Ne voit-on pas qu'il compte sur ceux qui prendraient mal de la part d'un non-contemporain ou d'un théoricien critique qu'il dise ne pas se fier à un tel témoin du témoin parce qu'il s'agissait d'une seule et même personne ? On n'est donc pas en présence d'une « démythisation » quand Rudolf Bultmann écrit dans son commentaire de Jean : *Ce ne peut certainement pas être le témoin oculaire, mais seulement un autre qui est en situation de se porter garant de la vérité du témoignage. Mais alors il ne peut s'agir que de Jésus lui-même...* C'est tout bonnement une absurdité qui se voudrait « critique ». Il faudrait que le mort intervînt pour le témoin de sa mort. Même si cela pouvait être étayé du mot magique de « kérygme », l'intimité du témoin avec lui-même, avec la fiabilité qui s'ouvre à lui n'en serait pas moins détruite, afin de permettre à un mourant, qui ne l'est manifestement qu'en apparence, de confirmer sa mort. Plutôt une corruption du texte ! Quelqu'un était donc réellement mort pour que son tombeau vide devînt le centre de la joie des croyants. Le dernier « fait » public vérifiable par tous fut la mise au tombeau d'un mort – tout ce qui vint ensuite reposait dans la discrétion des femmes et dans leur crainte qu'on pût les accuser de dissimuler le cadavre, qu'en fait elles n'avaient plus trouvé en place. Un ange et un tremblement de terre (qui devait avoir encore de fortes répliques avec les Lumières) devaient par ce surdosage leur rendre crédible l'incroyable. Pour le participant à la *Passion selon saint Matthieu*, la signification de la problématique du témoignage de Jean pour la mort de Jésus ne réside plus dans le caractère douteux d'un procédé dans lequel il sait distinguer ceux qui sont interpellés et interpellables, de la position « tierce » du spectateur. Ce dont il prend conscience incidemment par le détour, c'est du doute qui entache cette mort face à l'irréalité des événements « d'après Pâques » : c'est la

Passion selon saint Matthieu elle-même qui fait de son auditeur le témoin de la réalité contestable, bien qu'il ne « voie » rien, et perçoive tout seulement par l'ouïe. Seulement ? On a montré à maintes reprises à quel point la réalité des Grecs était une réalité du visible, et celle de l'Ancien Testament une réalité de l'audible, on a montré aussi comment dans la phase de leur plus étroit contact, à Alexandrie par exemple, l'une de ces langues avait dû être « traduite » dans l'autre. Nous n'avons les Évangiles qu'en langue grecque, et l'accent qu'ils mettent sur le caractère oculaire du témoignage a quelque chose d'outré. C'est Jean qui a poussé le plus loin ce rapprochement artificiel et artistique avec la conscience de la réalité du monde grec même quand il s'agissait, ou plutôt justement quand il s'agissait, d'assurer son propre témoignage. S'il en est ainsi, la musique de la *Passion* en revient à la « garantie » spécifique des actes du Sauveur que seule l'issue de la Bible est en mesure de fournir. Le témoin du *Logos* est son auditeur, et lui restituer sa capacité d'écoute est la fonction « immanente » d'une « Passion » aux intentions liturgiques. Celui qui est congédié pour pleurer ne doute pas de cette mort. Il ne lui en faut pas davantage pour être consolé devant la sienne propre.

LES LARMES

« NOUS NOUS ASSEYONS EN LARMES... »

Les stigmates apocalyptiques qui se manifestent lors de la Crucifixion placent le monde dans une situation d'attente. Il continue d'exister, *comme s'*il n'avait plus à exister. Son être devient paraître, son existence, prédicat irréel.

Le docétisme christologique a été le véritable danger de l'histoire théologique à ses débuts. Il l'est probablement resté jusqu'à aujourd'hui en dépit de toutes les formules de défense adoptées par la dogmatique contre lui : personne ne croit tout à fait que ce Jésus ait pu tellement souffrir de tout son corps, qu'il ait été aussi abandonné de Dieu qu'un homme ordinaire. Fallait-il donc que cela ne lui ait servi à rien d'être celui qui peu auparavant avait encore assuré que le Père lui enverrait des légions d'anges pour l'arracher à la Passion menaçante ? Il est vrai que cela avait été dit pour apaiser le disciple (anonyme chez Matthieu) trop prompt à tirer le glaive sur le mont des Oliviers, mais cela rappelait pourtant qu'une Passion susceptible d'être révoquée ne constituerait pas un réel engagement pour un monde qui était, lui, irrévocable.

Il n'y a pas lieu de pousser le docétisme jusqu'à son ultime conséquence qui consiste à croire que le véritable Christ se serait dissimulé dans une grotte du mont des Oliviers pendant la Passion sur le Golgotha, qu'il n'aurait laissé tourmenter et mourir que son corps apparent – pour égarer par exemple le « Seigneur de ce monde », et qu'il aurait quand même gagné cette partie perdue. *Toute* diminution de réalisme est docétisme.

Celui-ci, certes – la *Passion selon saint Matthieu* le donne à entendre – retourne l'argument : dans sa *kenōsis*, le juste souffrant vide le monde de son noyau. Le monde n'*est* déjà plus, il n'a plus que l'*apparence* d'être. L'accomplissement des menaces apocalyptiques commence à ce même instant. La fin devient commencement. La terre tremble et le soleil s'obscurcit, les morts sortent de leurs tombes pour le Jour du Jugement, et le rideau, dans le Temple, se déchire de haut en bas, bien que ce Temple continue d'exister encore un certain temps, comme si rien ne s'était passé, et le monde bien plus encore comme si personne ne lui avait annoncé sa chute.

Tout est transposé d'une modalité : dans le *comme si* de sa simple présence continuée.

Ce docétisme du *monde* est-il oublié – parce que par exemple personne n'avait vraiment bien remarqué ses stigmates ? Bien que « nombreux » fussent ceux qui, dit-on, rencontrèrent alors les corps des justes ressuscités – mais où étaient-ils donc passés ? Puis ce docétisme rejaillit sur l'*ens realissimum* du Golgotha, sur le mort de la Croix bien vite disparu, qui, parce que sa résurrection n'est pas « très consistante », se transforme même en fantôme dans la méfiance du disciple, allant et venant à travers des portes fermées dont la massive assurance dépasse celle de celui qui semble se moquer d'elles.

La séparation de la Résurrection et de l'Ascension – par un laps de temps extrêmement imprécis et hautement variable selon les premières sources – n'a pas fait du bien au réalisme de la Passion : voilà en fin de compte un triomphe trop facile pour un Dieu, et pour le mort sur la Croix, c'est une révocation précipitée de ce qui a été souffert avec le plus grand sérieux. Quel pieux, quel sage renoncement que cette conclusion de la *Passion selon saint Matthieu* qui se termine sur la pierre scellée et les larmes des abandonnés ! Les deux chœurs accompagnent celui qui est dans le tombeau comme si c'était pour toujours : *Dors tranquille, dors en paix !*

JUSQU'À LA TOMBE SCELLÉE

La répétition est le principe de construction du mythe. En elle réside l'assurance que ce qui est totalement imprévu et imprévisible est exclu, qu'il faut surmonter ce qui vient et supporter ce qui arrive. Même si ce devait être l'e*kpyrosis*, la consomption du monde par le feu, et que de sa cendre puisse se relever le phénix d'un monde nouveau. S'il faut affirmer qu'existe le malheur pur et simple, que l'insupportable est un état, alors le principe mythique doit être mis hors d'état d'agir. C'est pourquoi l'*Apokatastasis* d'Origène fut qualifiée d'hérétique, parce qu'elle voulait professer que le monde avec toutes les décisions de Salut et de perdition, peut se répéter. Ce qui au sein de l'histoire du Salut suscitait encore la confiance, son caractère de prototype et la prophétie, cela devait être déconnecté des trésors de grâce pour que l'issue de cette histoire puisse être la négation de son caractère définitif.

Aussi longtemps que la loi *dans* l'Histoire n'est pas la loi *de* l'Histoire, la répétition ne peut devenir modèle qu'en tant qu'obéissance. Elle peut être alors l'exécution d'un « programme » qui est là dès le début et assure la cohésion de l'ensemble, le rend compréhensible. Ou bien elle peut avoir l'évidence de la « solution » d'une tâche qui se pose sans cesse et a recours à ce qui est déjà donné, et s'offre avec la « signification » d'un acte des temps primitifs : décharge des nécessités de décision face à ce qui est présumé nouveau. La fiabilité est déjà garantie par la tradition, et grâce à celle-ci elle devient exemplarité, même dans l'accomplissement seulement esquissé, seulement rituel – au contraire de la prophétie, dans laquelle la forme symbolique prend les devants de la réalisation.

Lorsqu'elle s'accomplit, la prédiction distingue l'événement comme étant unique, c'est ce qu'elle fait également, ou plutôt précisément, quand dans cet événement les voies du prototype concourent pour former l'Un. La preuve *de verbo* de la prédiction, telle que de tous les évangélistes Matthieu la pratique avec le plus de résolution, distingue ainsi l'événement du Salut autrement que ne le fait l'indicateur *de facto*, classé à tort parmi les « preuves de prédiction », que Marc privilégie surtout pour la Passion, qu'il lui *faut* même préférer pour un autre « public implicite ». Ce qui est qualifié de « preuve de l'Écriture » dans la restriction apologétique et qui devait identifier une des figures comme étant le « Fils de l'homme », le « Serviteur de Dieu » ou le « Messie », travaille avec des moyens hétérogènes.

La constatation que les actes du Sauveur et les souffrances par lesquelles il est passé sont conformes au Salut et à l'exactitude qui plaît à Dieu, est à placer, en importance, au même rang que l'identification même du Sauveur. Cela vaut pour la Passion en tant que mise en œuvre du modèle porteur de Salut tel qu'il avait été développé par Esaïe (53). Le même Jésus qui, au cours de la Cène, exhortait les disciples à faire du souvenir un rituel, entamait ainsi une ritualisation qui lui était assignée et dont les éléments étaient si familiers à la communauté primitive qu'il n'était pas besoin de la référence au serviteur de Dieu. De là l'acte de soumission du valet à la volonté du Seigneur. Parallèlement au *triple* reniement de Pierre, cette soumission de Gethsémani répète *trois fois*, en l'aggravant à chaque fois, l'angoisse du serviteur et le sommeil des disciples. Ce n'est pas la citation renvoyant à la prophétie, mais la clarté des événements pour celui qui est familier de l'Écriture qui donne à l'« accomplissement » sa force impressionnante. À quoi s'ajoute, du point de vue de la langue, l'ambiguïté du grec *pais theou*, à la fois enfant et serviteur, qui ne doit être levée, et le plus souvent ne peut l'être que par l'accent mis sur la sujétion ou sur le droit à la protection face au Seigneur et Père.

En tant que serviteur, celui qui souffre est celui qui

exécute la mission et l'ordre, il est même le « moyen » de la volonté du propriétaire. Il ne faut pas écouter le texte de Gethsémani avec les oreilles de la dogmatique postérieure à partir de l'égalité des trois entités trinitaires ; si c'était le cas, la soumission obéissante de celui qui est tourmenté d'angoisse aurait quelque chose d'artificiel, aurait besoin de psychologie. Être « serviteur de Dieu » n'est pas un prédicat d'abaissement et d'aliénation (*kenōsis*), mais bien davantage de fidélité au devoir – ce n'est pas une métaphore sociale, mais une métaphore de l'*ethos*. Les serviteurs des patriarches bibliques n'étaient que trop souvent leurs familiers, ils savaient plus précisément que personne d'autre ce qu'il en était des « affaires » de leurs maîtres, et du secret de l'héritage et de l'origine – comme Thomas Mann l'a montré dans la première partie de son *Joseph* avec le personnage d'Eliézer : le porteur du souvenir et celui qui le transmet de génération en génération.

Le noyau de la « figure du serviteur » n'est pas tant qu'il soit abaissé mais qu'on le considère comme fidèle. Tout le reste n'est que le douloureux accessoire nécessaire pour constituer cet Un – et c'est pourquoi dans le « Prologue au Ciel » de *Faust*, alors que la confrontation est imminente, Goethe fait préciser au « Seigneur » la question surprenante et agressive qu'il adresse à l'accusateur du monde. Méphistophélès : *Connais-tu Faust ? (...) Mon serviteur* [61] ! S'il fallait interpréter cela avec la cohérence de la Bible, ce serait davantage que l'introduction d'une offre de pari sur la docilité et le zèle moraux. Dans ce rapport d'inébranlable fidélité, l'agression du « Seigneur », qui n'est pas par hasard qualifié ainsi, envers *son serviteur* consisterait *aussi* dans le fait que celui-ci doit certes faire ses preuves, mais qu'Il le tirera en tous les cas de l'épreuve. Des éléments d'interprétation morale ne servent à rien

---

61. Goethe, *Théâtre, op. cit.*, p. 1134.

contre le « lecteur implicite » de Goethe, familier de la Bible comme l'est le poète lui-même, qui connaît ce « Seigneur » pour être le secoureur *sans réserve* des siens : les Patriarches et le peuple des douze tribus auxquels il témoigne la fidélité de plusieurs alliances, même par des secours sournois et inamicaux. La fidélité au pacte de ce Dieu est la caractéristique qui régit tout, la seule aussi qui fait qu'on parle de sa puissance en tant que créateur du monde, au-dessus de tous les autres dieux.

Il est aussi le « Seigneur » du « Serviteur de Dieu » qui, dans la *Passion selon saint Matthieu*, à l'instant de la mort, par l'ultime parole autant familière que déçue d'*Eli, Eli...* en appelle au devoir de fidélité *rompu* par lui alors qu'il est encore à son service et cesse justement de l'être. N'avait-il même pas préparé de ruse pour lui ? Si, le croyant le sait déjà : celle du tombeau vide.

Il ne va pas de soi que Jésus doive souffrir et mourir. Qu'y aurait-il sinon de convaincant dans sa querelle initiale avec la volonté du Père et avec son ultime cri contre celui-ci si l'auditeur de la Passion se tient sur le terrain commun des chrétiens – la dogmatisation de ce déroulement nécessaire pour le Salut –, ramène tout à celui-ci et voit tout en surgir ? La pensée d'une satisfaction à exiger du Père est trop étroitement liée avec la transformation historique de l'idée fondamentale pour qu'elle ait pu être rattachée à un acte dirigé *contre* cette histoire.

L'idée paulinienne de la « justification » est elle-même bien plutôt celle du rétablissement d'une identification avec la mort et la résurrection par la foi que celle d'une restitution. Dans la pensée de la justification – surtout dans la mesure où elle résiste à la moralisation – est également impliquée la « ruse » d'un droit supérieur : rupture de l'identité coupable par la mort dans le baptême, et obtention du droit d'absolution dans une nouvelle identité avec le ressuscité, qui justement en tant que tel ne fait plus « un » avec le crucifié. Dans sa volonté de Salut, le

Dieu, en tant que juge, se serait fait faire, si l'on mène cette pensée à son terme, une objection contre la sentence de culpabilité déjà rendue, et il aurait fait de cette objection une « institution » à travers le Fils de l'homme. Voilà une trame plus fine, une conception « théologiquement » plus instruite que les mythes certainement authentiques du Seigneur du Monde et des archontes dupés par la figure de serviteur du Sauveur. Avec l'apparence de son impuissance, soit il libèrerait par la violence le gage, parvenu à échéance, de la transaction de Salut, soit il remplirait la condition libératoire au travers de cette Incarnation qui avait amené Lucifer à déchoir parce qu'il la trouvait « impossible » pour Dieu.

En tant qu'organe de réception historique de Bach, l'auditeur de la *Passion* est en quelque sorte trop croyant pour participer à l'accomplissement de la « contingence » du serviteur de Dieu. Ce qu'il doit accomplir et qu'il peut pourtant difficilement faire, c'est, pour adopter leur point de vue, se mettre à la place des disciples qui depuis le coup de main sur Jérusalem avaient vu poindre le royaume de Dieu et nullement l'heure de la souffrance et de la mort. C'est pourquoi les épisodes de leur sommeil renouvelé trois fois, de la trahison de Judas, du triple reniement de Pierre, de l'absence des disciples pendant le reste de la Passion, tous ces épisodes servent absolument à donner forme à cette évidence qu'ils ne voyaient ni ne reconnaissaient dans tout ça une affaire de Salut, encore moins du leur.

Ils sont, eux, les représentants de l'incroyance. En cela, un quart de millénaire après Bach, ils permettent à celui qui n'a pas la foi de recevoir la Passion comme un événement provocant contre le droit et la raison – où tout n'est que lutte et résistance. Ce serait là une forme de réception qui aurait quelque chose à voir avec celle de la tragédie grecque, telle qu'elle se ferme à un public ultérieur qui ne sait faire place dans sa conception du monde au fait que les dieux puissent aveugler et tromper. Il y a une *via negationis* de la réception ; c'est la *via regia* de l'auditeur de la *Passion selon saint Matthieu*. Il ne se laisse plus dire qu'il aurait fallu qu'il en soit justement ainsi pour faire changer Dieu d'avis.

La *Passion* de Bach se conclut par le tombeau scellé, non par le tombeau vide. Le sceau est le dernier signe de souveraineté de Pilate dans cette affaire ; il s'épargne de nouveaux déboires en concédant aux grands prêtres et aux pharisiens qui le lui rappellent que *ce séducteur* – ou plutôt : cet imposteur (*planos*) dans le texte primitif – a annoncé qu'il ressusciterait après trois jours. Aussi ses disciples pourraient-ils venir et ôter le corps de ce tombeau privé qui a été creusé dans le rocher, et dire au peuple qu'il est ressuscité comme il a été prédit, et *cette dernière imposture serait pire que la première*. Pilate semble partager cette crainte, et il fournit garde et sceau. Dans le contexte de la *Passion*, le sentiment fondamental que cette mort est irrévocable est produit comme par le poids de la pierre scellée placée devant l'ouverture du tombeau : *Maintenant le Seigneur est dans son séjour de repos. La peine est finie, que nos péchés lui firent*. Et le chœur répond quatre fois au soliste : *Mon Jésus, bonne nuit !* Le chœur final renforce et pérennise cette atmosphère par le *Dors tranquille, dors en paix !* adressé au mort enseveli et par l'invitation faite à la communauté en deuil de se rasseoir en larmes.

Pourtant l'air de basse : *Purifie-toi, mon cœur ! Je veux enterrer Jésus moi-même* a fait de cet acte final de la *Passion* l'allégorie d'une autre fin irrévocable, mystique : le *doux repos* qui, chez le croyant, doit *toujours* être prêt pour le Sauveur – et pas seulement pour le laps de temps imparti jusqu'à une résurrection. Le croyant paraît tout à fait partager le souci de ceux qui veulent empêcher la situation du tombeau vide, car il veut être lui-même ce réceptacle : *Monde, sors, laisse Jésus entrer en moi !* Si l'on songe à la brièveté de ce deuil liturgique jusqu'à ce que la même communauté reprenne en chœur la jubilation pascale de son cantor, l'*unio mystica* de la foi et du tombeau apparaît bien comme la part d'absurdité que l'on peut exiger d'un homme pieux. Encore une fois, l'auditeur non-croyant est mieux à son affaire : il garde l'horizon de réceptivité de la *Passion*, comme si *tout* était fini, comme s'il n'y avait plus d'exigence à venir. Cette « clôture » de l'œuvre face au tombeau scellé dans la roche constitue sa virulence inentamée pour les réceptions ultérieures, même les plus lointaines. Mais avec sa conscience d'être déchargé de la faute, l'auditeur croyant est lui aussi complètement lié à la Passion : elle est méritée, même sans résurrection.

Le *kérygme* de cette résurrection est orienté vers tout autre chose : le triomphe ultime de celui qui revient, et qui ne peut faire partie de ceux qui ne seront appelés hors de leurs tombes au Jugement dernier que par la trompette. Il faut qu'il vienne de la direction opposée, des nuages du ciel. Aussi la version ancienne de la conclusion de Marc suffit-elle : le tombeau est trouvé vide, il n'y aura pas de cadavre. C'est ici – et non dans la Passion – que le docétisme pouvait intervenir, lui qui ne renvoie pleinement à une dimension spectrale que les « apparitions » du Ressuscité. Comme toutes celles-ci sont faibles en comparaison de l'effroi pur et simple des pieuses femmes qui s'étaient assises contre la pierre obturant le tombeau et qui ainsi ne paraissent absolument rien savoir, ni ne rien espérer de ce qui avait conduit à la procédure de la pierre scellée. Marc parle seulement de leur panique (*tromos*), indiquant qu'elles sont hors d'elles-mêmes (*ekstasis*), puis qu'elles restent muettes. Matthieu a enrichi cette crainte d'*une grande joie* (*meta phobou kai charās megalēs*), et il les a destinées à porter les premières la nouvelle.

Pour l'auditeur qui veut aller impatiemment au-delà de la limite de la Passion, l'effet du réalisme de celle-ci s'envole. Ce que la théologie du *kérygme* place si haut comme l'« après-Pâques » est un pur attentat au sérieux de l'affirmation selon laquelle le *Logos* s'est fait chair et qu'il a habité parmi nous. Car cet être qui est apparu sporadiquement et comme sans corps n'« habite » pas parmi les siens, et il est tout à fait incongru qu'il soit porté au ciel puisqu'auparavant déjà il n'avait aucune consistance terrestre.

C'est pourquoi le doute s'insinue dans toute cette histoire postérieure de souffrance et de mort jusqu'à cette montagne de Galilée, lieu de sa disparition, où il est dit encore, et alors vraiment dit contre toute « corporéité », que quelques-uns ne crurent pas ce qu'ils avaient devant eux : *hoi de edistasan*... Depuis que Judas s'en est saisi lors la scène de l'onction à Béthanie, avec laquelle Bach ouvre sa *Passion*, toute cette histoire est pleine de méfiance, de doutes, de reniement et de fuite – jusqu'à cette scène justement, plutôt visionnaire, sur la montagne où Jésus n'offre rien d'autre à ceux qui doutent que la parole par laquelle il leur donne pouvoir et mission et les assure de son assistance.

L'auditeur tardif de la *Passion selon saint Matthieu*, dont il s'agit ici, est contemporain de la « démythification » comme de la « Nouvelle Question » posée à propos du Jésus historique, il est contemporain d'autres concepts de « réalité » que l'auditeur des Lumières et de sa critique biblique, avec son noyau et son morceau de bravoure – le soupçon de la tromperie des prêtres –, et pour lequel Hermann Samuel Reimarus [62] a élevé le « tombeau vide » au rang de paradigme. Cet auditeur est tout au plus un comparse de cet effroi, de ce silence des femmes qui sont hors d'elles. Elles ne savent que faire du tombeau vide,

---

62. Hermann Samuel Reimarus (1694-1768), philosophe allemand, précurseur de la critique historique de la Bible, a défendu dans ses écrits les principes d'une religion naturelle fondée sur la raison.

car après tant de peines pour reconnaître le Jésus de la Passion comme « le serviteur de Dieu » du prophète, toute cette démarche justement échoua complètement pour tout ce qui allait au-delà du tombeau de « l'homme riche ». L'expression « embarras » définit mieux encore que le « doute » la communauté de cet état d'âme : celui des deux Maries là-bas, celui de l'auditeur de la Passion ici, dans la mesure où il jette simplement un regard par delà le texte rattrapé par la musique.

C'est précisément ce que l'empêche de faire le principe dominant de la finitude musicale. Il est congédié. Reimarus, tout comme la méthode de l'« histoire des formes »[63] peuvent en rester là – et partant le dilemme des concepts de réalité, que sans aucune gêne pour une fois j'entends définir comme ceux de la *Passion* et du *kérygme* – ou encore de l'effet de puissance et de l'ordre de mission.

Ne pouvant ou ne voulant « suivre » ni Reimarus ni Bultmann, ni encore *l'Instructio de historica evangeliorum veritate* de la commission biblique papale de 1964, ni non plus la constitution élaborée en 1965 par Vatican II sur la Révélation divine, l'auditeur de la *Passion* ne rapportera pas l'allégorie de la mise au tombeau, telle que la propose Bach, au *doux repos* de Jésus dans le sein du pécheur racheté, mais à la mise en repos de la « question de Jésus » que la Passion accomplit avec elle-même. On ne le dira pas pour faire plaisir à quelqu'un, mais il est désormais immunisé contre l'activisme outré des représentants de l'histoire des formes et des traditions qui

---

63. « Formgeschichte » : méthode mise au point par des théologiens comme Dibelius ou Bultmann qui consiste à analyser l'Ancien et le Nouveau Testament dans le but de dégager les plus petites unités narratives, lesquelles sont ensuite étudiées selon différents points de vue (littéraire, sociologique, cultuel). Pour l'« histoire des formes », l'ordre des récits du Nouveau Testament ne correspond pas forcément à la vie du Jésus historique : ils n'ont donc pas de valeur historique, mais théologique, car ils ont été regroupés par l'évangéliste.

construisent toujours de nouvelles communautés « créatrices », comme il est immunisé contre la construction impérieuse du *kérygme* de la démythification, dont le Que, dans sa nudité, ordonne la soumission, et le renoncement à tout Quoi, Comment et Quand.

Le récalcitrant revient tranquillement aux textes de l'enfance et de l'aube de l'esprit. Le pressentiment d'une autre « réalité » le suit, qui ne prétend pas être absolument une réalité « supérieure », mais qui a obtenu l'intangibilité pour son type de « réalisme ».

LES LARMES DU PÈRE, À CONCEVOIR SEULEMENT

Les conflits entre pères et fils, vieux comme l'humanité, se terminent naturellement avec la mort du père. Celui qui s'est déroulé dans le jardin de Gethsémani, se termina avec la mort du fils.

Son ultime reproche, le plus grand qui puisse être adressé à un père, est ce cri d'*Eli, Eli...* D'ordinaire ce sont les fils qui abandonnent les pères, les livrant à l'infortune de l'âge. Cette fois, le père laisse le fils dans une détresse qu'il lui a imposée pour des raisons inimaginables, insondables. Qu'est-ce qui, au monde, aurait pu justifier cette cruauté du père ? Curieusement, on ne s'est jamais scandalisé de voir ici un père réclamer d'un fils qu'il soit, pour lui et devant lui, livré à la Passion – et ce, non seulement pour une créature dont il était et restait si peu compréhensible qu'elle méritât ce sacrifice et le mériterait jamais, mais bien plus encore avec une disproportion manifeste des moyens employés. On ne s'est pas scandalisé non plus de le voir exiger cette rançon pour une rémission qui – pour le dire en termes de caméralistique – aurait aussi bien pu être accomplie d'un trait de plume divin : pour cette affaire d'arbre, quand bien même elle exigerait ou justifierait encore d'être comprise de manière symbolique.

Nous regardons la Passion du Fils. Les millénaires écoulés ont été saisis par son obéissance, son acceptation de la souffrance, sa grandeur dans la mort. Nous éprouvons de la gêne à propos du Père qui a l'air d'accueillir sans rien ressentir cette *proskynese* superflue, après avoir promis au Fils lors du baptême dans le Jourdain qu'il était *le Fils bien-aimé en qui j'ai mis toute mon affection.* Le Fils ne pouvait avoir oublié cela, lorsqu'il appelait le Père de ses cris. Et toute la Passion prend une dimension à laquelle nous n'osons pas penser quand nous prenons conscience en elle de la misère de l'autre « fils perdu », de l'abandonné du Père dans sa déréliction.

Quelqu'un qui a donné à la postérité l'impression qu'il s'y connaissait a dit que la mort du Père était *l'événement le plus important* parce que c'était *la perte la plus déchirante d'une vie d'homme*[64]. Ceci figure dans l'avant-propos à la deuxième édition de *L'Interprétation des Rêves* de Freud en 1908. La mort de ce fils unique était-elle inversement l'événement décisif dans la vie du Père ? Le Dieu a-t-il souffert là-haut de ce qu'il avait assigné au Fils ici-bas ? Tout était-il dit avec la restitution de la vie, le retour à la droite du trône, l'investiture comme Juge du Monde ? Pas de « travail de deuil », comme dirait justement quelqu'un ? Cela n'est pas possible. Il fallait que ce fût un autre Dieu : le Père d'après. Pourquoi ne l'a-t-il pas fait savoir à ceux qu'il a livrés à eux-mêmes et fait rasseoir en larmes ?

Les conflits père-fils ne se terminent *pas* avec la mort du père. Ils commencent avec elle. Désormais le fils doit vivre avec ce fait irrévocable qu'il ne peut plus apprendre du père ce qu'il lui était devenu essentiel de savoir du fait de sa propre paternité, de son propre conflit, de sa propre entrée dans toutes les phases et toutes les étapes du chemin de la vie, qu'il n'avait vécues que de loin et comme de l'extérieur : un étranger – et maintenant il est lui-même cet étranger.

Même pour soi. Car il lui manque pour sa propre compréhension d'avoir compris ce qu'était le père. Tant que le conflit avait concerné la vie – un conflit, au fond, surtout plus symbolique que réel –, il n'y avait aucune chance que surgît la question de savoir ce qui avait bien pu rendre un vieux si entêté et si méfiant, ce qui l'avait amené à faire preuve de tant d'incompréhension et de

---

64. S. Freud, *L'Interprétation des rêves*, Paris, P.U.F., 1967, p. 4, trad. I. Meyerson.

mauvaise volonté. Après la césure de la mort, il est trop tard pour toutes ces questions. L'énigme demeure et sa torture augmente, parce que et dans la mesure même où elle se révèle être la sienne propre.

Cela fait partie de la grandeur comme de la misère de la Passion de Jésus de Nazareth qu'elle mette dans la même situation tous ceux qui l'écoutent et qu'elle ne laisse pas indifférents : *Il n'y a plus de questions*. Un Dieu n'est-il pas en droit de se tourmenter avec ce qu'il a lui-même disposé ? C'est de la métaphysique antique de penser que cela devrait être très loin de lui. Le Père lui aussi – ou bien l'auditeur croyant de la *Passion selon saint Matthieu* n'a-t-il pas le droit de penser ainsi ? – *se rassoit en larmes*, comme l'un de ces désemparés transformés en communauté par la violence de la musique de Bach. Il lui faut vivre avec l'énigme irrésolue de sa propre décision insondable – rien ne commande d'admettre que les « décisions insondables » tant invoquées ne le soient pas *aussi* pour celui qui les prend. La figure du Père de ce que l'on se plaît à appeler l'« histoire du Salut » et qui y perd de sa dureté, appartient à l'auditoire.

Le moyen-âge s'est posé beaucoup de questions pour lesquelles le courage a pu faire défaut aux *magisters* dans leurs questionnements. Dans la *Descente de Croix* de Simone Martini, antérieure à 1344, qui se trouve à Anvers, un impassible Dieu le Père tout en haut d'une échelle laisse glisser le cadavre détaché de la croix vers les bras que tendent les disciples, surtout vers ceux de la Mère pour l'image de la *Pietà*. Presque deux siècles devaient encore s'écouler jusqu'à ce que Bernt Notke n'osât retourner la représentation de la *Pietà* dans le *Trône de Grâces* du Saint-Esprit à Lübeck : mettre le corps inanimé du Fils dans les bras du Père. Un Père céleste désormais réconcilié avec l'attitude d'une mère ? Ou bien un complice repentant de la Passion ? Si la question ne pouvait être encore posée ainsi, il sera permis après deux mille ans, de le faire par l'œuvre de Bach, après qu'elle a congédié sans questions l'auditeur.

Si les enfants des hommes ont depuis toujours dû répondre à la question ou se poser eux-mêmes la question de savoir comment ils pouvaient et devaient vivre avec le poids du père, c'est à Dieu le Père qu'il faut demander comment avec le poids de la Passion du Fils il a pu continuer d'être un « Dieu ». Est-il possible de penser que ce fut ce qui l'a tué ? *Nous nous asseyons en larmes...* – sur cette mort-là. Mais aussi sur celle-ci ?

PAUL PLEURE

Plus le monde survit à celui qui est censé être mort pour lui, et plus les attributs de Sauveur de ce dernier se reportent sur ceux qui accomplissent sa mission qui auparavant n'aurait pas dû avoir besoin de tels finisseurs puisque tout devait rapidement parvenir à son but. Les apôtres ne tardent pas à faire des miracles, ils guérissent des malades, punissent de maladie des bien-portants, ressuscitent des morts, font des gestes qui sont à la limite du magique. Finalement ils souffrent eux-mêmes, à leur tour pleins de prévoyance pour leurs successeurs, des Passions et des martyres de premier choix. Les actes apocryphes des apôtres se complaisent dans tout ce qui fait de leurs héros de petits Sauveurs.

Paul aussi a sa littérature. Cet apôtre tout à fait indirect, qui n'avait jamais vu Jésus, ne reste pas limité au rôle de protothéologien du christianisme dans lequel il devait devenir responsable de toutes les divisions de cette religion. Il devient aussi un grand acteur, dès les « Actes des Apôtres », mais surtout dans tout ce qui avait été rejeté du canon parce que trop fantastique. Dans les fouilles de Nag Hammadi on a trouvé une « Apocalypse » copte de Paul, saint Augustin en connaissait une latine, il en existe une version transmise en vieux russe. Parmi les visions du troisième ciel, figurent le *Descensus ad inferos*, la *Nekyia* classique, le voyage dans l'Hadès qui devait être repris pour Jésus dans le Credo.

Conduit par son ange, Paul doit plonger ses regards dans l'*Abyssos* des damnés où l'on gémit et crie miséricorde : *mais personne ne les prit en compassion*. Ainsi en est-il de cette inexorable justice, en dépit de la mort du Sauveur sur la Croix. Mais Paul pleure au spectacle de ce qu'il voit, et gémit sur le genre humain. À ses côtés l'ange le lui reproche : *Pourquoi pleures-tu ? Es-tu plus miséricordieux que Dieu ?*

Paul ne fait pas mention dans son « Apocalypse » d'une réponse qu'il aurait donnée. Bien plus tard seulement, après avoir fait le tour des supplices des damnés, il pose la question qui englobe tout : *Pourquoi sont-ils nés ?* De nouveau l'ange lui fait des reproches : *Pourquoi pleures-tu ? Es-tu plus miséricordieux que le Seigneur Dieu ?* Et une fois encore, un peu plus tard, et cette fois-ci s'incluant lui-même : *Il aurait mieux valu pour nous tous qui sommes pécheurs que nous ne fussions pas nés.*

C'est déjà beaucoup que ce Paul-là pleure. Quand donc dans l'histoire de cette grande religion d'amour, quand donc ceux qui sont certains de leur Salut avaient-ils jamais pleuré sur les réprouvés et sur les damnés, sur cette majorité-là, la *massa damnata* ? Mais Paul ne devait-il pas contredire l'ange, le braver, s'indigner ? En répondant par exemple : « Naturellement je suis plus miséricordieux que ce Dieu qui les a créés et fait naître et à propos desquels il savait qu'ils ne pourraient accéder au Salut. Je suis plus miséricordieux car je suis leur semblable et je suis presque l'un d'entre eux ici-bas. Et je pleure parce que je suis indigné contre ce Dieu au nom de qui j'ai inventé une théologie qui présente cette ignominie comme le déroulement même d'une "histoire de Salut". »

Ce n'est pas une réflexion recevable historiquement qui fait reprocher à l'auteur de l'« Apocalypse » de Paul de n'avoir pas fait parler son apôtre de la sorte. Il est déjà assez étonnant de voir combien il est allé loin avec le mot-clef de la tragédie grecque selon lequel il aurait mieux valu avec un tel destin ne pas naître. Ce Paul-ci n'a plus rien à voir avec l'auteur de l'« Épître aux Romains » qui avait transposé ses difficultés antérieures de pharisien pour satisfaire à la lettre de la loi dans un concept de la « justification » qui rendait la loi indifférente, parce qu'on n'avait pas besoin de rester *celui* que l'on avait *été* en l'enfreignant. Mais si le Salut proposé dans le changement d'identité – dans le passage mystique par la mort et la résurrection de Jésus – devait soutenir l'épreuve, l'affirmation selon laquelle il aurait mieux valu n'être pas né perdait sa raison d'être.

Le Paul de l'« Apocalypse » peut n'avoir pas connu celui de l'« Épître aux Romains ». Un apôtre n'a pas le droit de pleurer. Il n'a pas le droit de plaindre ceux qui ne veulent pas servir son Seigneur et qui sont punis pour cela. S'il avait été tenu compte de son reproche, à savoir qu'il aurait mieux valu que ceux qui sont exclus du Salut ne fussent jamais venus au monde, c'eût été dans un *Abyssos* vide qu'il eût fallu regarder. Où aurait été alors le triomphe du Bien sur le Mal ?

Le Paul de l'« Apocalypse » aurait-il donc en fin de compte pu et dû *comprendre* celui de l'« Épître aux Romains » ? Comprendre le théologien d'un Dieu qui élit ceux qui ont droit au Salut, mais qui en même temps réprouve ceux qui par la suite lui feront témoigner de la justice dans son Jugement ? Seulement parce qu'il en était ainsi, l'Histoire n'avait pas besoin de cesser aussitôt, comme l'avait prédit l'homme à la croix. Une fin des temps rapide – était-ce aussi une voie pour arriver à ce que l'*Abyssos* soit vide ?

LA PUISSANCE DES LARMES
AU-DESSUS DE LA TOUTE-PUISSANCE

On dit qu'autrefois au Portugal – à peu près jusqu'au tremblement de terre de Lisbonne – les gens se sont montrés particulièrement pieux et les prédicateurs en conséquence particulièrement efficaces.

Tomé Pinheiro da Veiga était l'un des maîtres de cette éloquence. Tous les ans, il parvenait à tirer des larmes aux auditeurs de ses sermons sur la Passion. Mais ce pouvoir retomba sur lui. Après avoir compati à la souffrance du Sauveur martyrisé et mourant, il fut pris de compassion pour les compatissants.

Aussi se résolut-il à recourir à un moyen de miséricorde qui était d'un point de vue théologique aussi osé qu'en fin de compte licite : *Vous ne devez pas pleurer, frères ! Cessez de pleurer ! Le bon Dieu fera certainement en sorte que tout cela ne soit pas vrai.* Naturellement ce n'était pas un partisan du docétisme. Pour ce genre de choses, il existait des bûchers au Portugal. Mais il était l'un de ces puristes de l'attribut divin de la toute-puissance qui, depuis Petrus Damiani, ne voulaient assigner à Dieu ni la limite du principe de contradiction ni celle de l'immuabilité du passé.

Ce Dieu qui permettait à la communauté de s'arracher à sa désolation tenait même le passé encore en main et sous la puissance de son Verbe qui pouvait donner à l'Histoire un autre cours que celui qu'on rapportait d'elle. Et n'était-il pas prêt à le faire aussi pour ses dévôts ? En ce sens, cet homme de Dieu n'était pas un médiocre champion de la cause d'un Seigneur qui ne pouvait supporter ce que l'on a dû dire par la suite d'un Dieu contemplant sans émotion ni indulgence le spectacle d'une éternité essentiellement remplie de damnation. Car il va de soi que ce prédicateur ne pouvait avoir été, non plus, disciple d'Origène.

Sinon il n'aurait plus eu l'occasion de subjuguer les cœurs tous les ans.

Mais sa demi-récusation, cette mise à disposition de la Passion, était-elle compatible avec la signification de celle-ci dans l'histoire de la Grâce, alors que les larmes de la Mère de Dieu n'avaient pas été en mesure de dispenser des vérités de celle-ci ? Bach aussi, dans le chœur final de la *Passion selon saint Matthieu*, a vu sa communauté en larmes – mais il l'a invitée à s'asseoir et ne lui a pas accordé de rémission. À moins que ? La rémission qui consiste en ce que cela justement pouvait être *chanté* ? Alors une autre puissance est intervenue comme toute-puissance dans le jeu. Elle a laissé en repos la question de savoir si une vérité pouvait valoir les larmes de ces braves gens, telle qu'avait pu se la poser en chaire le prédicateur portugais. N'était-ce pas la vérité de son Dieu, de souffrir plutôt lui-même que de faire souffrir les autres ? Son Rédempteur, a-t-il pu croire, avait bien pu acquérir avec le trésor infini des Grâces ce tout petit peu de clémence qui permettait de ne pas en plus faire souffrir du fait même de sa propre souffrance. Ce n'était rien pour Dieu d'entrer en contradiction avec lui-même et de remplacer par un acte de puissance cette vérité-ci par une autre plus douce, puisque toute vérité reposait dans sa volonté.

En conclusion et en dernière analyse, on peut voir dans cette histoire que c'est dans l'exercice de la rhétorique que la ressemblance de l'homme avec Dieu est la plus forte. Par la violence de ses remémorations, elle précipite son public dans une situation misérable – pour l'en arracher par la vertu de ses modifications imaginaires. Elle est une histoire du Salut *in nuce*. Et en ceci lui convient, mieux que toute théorie classique de l'éloquence, la théorie aristotélicienne de l'effet de la tragédie qui plonge le spectateur dans la pitié et dans la crainte pour l'en faire ressortir purifié selon un principe d'efficacité homéopathique. Sa matière pour cela était le mythe. Il rendait le service qu'il devait rendre sans qu'il fallût soulever la question de sa vérité. Ce n'est qu'en apparence que tout ceci est par là un peu plus simple que pour le prédicateur chrétien de la Passion. Car, dans le dos de celui-ci, la toute-puissance rend, sans la scène tragique, le même service que le mythe avec son simple statut de chose à laquelle on ne croit pas.

UN MESSIE IMPERCEPTIBLE

LES DISCIPLES À EMMAÜS DU CARAVAGE

Tout le monde aimerait être réaliste. Le devenir met chacun dans l'embarras.

Le Caravage, mort en 1610, est un exemple à partir duquel on peut étudier cette difficulté insoluble. Sans aucun doute c'est en « réaliste » qu'il a vécu. Mais comment cela devait-il se manifester dans son œuvre ?

Ses *Disciples à Emmaüs*, achevés peu avant 1600, se trouvent à la National Gallery de Londres. Au disciple assis à la gauche de Jésus et qui répond au nom de Cléophas, le peintre a donné le stigmate de la réalité dans la manche de son vêtement : un trou, tout simplement. Au disciple, peut-être Pierre, placé à la droite du Ressuscité qui n'a pas encore été reconnu, il a donné les callosités que se fait le pêcheur en travaillant avec ses filets. Le tenancier de l'auberge est une sorte de rustre qui comme les deux disciples ne remarque rien ; mais qui, à la différence de ceux-ci, ne remarquera rien jusqu'au bout.

À l'encontre du caractère dramatique de la scène, du pathos de l'instant où les yeux sont sur le point de se dessiller, le trou dans la manche de l'habit qui bée au tout premier plan est là pour assumer presque tout le prosaïsme. Que le réalisme doive être porteur d'un stigmate d'obéissance face à la réalité qui atteste qu'il la reconnaît, à contrecœur, en dépit de tout ce qui est souhaitable, c'est davantage qu'une convention, davantage que l'économie esthétique d'une retenue ponctuelle. Cela va jusqu'aux textes de la modernité dans lesquels commencent à surgir des mots réprouvés, comme si l'auteur avait dû s'arracher cette concession sous la pression de la réalité.

D'autre part : l'épiphanie de la réalité, avec ses stigmates, suppose et se trouve conditionnée par le fait que la définition de réalité de la cohérence immanente est maintenue de bout en bout, qu'elle ne saurait être interrompue par les appels introduits à prendre quand même pour réel ce qui est à chaque fois sur le point de se dévoiler comme légende, mythe, imagination, construction, fiction. Aurait-il été seulement possible de peindre un Christ à Emmaüs autrement qu'avec ce trou béant dans la manche du disciple Cléophas ?

Comment tout ce qui mérite même de loin d'être appelé « réalisme » s'accorde-t-il avec le thème de la scène qui est la reconnaissance du Ressuscité, lequel en tant que tel ne pouvait être qu'un Dieu ? Ce que le peintre ne peut montrer, c'est la marque typique, antique, de l'apparition d'un dieu. Il ne peut, il est vrai, apparaître comme celui qu'il est, parce qu'il n'y aurait rien en lui de surnaturel, tant il est humain dans son apparence ; mais sortir de sa manifestation, disparaître doucement et subrepticement, comme Athéna échappe à Ulysse, cela donne *ex eventu* l'évidence la plus spécifique que cela n'avait pu être qu'un dieu. Toute épiphanie de l'Insupportable, comme celle de Yahvé pour Moïse sur le Sinaï, est étrangère à la pensée antique ; ses expériences avec les dieux reposent sur le soupçon, nourri après coup, que ce ne pouvait être un mortel pour se soustraire ainsi à la visibilité – ce poids qui colle à tous les êtres.

Dans la scène d'Emmaüs, tout se termine dans les règles de l'art antique : sans transfiguration ni éclat insupportable, après que les disciples eurent reconnu Jésus à la manière dont il brisa le pain, rendit grâce et le partagea. C'était l'acte de commémoration qu'il avait lui-même mis en relation avec sa mort et avec son identité. Le regard des disciples est dirigé sur les mains qui se chargent de tout ce qui est nécessaire au signe. À l'instant où le signe a rendu son service, le regard, qui s'est détourné des mains et qui veut chercher la certitude dans la totalité de l'apparition, est déçu *parce qu*'il n'est pas aveuglé. Il n'y a plus rien à voir. Le signe se confirme par l'absence de celui qui l'avait donné.

Le peintre est placé dans la situation fatale de ne pas

être en droit de peindre un Jésus qui soit déjà si éthéré que sa disparition n'aurait été que la conséquence de son apparition. Le Caravage a donc peint un Jésus très corporel, et même charnu de manière un peu désagréable, à qui la Passion, qui ne remonte pourtant qu'à une dizaine de jours, n'a pas l'air d'avoir mal réussi. Rétrospectivement, c'est scandaleux ; mais si l'on adopte la perspective de la disparition à venir, dont seul le spectateur du tableau est déjà informé, avant même qu'elle ne soit autorisée à se produire, l'effet est renforcé : tant de visibilité qui doit être abolie sur le champ !

C'est là aussi un morceau de réalisme, non au service de la scène, mais au seul service du spectateur qui connaît l'histoire. Un réalisme appliqué à une chose qui ne peut rien avoir de réaliste en soi : l'attitude d'un dieu.

TRACES

La trace du pied, comme preuve de la « réalité » de personnages et d'événements qui relèvent de la religion, est répandue dans le monde entier. Il y a en de multiples endroits la trace gigantesque du pied de Bouddha : il a été ici, nul doute. Et il y a sur la montagne du Temple à Jérusalem la trace du sabot du coursier de Mahomet, avec lequel celui-ci est monté au ciel : la profondeur de l'empreinte prouve la violence de l'élan, nul doute.

Jésus ne laissa pas de trace de son pied lors de son Ascension. Lorsque Thomas doute de la réalité du Ressuscité, il est autorisé à toucher de la main la plaie que porte le crucifié au côté : c'est bien lui et c'était vrai lorsque Jean lui faisait dire : *ego eimi* – c'est moi ! C'est un trait caractéristique de l'*Epistula Apostolorum* éthiopienne, qui n'a été publiée qu'en 1913, que le Ressuscité abreuve de preuves de sa réalité les disciples qui s'entêtent à douter – c'est-à-dire qu'il se défend de n'être qu'un fantôme du crucifié. Il exige de Pierre qu'il touche les traces des clous sur ses mains, de Thomas qu'il touche la plaie qu'il a au côté, et il apostrophe André : *Regarde si mon pied s'appuie sur le sol et y laisse une trace.*

Si le pied foule le sol et y laisse une trace, c'est que le corps a un poids qui est à l'origine de l'empreinte – c'est la « réalité » qui apparaît, et la trace ne sert pas au souvenir, mais à la présence immédiate et à sa certitude. Le problème de la certitude liée à la Résurrection s'était posé avec plus d'acuité du fait de l'absence de parousie : celui qui venait de disparaître avait-il été réel, puisqu'il n'était pas revenu, comme le disait la prédiction, sur les nuages du ciel ? Au commencement du deuxième siècle, époque qui a certainement vu la naissance de ce texte, il fallait, parce que nulle « dogmatique de substitution » destinée à compenser la disparition d'eschatologie n'avait encore vu le jour, faire beaucoup pour sauver au moins la Résurrection en tant qu'événement du Salut. Dans cette situation, l'argument de la trace du pied est un trait précieux.

Après la catastrophe du Golgotha, les disciples considéraient comme possible d'avoir affaire à un spectre. Le docétisme ultérieur, contre qui l'*Epistula Apostolorum* doit se défendre, ne pense ni à une imposture ni à un spectre. Il se soucie de la pureté de l'image de Dieu : c'est seulement en apparence que Dieu peut avoir souffert pour les hommes ce que le fait d'être homme impliquait. Il suffit ici d'un peu de platonisme : les ombres ne sont pas une imposture ; si elles apparaissent telles qu'elles ne sont pas, cela vient de la déficience de ceux qui les regardent et font la confusion. Mais il est aussi précisément platonicien de dire : *Vestigium umbra non facit*. Selon l'apocryphe, ce serait même le mot d'un prophète : *Mais un spectre, un démon, ne laisse pas de trace sur la terre.*

EXTRAIT DE CE QUI N'EST PAS ÉCRIT

Parmi les *Agrapha* – les paroles de Jésus de la tradition extra-canonique – peu ont survécu à la prétention d'exclusivité des Évangiles rendus obligatoires par l'Église. Et avec le retard prodigieux de deux mille ans, la rigueur historico-critique de l'avant-dernière théologie n'en a pas même laissé subsister une douzaine. Ils font chacun à peine plus d'une seule phrase.

La plus belle de ces phrases provient des *Actus Vercellenses* et dit : *Ceux qui sont avec moi ne m'ont pas compris.*

Le lecteur de la Bible est familier du mécontentement que Jésus éprouve devant l'incompréhension de ses apôtres et de ses disciples. Mais comme il leur promettait l'assistance d'un saint esprit pour remédier à leur incapacité, Jésus n'a pas lieu d'être en retour très surpris de ne pouvoir rien tirer d'eux par les seuls moyens de ses déclarations et de ses paraboles. Il leur laissait des énigmes et renvoyait leur résolution dans un avenir qui succèderait à beaucoup d'égarements. Pourquoi donc était-il si difficile de comprendre ce qui était nécessaire à cette créature de Dieu ?

L'agraphon atteste déjà d'un Fils de l'homme plus dur. Il ne décrit pas seulement la situation désolée de celui qui est chargé d'une mission de Salut. Il retourne la chose : Qui m'approuve et me suit témoigne en cela même qu'il ne peut pas m'avoir compris. Et il faut qu'il en soit ainsi. Quand l'envoyé du Père, le messager d'un autre monde a parlé, il faut que toute conviction d'avoir compris sa mission relève d'un pieux malentendu. En avait-il jamais été autrement avec ceux qui n'étaient pas des messagers de Dieu, mais qui annonçaient eux aussi des vérités plus hautes, des vérités jusqu'alors inouïes – les philosophes par exemple ? Qui avait jamais compris et qui comprendrait jamais ce que voulait dire Socrate en faisant de la connaissance de soi la quintessence de toutes les exigences de vérité ? Ce même Socrate aurait pu être le premier à formuler cet *agraphon* de Jésus de Nazareth – mais pour cela il était trop convaincu de sa maïeutique.

Ce *logion* qui n'est pas repris dans l'« Écriture » n'est ni un mot de désespoir ni le froid rejet de méprisables suiveurs. Il dit l'essentiel. Nul esprit saint n'y changerait rien : il suffit d'être avec lui, même si, ce faisant, on devient témoin de l'inaccomplissable. Autrement dit : personne n'aurait jamais pu supporter de rester avec ce Jésus s'il avait *compris* les exigences qui étaient contenues dans ses paroles et dans ses admonestations. On ne peut supporter de rester avec lui que parce qu'on *ne* le comprenait *pas* et qu'on se laissait aller à la belle illusion de l'avoir compris et d'avoir satisfait à ce que l'on avait compris.

Ceci n'a rien d'une pieuse histoire, de la moindre parcelle d'autoreniement dialectique. C'est un état de chose (*Sachverhalt*) qui pourrait figurer dans une phénoménologie de l'histoire. Nous ne supportons d'avoir une histoire et d'insister sur elle que parce que nous ne la comprenons pas. Le malentendu, même « fructueux » – qualificatif consolateur –, est le mode sur lequel nous sommes avec quelque chose que nous ne pouvons être nous-mêmes.

UN AGRAPHON MAL INTERPRÉTÉ

Parmi la petite douzaine des paroles originelles de Jésus qui subsiste d'une énorme quantité à titre d'*agrapha*, après le passage au crible et la purge à l'eau-forte de l'impitoyable critique historique, se trouve la scène, qui prend appui sur Luc, d'un homme qui travaillait le jour du sabbat. Jésus lui dit : *Homme ! Si tu sais ce que tu fais, tu es bienheureux ! Mais si tu ne le sais pas, tu es maudit et tu enfreins la loi.*

Il y a de quoi s'étonner d'entendre de la bouche de Jésus que celui qui ne sait pas ce qu'il fait ne peut trouver le pardon. Le crucifié ne dit-il pas : *Seigneur, pardonne-leur, car ils ne savent pas ce qu'ils font* ! N'était-ce pas la seule raison qui aurait dû être autorisée à durer ?

Le commentateur des « Apocryphes » résume laconiquement sa position à propos de l'*agraphon* numéro onze : *L'accent de ce parallélisme antithétique repose sur la seconde partie. C'est une mise en garde à ne pas enfreindre à la légère la règle du sabbat.* Naturellement : ce qui ne figure pas dans le texte canonique n'a pas le droit, pour l'éditeur véritablement libéral des « Apocryphes », de corriger l'image de Jésus. Encore moins dans le sens du sublime. Car le Jésus des discours sur le sabbat du chapitre six de Luc a un autre droit à se placer au-dessus du sabbat et à appeler les siens à soi. Quand bien même ce serait pour ramasser des épis. Car : *Dominus est sabbati Filius hominis.* Ce qui voudrait dire que la rupture du sabbat a une légitimation messianique. De ceci nulle trace dans l'*agraphon*.

Mais pourquoi l'accent du paradoxe reposerait-il sur la deuxième partie ? Il ne saurait en être question. Même pas si l'on se débarrassait de la première partie en faisant intervenir un psychologisme inoffensif selon lequel seul peut reconnaître son action comme pécheresse et s'amender celui qui sait qu'il commet une mauvaise action. Serait perdu celui qui n'en aurait pas même idée et qui persisterait.

Non, ce Jésus du Codex D, avec sa lecture particulière du chapitre six de Luc, est déjà passé par la gnose – et c'est bien aussi pour cette raison qu'il n'a pas trouvé place dans le fleuve de la tradition canonique. Ce qui serait inconcevable si le commentateur de la nouvelle théologie avait raison avec son confortable sabbat. Le rejet de l'*agraphon* hors de la tradition signale en tout cas clairement que l'injonction de Jésus était de l'ordre de la provocation envers le Dieu des Juifs, le Dieu du monde. Qui enfreint la loi de Yahvé sans pour autant *vouloir* s'insurger contre lui, a manqué la chance d'entendre la mission du « Dieu étranger », du Sauveur.

Cet homme qui semblait mépriser le sabbat de manière si démonstrative pourrait être un de ceux qui n'appartenaient plus à l'ère de l'ancienne loi – car le sabbat que celle-ci a instauré est quand même le monument de la création achevée. Si cette création est dégradée au rang d'œuvre de démiurge, celui qui ne remarque pas qu'il a déjà laissé derrière lui l'ordre des démiurges doit être maudit. C'est pourquoi les retouches apportées à l'évangile de Luc étaient déjà un fragment de rebellion contre le démiurge – comme l'arrachage d'épis le jour du sabbat.

LE MESSIANIQUE : LE PROPHÈTE ET LA SIBYLLE

Les sibylles sont des personnages mythiques inventés par une époque avide d'oracles qui se complaît dans l'attente impassible du malheur et de la chute. Héraclite n'en connaît qu'une seule qui *de sa bouche délirante clame les mots sans lumière, sans parure ou parfum, traverse par sa voix des millénaires* [65]. Ce que ce nom signifie, et d'où il vient, est resté obscur, mais on lui accorde une haute antiquité, que l'on fait remonter jusqu'au huitième siècle. À partir de la sibylle dont parle encore Héraclite et qui appartient à la frange ionienne du monde de l'Asie Mineure, se constitue une profession qui finira par compter une dizaine de femmes adonnées à l'extase démonique, lesquelles au contraire des pythies divinatoires renonçaient à l'équivoque du message pour lui préférer l'inquiétude pure et simple. À Rome, les livres des sibylles furent détruits lors de l'incendie du temple de Jupiter sur le Capitole en l'année quatre-vingt-trois avant Jésus-Christ. Mais à Alexandrie, qui conservait tout, vit le jour une variante juive, rivale des prophètes, et c'est de cette variante que provient tout le monde chrétien des sibylles, qui trouva encore à se développer à Byzance et dans le moyen-âge latin.

De cette forme de littérature apocryphe, il ressort aussi que l'engouement pour la fin du monde manifestée par l'apocalyptique et par la gnose s'attirait la suspicion de la puissance impériale. Tel était le noyau des reproches faits aux chrétiens en tant qu'alliés et bénéficiaires de la fin du monde : nous savons par Justin que la lecture de ces textes des sibylles était punie de mort. À bon droit, dirait-on, si ce n'était pas là être trop moderne. Car les divagations des exaltés de la fin du monde ne servaient

---

65. Héraclite *in* : Yves Battistini, *Trois Présocratiques*, Paris, Gallimard, 1968, p. 44.

que de prélude à l'arrivée du souverain messianique, et bien évidemment les empereurs de l'Empire réellement existant n'en voulaient rien savoir.

Comme il arrive bien souvent pour les prophéties apocalyptiques, il est difficile de distinguer entre ceux qui périssent et ceux qui peuvent jouir du règne messianique. Car l'excès des visions de terreurs est tel que les survivants n'ont pas de lieu où se tenir : *Car le feu se déchaînera avec une telle violence sur terre,/ Et se répandra comme l'eau et toute la terre sera détruite./ Les montagnes prendront feu, les fleuves s'enflammeront et les sources seront taries./ Le monde ne sera plus le monde lorsque les hommes courront à leur perte.* Alors une longue nuit s'étendra sur la terre, et on ne pourrait compter que sur une nouvelle création pour que de nouveau la lumière soit, ainsi que tout le reste, avec une humanité autre et nouvelle.

Mais les prédictions de Salut qui ne concernent que les autres n'ont encore jamais eu de véritable attrait. C'est pourquoi, lorsque le Messie survient, il y en a inévitablement encore quelques-uns qui, selon la méthode de Noé ou selon une méthode qui leur est propre, ont traversé l'épreuve : *Alors Il créera l'intention pure / Parmi les hommes, renouvellera le genre humain.* Mais la sibylle ne connaissait pas encore les bonnes raisons de rejeter les utopies concrètes. Elle commet – aimerait-on presque dire – la faute de dévoiler quelque chose de la transformation qu'induira la nouvelle intention. Que font ceux dont les intentions sont pures ? Plus précisément : qu'est-ce qu'ils ne font pas ?

On est frappé de constater que ce nouveau comportement semble se rattacher au mythe de Caïn et d'Abel. La manière dont on exploite la terre, la manière dont on en tire sa nourriture deviennent critères distinctifs : *On ne retournera plus la glèbe en profondeur avec le soc recourbé / Les bœufs ne laboureront plus avec le fer redressé*. Abel, le nomade, se redresse, et le paysan Caïn a tort en fin de compte, parce qu'il avait transgressé la loi de la *terra inviolata*, comme le fera après lui l'humanité entière. Certes, Abel, dont YHWH avait accepté l'offrande, était celui qui plaisait à Dieu, mais pas tout à fait de façon cohérente, car c'était Caïn qui avait pris au sérieux l'expulsion hors du Paradis et la malédiction de Dieu qui condamnait à gagner sa vie à la sueur de son front.

Faudrait-il oublier à propos des nouveaux nomades qu'Abel avait fait comme s'il était encore au Paradis et que la nature eût tout à lui proposer à bon compte, que ce fût par la pâture ou la cueillette ? C'était Caïn qui avait accepté la perte du Paradis. À partir de là, il va de soi d'accorder une prime au nouvel éon : ses habitants *jouissent de la rosée de la manne sans se salir les dents*. En fin de compte, une fois renvoyée au *tohu-bohu*, la terre est de nouveau inviolée et dans la fraîcheur de la Création. Toute pureté de l'intention est de ce fait rendue possible et en cela durable, parce que le souci, en tant qu'incitateur à l'autoconservation, comme à ses « effets secondaires » nuisibles, a traversé le fleuve d'où il était venu [66].

Si belle que soit l'image messianique, on ne manquera pas toutefois de s'étonner que cette féministe d'avant la lettre, la sibylle, rivale et continuatrice des prophètes, ait pu être oubliée. Avec quelle emphase ses sœurs lointai-

---

66. Allusion à la fable du Souci auquel Blumenberg a consacré un ouvrage (*Le souci traverse le fleuve,* Paris, L'Arche, 1990, trad. O. Mannoni) : le Souci, en traversant le fleuve, trouve une motte d'argile qu'il façonne. Jupiter se joint à lui et confère à l'argile l'esprit. Le Souci, Jupiter et Tellus, la Terre, se disputent pour donner un nom à cette créature qu'ils ont tous trois contribué à façonner. Saturne met un terme à la dispute en ordonnant qu'à la mort de cette créature chacun reprenne ce qu'il a donné, Jupiter l'esprit et Tellus le corps, et que, tant qu'elle vivra, elle appartiendra au Souci. Et comme elle vient de l'humus, cette créature s'appellera « homme ».

nes, conscientes du caractère pacifique de leur sexe, citeront-elles la vision messianique du second chapitre du prophète Ésaïe : il *arrivera dans l'avenir* que les peuples païens afflueront « vers la montagne du Seigneur, la Maison du Dieu de Jacob » – vers Jérusalem donc – et avec son peuple feront d'abord ceci : *Martelant leurs épées, ils en feront des socs, de leurs lances ils feront des serpes.* À la fin du second siècle après Jésus Christ, la sibylle ne pouvait savoir cela. C'est un autre messianisme, qui débouche sur un autre niveau de transformation : le passage de l'état guerrier à l'état agraire, au lieu de celui du labour à celui de la cueillette.

Ce qu'est et peut être à chaque fois une promesse prophétique dépend donc de l'état que seul est capable de quitter le grand Sauveur. Le messianique est tout aussi relatif que tous les absolutismes dans lesquels il faut penser les moments où satisfaction et accomplissement sont définitifs. L'utopie supposée positive du messianisme sibyllin est négative comme celle d'Esaïe – négative en cela qu'elle ne fait que soustraire ici la violence belliqueuse, là la violence aratoire. Le Paradis n'est jamais transféré que d'un étage.

ATTENDRE ENCORE LE MESSIE : UN RISQUE

Si le Messie est déjà venu, il y a de faux apôtres, de faux évangélistes, de faux papes, mais pas de faux Messies. Si le Messie est encore à attendre, un faux Messie menace en chaque siècle. Et il ne se trouve pas toujours assez vite une autorité pour le contredire.

Comme, au douzième siècle, le médecin et philosophe égyptien Moïse Maïmonide, auquel s'adressèrent les Juifs yéménites lorsqu'en 1172 quelqu'un surgit chez eux en prétendant être le Messie. Maïmonide, qui devait avec son *Livre des Egarés* (*More' Nebuchîm*) livrer une philosophie de la religion dont les effets se prolongeraient jusque dans la scolastique des Latins, entame avec l'*Épître aux Yéménites* (en arabe *Iggeret Teman*) sa carrière en faveur de la raison. En commettant toutefois une belle petite faute irrationnelle : les destinataires de sa lettre ne devaient point croire cet imposteur, car, selon une tradition bien établie, la venue du Messie ne pouvait survenir qu'à partir de l'année 1211.

Maïmonide avait bien pesé les choses. Mais seulement pour lui-même, car il mourut en 1204 et il n'eut plus à répondre de la date. Et son argument majeur ne pacifiait pas non plus les choses pour le monde religieux environnant. Il renvoyait en effet les Juifs yéménites aux faux Messies qui s'étaient déjà manifestés et au rang desquels il citait Jésus, Paul et Mahomet. C'était là péché de jeunesse de cet homme, de trente-sept ans malgré tout, contre la tolérance. Mais il est bien possible qu'un argument plus faible serait resté sans effet auprès des Yéménites.

Dans son commentaire de la Mishna, et dans le dernier livre de celle-ci, l'auteur de ce qui, dans la version latine déjà imprimée de 1520, s'approchant du contenu, est désigné comme « Dux seu director dubitantium aut perplexorum » (déjà qualifié de « Dux neutrorum » chez Albert le Grand) reconnaissait Jésus et Mahomet comme des précurseurs du Messie et pour cette raison reléguait dans l'indéterminé la date même de cette venue. Si l'on ne pouvait faire état que de si peu de choses sûres, il valait mieux, pour un guide des indécis, pratiquer la tolérance envers ce qui avait déjà eu lieu – le Messie pouvant bien lui-même assumer par la suite les « conséquences » de son retard.

L'*Épître aux Yéménites* devint, traduite de l'arabe en hébreu, un « classique » de la manière de se préparer aux faux Messies dans le monde judaïque. Le marrane Salomon Ibn Verga reprit à la fin du quinzième siècle le catalogue de Maïmonide dans son *Fléau de Jéhuda*, une description des tourments endurés par les Juifs dispersés, mais, des huit usurpateurs du rôle du Messie cités chez Maïmonide, il écarta justement les trois véritables rivaux théologiques que Maïmonide n'avait pas craint de nommer. Ce qu'Ibn Verga offre en lieu et place, c'est la grande parabole de la tolérance qui à travers Boccace devait parvenir à Lessing : la parabole de l'anneau avec un orfèvre comme testateur et ses deux fils commes héritiers. Deux seulement. Ibn Verga ne connaissait pas Boccace et il a bien repris une authentique histoire juive.

Pour la parabole de l'anneau, Lessing se réfère à Boccace, et celui-ci aux *Aventures Siciliennes* de 1311 de Busone de Raffaelli. Soit exactement un siècle après l'année de l'arrivée du Messie que Maïmonide indique aux Yéménites. Mais il n'y a pas preuve d'un rapport ni même d'une relation possible avec Maïmonide. Pourtant la religion rationnelle que Maïmonide développa en fin de compte à partir de la loi mosaïque était proche en esprit des services rendus par la haute scolastique latine à la religion du Nouveau Testament.

Moritz Steinschneider a le premier émis la supposition que ce dénommé Busone, qui a fourni la fable de l'anneau à Boccace, pourrait l'avoir apprise d'un de ses amis, le poète Manuello, que l'hébraïsant a identifié comme étant un certain Emmanuel ben Salomon, né à Rome. Celui-ci à son tour aurait repris les principales propositions de Maïmonide sur la religion rationnelle dans le poème intitulé « Jigdal » qui fut ultérieurement retranscrit en allemand par l'ami de Lessing, Moïse Mendelssohn, premier modèle du *Nathan*. Cet Emmanuel italianisé a également adapté la *Divina Commedia* de Dante à la tradition de Maïmonide – sans le « Purgatorio » il est vrai – et dans son « Paradiso » des Justes Juifs il a fait aussi une place d'honneur aux « Justes des Païens ». Il reste de l'ordre de la conjecture qu'un personnage avec de telles convictions ait pu transmettre la parabole de l'anneau, voire ait pu l'inventer pour la diffuser ou la faire passer dans les deux directions – via Busone à Boccace et via Salomon Ibn Verga à la tradition juive. Maïmonide ne serait certes pas la racine ultime de cette parabole, mais avec le changement dans le sens de la tolérance vis-à-vis des Messies qui de prime abord ne pouvaient être que faux, il pourrait bien être le père de son orientation.

L'enseignement en matière de théorie de la tolérance qui est à tirer de cette réflexion serait en tout cas qu'avec la déception d'un Messie qui a fait défaut et qui fera défaut, il pourrait être plus facile de témoigner du respect envers les personnages des fondateurs qui toujours reviennent, qu'il ne l'est d'accepter et de soutenir en toute certitude de foi que le Messie a déjà été là une fois pour toutes – seulement de manière un peu trop insignifiante pour convaincre les récalcitrants, ses contemporains, et ceux à venir. Si déjà ces témoins n'avaient pas pu le croire, comment auraient dû le faire tous ceux qui n'en recevaient que le ouï-dire ?

Pour ce qui concernait l'état du monde, il était plus convaincant de devoir encore attendre le Grand Moment et son envoyé de Dieu ; mais pour ce qui était du péril de tomber sur un falsificateur de la mission, il était si grand parce qu'il y avait déjà la doctrine « secrète » – qu'il faut presque qualifier de belle – selon laquelle l'arrivée du Messie se ferait imperceptiblement, dans la douceur qui lui sied, et que dans la mesure où elle changeait tout, cette arrivée n'avait besoin de rien modifier.

Ce pieux soupçon était dans le droit fil d'un strict monothéisme de la Création : serait vrai le messianisme qui dévaloriserait le moins l'œuvre du commencement du monde et de la Bible et ne laisserait pas la messianité prendre les dimensions d'un reproche adressé implicitement à la Création. C'est ce qu'il faudrait décrire comme correspondant le mieux au souci de Maïmonide.

MINIMALISME MESSIANIQUE

Que se passera-t-il, si le Messie revient ? Si tout change, ceux qui voyaient dans la Grande Révolution la sécularisation du messianisme auront eu raison. Si rien ou presque rien ne change, auront eu raison ceux qui ne faisaient pas davantage confiance au Messie encore à venir du judaïsme qu'à celui déjà venu du christianisme. Ce faisant, il ne faut pas négliger que l'absence d'effet des deux aurait malgré toute la violence du dissensus une légitimité théologique commune : épargner au *créateur* de toutes choses une dévalorisation de son œuvre par un *transformateur* de toutes choses. Comment un monde pourrait-il avoir besoin de devenir tout autre s'il n'est pas permis de rabaisser son Dieu ? Tout tournant spectaculaire de Salut ne manquerait pas de le faire. C'est pourquoi l'*apparence* doit être conservée quand il en va de la *décision*. Le Messie toujours à venir, qui n'est pas dans l'obligation de souffrir et de mourir en tant que « serviteur de Dieu », est plus éloigné du conflit avec l'œuvre initiale des Six Jours. Comme il ne souffre pas, ne meurt pas, le monde n'a pas besoin d'être transformé par lui à la mesure d'un tel engagement.

Mais la Passion de celui qui est déjà venu ? Quel serait l'équivalent de celle-ci en termes de modification de l'état du monde ? L'idée théologique du « trésor infini des grâces » renferme peut-être une dérobade devant cette question, mais elle en soulève une autre : quel degré la nouvelle méchanceté et quelle extension l'humanité historique doivent-elles prendre pour accéder à la profondeur du *thesaurus gratiae* ? En d'autres termes : dans la mesure où ledit crucifié aurait été le Messie – ce qu'aucun témoignage indubitable ne prétend lui attribuer, mais ce que la théologie exigeait de lui – ne faut-il pas que la poursuite du cours du monde dissimule et rende justement douteux qu'il soit véritablement déjà venu ? Le « premier article » tire profit de tout affaiblissement du « second ».

Récusation de la création et appel au Messie sont dans une relation réciproque. La toute première note de Walter Benjamin relative au *Procès* de Kafka, publié pour la première fois en 1925, accompagnait une lettre écrite à Gershom Sholem en novembre 1927 et elle commence par cette phrase qui élève ce rapport au rang de thèse : *Représenter l'Histoire comme un procès dans lequel l'homme en tant qu'avocat de la nature muette porte en même temps plainte contre la Création et la non-venue du Messie annoncé.* Benjamin n'en est pas resté à ce point de départ, ainsi que le confirme le grand essai sur Kafka qu'il a écrit en 1934 pour le dixième anniversaire de la mort de celui-ci. Ces personnages de Kafka qui ploient sous une faute inconnue y sont comparés au « petit homme bossu » de la chanson populaire qui, en tant qu'*habitant de la vie déplacée*, disparaîtra *à la venue du Messie dont un grand rabbin a dit qu'il ne veut pas changer de force le monde, mais se contentera d'y remettre un peu d'ordre* [67]. Toujours est-il que, plus loin dans cet essai, il est encore question de « déplacements », que le Messie aura *à remettre en place quand il apparaîtra*, et qui ne sont pas seulement des altérations de l'espace, comme si dans l'indifférence de cet espace on allait déplacer le monde dans son ensemble, ce qui aurait moins de conséquence que toute autre chose – non : *Ces altérations sont aussi certainement de notre temps.* Voilà qui est plutôt indéterminé, mais qui ôte à la métaphore de la remise en place et du redressement sa relation à l'espace.

---

67. W. Benjamin, *Poésie et Révolution,* Paris, Denoël/Lettres Nouvelles, 1971, p. 80, trad. M. de Gandillac. Le reste de cet essai sur F. Kafka auquel Blumenberg fait ensuite allusion n'a pas été repris dans l'édition Denoël.

Pour ce qui est de ce « grand rabbin » censé constituer l'autorité de ce minimalisme messianique, les choses ne deviennent pas plus claires avec l'esquisse *Au Soleil*, élaborée à Ibiza et publiée par Benjamin pour la première fois le 27 décembre 1932 dans le *Kölnische Zeitung*. Dans cette esquisse, un voyageur aux pieds fatigués laisse, sur une île, vagabonder son imagination sous le soleil de midi ; il la laisse s'enfuir dans le paysage, anticipant elle-même le chemin sur lequel il ralentit le pas : *Déplace-t-elle des rochers ou des collines ? Ou ne les touche-t-elle que d'un souffle ? Ne laisse-t-elle aucune pierre debout ou bien tout reste-t-il comme avant ?* Le mot-clef est *déplacer* auquel sont attachées des options de violence et de douceur. Elles nous conduisent au minimalisme de la transformation promise du monde, plus précisément ici, dans le cadre du judaïsme, localisée comme hassidique : *Chez les Hassidiques, il y a un verset qui parle du monde à venir et qui dit : tout là-bas sera disposé comme chez nous... Tout sera comme ici – juste un tout petit peu autrement.* Il ne sera pas même touché à l'intimité du logement : *Comme notre chambre est aujourd'hui, elle le sera aussi dans le monde à venir ; là où notre enfant dort, il dormira aussi dans le monde à venir.* Tout vise à apaiser, comme si en arrière-fond il y avait une menace apocalyptique, bien plus qu'une prédiction. Il faut avant tout rechercher l'apaisement avec l'autorité hassidique – qui n'est pas encore un « grand rabbin ».

Dans cette image, dans ce paysage conceptuel d'Ibiza, il s'agit seulement d'une métaphore, pas davantage, de l'imagination qui ne perturbe ni ne détruit rien au paysage : *Ainsi en est-il de l'imagination. Ce n'est qu'un voile qu'elle tend sur le lointain. Tout peut rester là comme c'était, mais le voile ondule et, imperceptiblement, cela se déplace dessous.* Ce n'est pas cet effet en douceur de l'imagination qui est l'image primitive de l'imperceptibilité messianique, mais c'est celle-ci qui est une métaphore de celle-là. La relation n'est pas indifférente parce que Benjamin n'utilise l'aspect messianique qu'en passant et à titre « illustratif », sans s'étendre davantage sur ce sujet que sur l'anecdote Potemkine-Schouvalkine, par laquelle il introduit l'essai sur Kafka et met le lecteur en état de réception.

Les rabbins hassidiques ont des noms qui passent avec eux dans la postérité de leurs histoires et de leurs sentences. Quel était le « grand rabbin » qui avait enseigné le peu d'importance de la « remise en place » du monde par le Messie ? Une lettre de Scholem nous renseigne sur ce point, lettre dans laquelle il répond à Benjamin qui lui avait demandé *une critique approfondie* de l'essai sur Kafka et où il écrit à la fin : *Et une question : de qui viennent exactement ces nombreux récits : est-ce que Ernst Bloch les tient de toi ou toi de lui ? Le grand rabbin qui apparaît aussi chez Bloch avec sa profonde sentence sur le Royaume messianique, c'est moi-même ; voilà comment on parvient aux honneurs ! C'était l'une de mes premières idées sur la kabbale.* Dans son édition de la correspondance avec Benjamin, publiée en 1980, Scholem commentera, laconique : *J'ai appris ainsi quels honneurs on peut récolter avec une phrase apocryphe.* Il ne s'agit pas là d'un de ces cas académiques criminels que Dimitri Tchichevski s'était donné comme tâche secondaire dans la vie de collationner, tâche qui de façon inattendue devait se révéler sans fin. Mais ce n'est pas non plus le cas d'une liberté de propriété idéologique puisque la sentence de la remise en place non violente du Messie possède la rigueur logique du « connaisseur » : l'imperceptibilité de l'arrivée messianique ne résout pas seulement le dilemme chrétien majeur des deux « articles » du Credo, elle annule plus généralement la problématique temporelle du messianisme d'une manière que, s'agissant d'autre chose, on qualifierait d'« élégant procédé ». Personne ne peut jamais savoir si est déjà arrivé ce qui doit arriver ; mais personne ne peut jamais non plus usurper le rôle avec pour conséquence de le défigurer en événement perceptible. Il peut être bon de ne pas être autorisé à savoir où l'on en est quand il y a si peu à intervenir sur le monde de la Création (*zimzum*) pour le transformer dans la constitution messianique (*tikkun*). La violence perd sa chance. Elle est toujours un trop, parce qu'elle a sa racine dans un dualisme, quelque nom que celui-ci puisse donner à sa polarité.

Si l'on n'est pas en droit de parler ici d'un simple jeu, la ruse de l'inventeur est pourtant indéniable : il a testé une manière de penser et un genre de littérature inconnus de ses contemporains, dont il maîtrisait le champ presque en unique souverain. Que sortirait-il de tout cela ? En tout cas justement pas ce qui aurait été contraire à ses propres rejets de l'attente du Salut et du *grand* bouleversement du monde, et qui aurait été conforme à l'illusionisme révolutionnaire de l'ami Benjamin. *Le nouveau ciel et la nouvelle terre* de l'« Apocalypse » de Jean n'étaient pas derrière l'horizon.

On peut, on doit même, penser à Leibniz, avec qui la relation de Scholem est attestée : les « monades » lui paraissaient venir tout droit des *zefiroth* de la kabbale. Plus importante encore, bien que plutôt sous-jacente, est la dimension temporelle du « meilleur des mondes possibles ». L'analyse du concept n'exigeait pas seulement la plus haute qualité statique de la simultanéité - auquel cas le monde meilleur, qui avec sa durée se serait adjoint en complétude tout ce qui aurait été incompatible dans la simultanéité temporelle, serait resté pensable comme le meilleur de tous les mondes. Il fallait donc aussi que le monde optimal eût encore la destination de pouvoir devenir encore meilleur avec le temps (*cum tempore*), même si cela ne pouvait être exempt de contradiction que si le processus avait la continuité des transitions imperceptibles. L'imperceptibilité, ici, est condition de la perfection ; elle seule exclut toute perception du manque à *tout* moment du temps – quoi qu'il puisse en être de la « réalité » du temps.

On voit que le minimalisme messianique du « grand rabbin » est solidement implanté dans deux traditions et qu'il n'avait pas besoin de tout l'aspect spectaculaire d'une apocalyptique.

LE MESSIANISME SANS SALUT
DE LA SECONDE ROME

La manière dont Goethe, au début de *Poésie et Vérité*, communique le moment et le lieu de sa naissance, comme s'il les avait relevés sur le registre d'état-civil, a quelque chose de pédant. Mais, dès la phrase suivante, le pédant semble changer de peau lorsqu'il utilise la datation exacte pour subordonner cette date à la dimension cosmique et la poser en nativité. En dépit de l'inclination de Goethe pour les *Omina,* il n'est pas besoin de prendre ce contraste trop au sérieux. Cela manquait trop de fatalisme pour ne pas laisser transparaître de l'ironie. On accepte volontiers d'être un favori de l'univers, mais on ne va pas jusqu'à s'y fier. La postérité de Goethe n'a pas toujours réussi à prendre conscience de ce jeu d'équilibre et à l'accepter.

L'entrée en matière de Goethe est ouvertement interpellée comme étant anachronique par Sigmund Freud lorsqu'il communique dans une lettre à Wilhelm Fliess, le 12 novembre 1897, l'une de ses découvertes les plus pressantes, celle du « refoulement » : *C'était donc le 12 novembre 97. Le soleil était alors dans le quartier est, Mercure et Vénus étaient en conjonction – Non, ce n'est plus comme cela qu'on commence aujourd'hui l'annonce d'une naissance.* Suit alors la réplique qui est plutôt d'« aujourd'hui », l'insertion de ce qui est objectivement pensé – même si c'est spéculatif et hautement subjectif – dans la quotidienneté personnelle et familiale : *C'était donc le 12 novembre, – une journée dominée par une migraine du côté gauche, l'après-midi Martin s'était assis pour écrire un nouveau poème, le soir Oli avait perdu sa deuxième dent –, qu'après les souffrances abominables des dernières semaines je donnai naissance à un nouveau chapitre de la connaissance.* Ce qui auparavant s'était déjà à plusieurs reprises montré, cette fois resta et *vit le jour.*

Si on lit cela avec beaucoup de générosité et de tolérance, il ne faut pas oublier son destinataire, l'ami et rhinologiste berlinois Fliess qui consacra toute sa vie à mettre en évidence les rythmes et les périodes organiques et qui ne doutait pas, mieux : qui ne permettait pas, que l'on doute de la relation du cosmos avec la vie humaine dans son ensemble, y compris avec ses périodes sexuellement spécifiques et la bi-sexualité. Les supputations auxquelles se laissaient aller autour de lui les patients comme les amis devenaient effectivement pédantes. L'admiration de Freud pour celui qui lui était *encore* supérieur du point de vue spéculatif s'effaça à mesure qu'augmentait le nombre de ses propres coups de génie. Cette première des nombreuses ruptures qu'a connues « l'histoire de l'École » est trop célèbre pour qu'il faille la rappeler.

C'est à cette époque de l'intimité indigente de ces amis – comment pouvait-il en être autrement, puisqu'ils étaient peu à peu sûrs de presque tout savoir l'un de l'autre ? – que Freud put réaliser l'un des rêves de sa vie, son voyage à Rome à la fin de l'été 1901 : *De tels accomplissements sont quelque peu altérés quand on les a attendus trop longtemps, cependant : c'est un des sommets de la vie.* Le bonheur, avait écrit Freud un jour, est toujours l'accomplissement d'un désir d'enfance. Celui-ci était un désir de formation humaine, goethéen qui plus est.

Un bonheur donc, même s'il était trop loin des premiers désirs. Mais déjà trop près du principe de réalité ? Étonnamment pas, car la Rome « moderne » n'ôte nullement ses illusions à Freud, il la trouve *pleine d'espoirs et sympathique*. Venant d'une Vienne qu'il hait, c'est peut être là ce qui fait contraste pour lui avec la morbidité de la ville *fin-de-siècle*. Devant la Rome antique, il est *entier, inébranlé*, comme il le relate hyperboliquement le 19 septembre à Fliess, devant *le petit fragment du temple de Minerve* à côté du forum de Nerva, qu'il *aurait pu adorer dans son abaissement et tout mutilé qu'il fût.*

Au contraire de Goethe, il n'apprécie pas la « seconde Rome », la Rome chrétienne. Ce n'est pas la Croix alors qui lui répugne, comme Goethe le formule pour la première fois en 1790 dans l'épigramme vénitien soixante-six. Non, chez Freud, c'est l'incapacité *de me débarrasser en pensée de ma misère et de tout le reste que je sais.* Le messianisme qui dans la Rome chrétienne se présente comme réalisé dérange non pas le Juif croyant qu'il n'était pas, mais bien plutôt le connaisseur frémissant des profondeurs de l'âme, dans laquelle rien de deux millénaires de Salut ne semble avoir pénétré.

De ce côté-ci déjà de l'« auto-analyse » qui a échoué, et avant même les grandes énigmes de l'obscur inconscient, il reste insensible à tout triomphe qui paraît trop facile. Aussi, dit-il, il *n'a pas bien supporté le mensonge de la rédemption de l'humanité qui dresse si bien sa tête jusqu'à toucher le ciel.*

Sa résistance n'est pas celle du classique, de l'esthète, du voluptueux privé de plaisir – c'est celle du psychopathologiste, qui croit déjà pour une bonne partie savoir comment porter remède à cette misère qu'il connaît aussi comme étant la sienne propre. La relation à la « seconde Rome » est comme une tentative de surmonter des dispositions à l'illusion et le principe de plaisir qui s'active en elles – s'il n'y avait là le soupçon que seule une illusion plus raffinée aurait écarté celle qui à Rome « dresse si bien sa tête jusqu'à toucher le ciel ».

Freud n'était pas croyant, mais il n'était pas non plus de ceux qui pour un quelconque avantage auraient choisi de se convertir au christianisme. Il y a pourtant une incohérence « formelle » qui l'empêchait de comprendre le christianisme. Pour le dire sans effet d'étrangeté propre au siècle : tout ce qui dans ce registre pouvait avoir de la signification indiquait que le Messie n'était pas venu. On peut comprendre la « mise en œuvre » psychanalytique, aussi bien théorique que thérapeuthique, comme un corollaire de cette déficience ; en aucun cas comme sa sécularisation. Il ne pouvait être question de rude labeur ou de conditions de vie tant qu'il n'y avait pas de « Rédemption ». Et il n'y aurait jamais celle-ci !

La « seconde Rome » s'opposait à cela, comme nulle autre chose, pas même l'antisémitisme du docteur Lueger [68] à Vienne ou l'hostilité bien plus tardive de l'ethnologue Wilhelm Schmidt à la horde primitive de Freud, à son meurtre du Père et à son totémisme. La « première Rome » n'avait pas connu ce conflit : ni l'attente d'un Messie ni son passage déjà accompli susceptible d'animer toutes sortes d'actes de violence. La « troisième Rome », celle de l'Italie unifiée, avait-elle renouvelé cette indifférence et cette « innocence » ?

On ne manquera pas de m'en vouloir si je dis qu'il n'est pas toujours possible de faire la différence chez Freud entre l'auto-analyse et l'auto-mise en scène. En ceci aussi il n'était pas si éloigné de Goethe. Mais il disposait de moyens plus subtils pour rendre sous-jacente cette différenciation impossible. Y compris pour lui-même.

Pour en donner une illustration à l'avance : en 1907, lors d'une autre visite à Rome, Freud rédige son décret autant déconsidéré qu'admiré, par lequel il fait savoir au cercle de ses disciples viennois du mercredi soir qu'il dissout l'Association et qu'il propose en même temps à ceux qui en étaient membres d'entrer dans un nouvel organisme afin qu'ils puissent se sentir librement associés. Tout cela sur une carte postale expédiée de Rome ! Pas d'anathèmes, mais le même effet pour écarter des mystères les incroyants. Rome était devenue le centre de sa prise de pouvoir sur lui-même, qui ne consistait en rien d'autre qu'à briser l'inhibition d'aller à Rome : comme autrefois Hannibal, le Phénicien de Carthage avec qui il

---

68. Karl Lueger (1844-1910), maire de Vienne, fondateur du parti chrétien-social.

partage les mêmes origines sémites, il avait fait volte-face en 1897 devant Trasimène et il avait renoncé à Rome. Il avait respecté une incompréhensible barrière qui pouvait bien résider dans la crainte triviale d'avoir trop de dépenses dans la Ville Éternelle, mais qui devint un symptôme de la figure du Père non encore dépossédée de sa puissance : *Mon désir de Rome*, avait-il écrit à Fliess le 3 décembre 1897, *est au demeurant profondément névrotique. Il se rattache à mon enthousiasme de lycéen pour le héros sémite Hannibal et cette année, tout comme lui, je n'ai pu aller du lac de Trasimène à Rome. Depuis que j'étudie l'inconscient, je suis devenu très intéressant pour moi-même.* L'explication nous est donnée par une erreur qui figure dans *L'Interprétation des Rêves* parue à la fin 1899, où il confond le père d'Hannibal, Hamilcar, avec son frère Hasdrubal : ce n'est pas une erreur de mémoire, mais bien plutôt un symptôme – pourtant la critique du livre sur l'interpétation des rêves *ne trouvera rien de mieux à faire que de repérer ces inattentions qui n'en sont pas*, écrit-il à Fliess le 12 décembre 1899.

Freud était donc arrivé là où il était resté interdit à Hannibal de parvenir, et le *mensonge* manifeste de la *Rédemption* était devant ses yeux. Mais ici aussi il a ses propres chemins de Salut qui ne sont pas éclairés par la lumière de la raison : il sacrifie au rite des touristes à la fontaine de Trevi et il y ajoute encore quelque chose *que je m'étais inventé moi-même : je mis la main dans la Bocca della verità à Santa Maria in Cosmedin, en jurant que je reviendrais*. Avant que cela ne s'accomplisse, le triomphe sur l'inhibition d'Hannibal, par l'entrée à Rome, a encore un effet immédiat : Freud ne veut plus souffrir. Il est résolu à ne plus supporter l'humiliation de voir différer plus longtemps sa nomination comme professeur. Et il en parle dans la langue de la « seconde Rome » : *Il faut pouvoir attendre son Salut de quelque chose et j'ai choisi ce titre de professeur comme Sauveur*, écrit-il à Fliess le

11 mars 1902. En complément de la victoire à Rome sur l'inhibition, il y a le morceau final de l'auto-mise en scène devant le spectateur ami et devant soi-même : *Lorsque je revins de Rome, le plaisir de vivre et de travailler avait quelque peu augmenté chez moi, le goût du martyre avait diminué.* Désormais il emprunta les voies qui mènent tout le monde au « Salut » : *D'autres ont la même sagesse, sans devoir d'abord aller à Rome.*

LE PÉCHÉ QUI RESTA SANS RÉMISSION

Les Lumières – dans leur critique du christianisme –, et même les théologiens, se sont trop peu inquiétés de ce que cette religion qui, pour rédimer l'humanité de la faute, avait autorisé la dépense la plus disproportionnée, celle de l'incarnation et de la mort de son dieu, avait proclamé, dans le même mouvement de sa première annonce, un nouveau péché que cette fois aucune rédemption ne viendrait expier : le péché contre l'Esprit saint.

Bien que deux évangélistes, Marc et Matthieu, le sachent, et que Marc fasse précéder la sentence de Jésus d'un *amen* qui la renforce, personne n'a pu dire ni n'a pu savoir en quoi consistait ce manquement inaccessible à la rémission et auquel nul autre ne pourrait être comparé, puisque Jésus assure que tous les péchés et tous les blasphèmes – même commis à son encontre – seraient pardonnés, sauf celui contre l'Esprit saint, et pour l'éternité (*eis ton aiōna*). C'est-à-dire, dans le langage de la dogmatique trinitaire, encore inconnue du Nouveau Testament : un crime de lèse-majesté à l'encontre de la troisième personne divine ne saurait participer de la grâce et du pardon obtenus par la souffrance et la mort de la deuxième dans son obéissance à la première. Ou encore, dans un autre langage de l'histoire des dogmes : la « réparation infinie » de l'acte rédempteur ne pouvait rien contre l'action d'une créature finie qui avec ses piètres moyens offense la majesté.

Étant donné l'absence d'efforts du côté des autorités, j'essaierai moi-même d'en faire. Comme les majestés sont devenues une denrée rare, il n'est pas facile de se représenter le véritable poids de certains « empiétements ». L'époque des grandes malédictions et des grandes imprécations que l'on ne connaît plus que par les romans est révolue. De tous les commandements de la loi sur le Sinaï, le second, condamnant le mauvais usage du nom divin, est le plus passé de mode, presque plus même que le sixième. Pourtant la connaissance du vrai nom de Dieu était déjà sanctionnée parce que la possession de cette clef ouvrait l'accès à l'oreille de la puissance suprême : elle était la seule à rendre possible le culte magique et pour cela elle devait être soustraite aux serviteurs de Baal qui habitaient tout autour. Le nom de Dieu est pour ainsi dire sur le point de se détacher de son porteur et de s'« hypostasier » comme l'aura de majesté (*kabod*) de YHWH et même sa « demeure » (*schekhina*) en tant que présence parmi les Siens.

Dans ces premières instances, Dieu peut être offensé et blasphémé, elles le représentent de manière active et passive.

De même la « sagesse » et le « logos » sont de semblables filiations de Dieu, et la tendance à hypostasier des qualités en « figures » est davantage qu'un phénomène de l'histoire des religions, comme l'atteste le néo-platonisme – aussi avec son induction pour la constitution de la Trinité théologique. De là ma supposition que, dans les deux passages qui parlent de la *blasphēmia* sans rémission, le *pneuma hagion* désigne très exactement le « nom » de Dieu ou l'un des autres « substituts » de celui-ci. Surtout l'un de ceux dont la traduction à partir du texte primitif soulève des difficultés – comme le *kabod* et la *schekhina* déjà mentionnés – et qui mettait à portée de main pour ceux qui viendraient ultérieurement le recours à l'Esprit saint. La lèse-majesté indirecte à laquelle avait conduit les exégèses du second commandement du décalogue, se référait aussi à de tels « messagers » de Dieu, aux anges et aux puissances en un sens si général qu'à aucun moment Michel, l'archange vainqueur de l'apostat Lucifer, n'a jamais osé, à en croire l'« Épître à Jude » du Nouveau Testament, « blasphémer » celui-ci. En d'autres termes : l'ange ne maudit pas le diable parce que celui-ci pouvait encore avoir un reste d'immunité en tant qu'ange déchu.

Si l'on se demande ce qui pouvait bien être en cause lorsque, dans la *Passion selon saint Matthieu*, au point crucial de toute la procédure judiciaire, le grand prêtre Caïphe dit à Jésus : *Je t'adjure par le Dieu vivant de nous dire si tu es, toi, le Messie, le fils de Dieu ?* – la réponse est là qui sanctionne, absolument, et il n'est pas besoin de contre-serment, de complément pour la renforcer : *Tu le dis.* Sur quoi, il y a surenchère dans l'ambition messianique : Jésus sera aussi le Juge du Monde qui revient sur les nuées du Ciel. C'est alors seulement que le grand prêtre déchire ses vêtements et prononce les paroles qui ont valeur de sentence de mort : *Il a blasphémé Dieu* (*eblasphēmēsen*). Il n'était plus besoin d'enquêter au-delà. Mais l'on reconnaît déjà la vision apocalyptique du Jour du Jugement : *Siégeant à la droite de la Puissance* (encore une de ces substitutions), ce qui rend le blasphème passible de la peine de mort. Les appellations de *Christos* et de *Fils de Dieu* étaient trop vagues pour en venir déjà à déchirer ses vêtements. Caïphe ne savait encore rien de la dogmatique de la « deuxième personne », et l'« oint » n'était encore qu'un attribut messianique parmi d'autres, celui du roi davidique des derniers temps. Il existe donc un lien étroit entre le *logion,* à peine réinventé, du péché sans rémission et le motif de la sentence de mort contre Jésus. Ici comme là il s'agit d'un degré extrême dans le répréhensible, l'offense insurpassable faite à la divinité.

Luc n'a pas repris le *logion* du péché sans rémission. Est-il possible de supposer pourquoi il ne l'a pas fait ? Même si les formulations sont diverses, Matthieu et Luc font état de l'implication active de l'Esprit saint dans la grossesse de Marie. Matthieu en tire si peu qu'on est tenté de penser qu'il n'a pas bien su quoi faire de cette « constatation » (*heurethē*) : elle *se trouva enceinte par le fait de l'Esprit saint.* L'ange utilise la même formule dans le rêve de Joseph pour apaiser celui-ci et l'empêcher de répudier sa fiancée. Cet ange apparu en rêve remplace le

Gabriel de l'Annonciation chez Luc, qui va même jusqu'à indiquer le procédé utilisé par l'Esprit saint : *il viendra sur elle*, et introduit une nouvelle instance, qui resurgit dans l'interrogatoire devant Caïphe : la *puissance du Très Haut* « couvrira Marie de son ombre ».

Chez Luc, comme dans l'interrogatoire de la *Passion selon saint Matthieu*, la disposition des places est identique, *à la droite de la Puissance*. Sauf que Luc avait introduit ce substitut du nom de Dieu dès le commencement même de l'histoire du Fils de l'homme. Mais Luc n'a pas compris la suite de la gradation. Il retourne l'ordre de la question : d'abord l'« Oint », puis le « Fils de l'homme à la droite de la puissance de Dieu », puis, séparément, le « Fils de Dieu ». À partir de celui-ci seulement toute recherche supplémentaire devient superflue. On pourrait dire que, du point de vue dogmatique, il n'est rien sorti de la « puissance de Dieu », tandis que l'Esprit a reçu lui ses contours théologiques. Cela permet peut-être justement d'expliquer que, venu tardivement, Luc ne reprend pas « le péché contre l'Esprit saint ». Cela n'aurait pu être compris que dans ce sens : Jésus place l'auteur de sa propre réalité physique sous une protection particulière : lui, Jésus, en tant que Rédempteur, ne pourra plus rien faire si quelqu'un attente de manière blasphématoire au mystère de son origine.

Luc va au-devant de ce danger sans recourir à la malédiction sans rémission : il raconte l'histoire en faisant, d'emblée, intervenir préventivement l'ange nommément cité – au lieu de l'ange anonyme du rêve chez Matthieu – et avec l'adjonction de la « Puissance du Très Haut », qui à travers la Passion doit d'une certaine façon être déjà familière. Au commencement comme à la fin, Luc trouve les mots pour adoucir. Dans cette logique il n'y avait pas de péché irrémissible.

L'histoire de l'exégèse biblique montre que l'on ne savait que faire d'un péché contre l'Esprit saint. Pas même le profond Augustin, en tant que spécialiste du péché, qui l'identifie avec l'endurcissement du cœur jusqu'à la fin de la vie (*duritia cordis usque ad finem huius vitae*), et qui consiste pour l'homme à refuser la rémission des péchés que Jésus a méritée pour lui. Sauf qu'à en croire la tradition, c'est le propre de tout péché dans la mesure où le pécheur ne se sépare pas de lui et s'en fait absoudre. Le péché contre l'Esprit saint serait ainsi une sorte de méta-péché qui rend définitifs tous les autres. Quoi qu'il en soit, il n'est indiqué ni ici ni ailleurs en quoi consisterait ce méfait.

Il est compréhensible qu'en dépit de toute la joie qu'il y a à confesser ses propres manquements, personne, en deux millénaires de christianisme, ne se soit accusé de cette faute ultime. À l'exception du père de Kierkegaard qui était prêt à tenir la malédiction qu'enfant il avait adressé à Dieu, alors qu'il gardait les moutons sur la lande du Jutland, pour ce péché qui passe toute mesure, et qui en trouvait la confirmation en ce qu'il avait eu du succès dans la vie, signe de son « dédommagement » terrestre et donc de sa « réprobation » éternelle. Ce qui n'empêcha pas son fils Sören de faire face à son existence d'écrivain avec ce « dédommagement » dont il a hérité.

Nous avons ici un cas de justification par la foi dans sa limpidité paradoxale : un homme très conscient de la faute croit que c'est à lui de combler cette catégorie du plus grand des péchés que la Bible a laissée vacante. Mais il ne peut combler cette catégorie vide qu'en faisant de l'assumation de cette « exception » biblique la preuve de l'intensité de sa foi. Il croit même en ce qui devrait le détruire. Sa foi lui dissimule le paradoxe qui le fait vivre : celui qui croit au péché sans rémission ne peut pas l'avoir commis, sinon la « justification par la foi » ne serait qu'une tromperie. Mais à cela on n'est pas appelé. Aussi le croyant continue-t-il à se demander si malgré tout il n'aurait pas commis ce péché inconnu. Extrême remède à la faute extrême, la certitude du Salut est elle-même suspendue.

L'histoire d'enfance du père de Kierkegaard semble avoir gagné son autonomie propre. La mère racontait des histoires de la Bible, le père, qui était pasteur, parlait lui des païens – telle était la répartition des rôles dans le monde des impressions de l'enfant, nous dit Friedrich Dürrenmatt parlant du village où il a grandi. Dans les histoires que, rentrant de nuit après avoir pris soin des âmes des paysans isolés, le père racontait là-haut « dans le bois » à l'enfant qui l'accompagnait, revenaient les noms que portent les étoiles au ciel. Dans le mythe il était question de la malédiction des Dieux envers les séditieux et les blasphémateurs, et le fils ne savait ni ce qu'était une malédiction ni pourquoi il y avait tant de dieux, puisque, selon la version de la mère, tout se ramenait à ce qu'il n'y en avait qu'un. Mais cet Un aussi semblait avoir quelque chose à faire avec la malédiction, et c'est ce qui refaisait surface comme un corps erratique étranger au milieu des mythes grecs du père : ... *Une fois, comme nous redescendions tous deux du « bois » par une nuit de neige, mon père me parla d'un homme qui, pauvre garçon, avait maudit Dieu, et depuis ce temps tout était toujours allé mieux pour lui, il était devenu riche, mais toujours plus triste ; il me disait aussi qu'il y avait un péché que Dieu ne pouvait pas pardonner, mais personne ne savait exactement en quoi ce péché consistait – ce mystère me préoccupait, parce qu'il paraissait aussi préoccuper mon père.*

À la manière dont c'est raconté, il paraît étrange qu'une relation univoque ne soit pas établie entre la malédiction du pauvre garçon, d'âge indéterminé, et le péché irrémissible. La malédiction incomprise dans sa nature même pourrait être tout au plus un exemple de la direction dans laquelle chercher le péché inconnu. Mais pourquoi devrait-on le chercher, puisqu'on n'en tirerait plus rien d'autre que de le reconnaître comme celui que l'on a déjà commis ? La réponse ne peut que répéter ce qui a été dit : y croire est déjà tout ce qu'il a en soi et peut avoir. La chute du récit de Dürrenmatt réside dans la raison qui est avancée pour expliquer que l'histoire du père préoccupe l'enfant. Ce n'est pas l'essence de ce mystérieux manquement qui l'obsède, mais la prise de conscience qu'il ne semble pas laisser le père en paix.

Le motif ne se laisse reconstituer qu'à partir du contexte. Le père se plaisait surtout à raconter le mythe de Thésée qui, au retour de Crète, après avoir tué le Minotaure, oublie de hisser la voile blanche en signe qu'il a survécu et vaincu. Ce qui induit son père en erreur et le fait se jeter, désespéré, dans la mer, croyant qu'il a perdu son fils. Qu'est-ce que cela signifiait ? La distraction des fils tue les pères quand ceux-ci les portent trop dans leur cœur. Pour le jeune garçon qui écoute le récit de son père durant leur route nocturne, cela signifie que lui non plus ne rend pas justice à son père : ... *moi aussi je pensais peu à lui et moins encore par la suite.* Cette crainte de ne pouvoir en aucune façon en faire assez, donne à ce retour de la montagne par une nuit d'hiver cette sorte de signification indéterminée qui s'attache au plus grand des péchés non rémissibles, et qui semble égarer le père parce que son Dieu est un Dieu que l'on peut offenser jusqu'à le maudire, et qui par l'éclat du succès apparent leurre le pécheur sur le fait qu'il est perdu. Que le fils de ce Dieu continuât d'en porter l'héritage et la faute héréditaire pour en bâtir l'un des plus grands mondes conceptuels, le pasteur de village n'en avait peut-être pas même idée. Sinon le nom n'aurait pas échappé au souvenir du fils.

Être poursuivi de bienfaits par Dieu, pensée qui fait que la Passion n'est pas absolument vaine, est une pensée qui n'est supportable que parce qu'elle se dissout elle-même, que sa ruse s'applique à elle-même. Cela fait pourtant partie des énigmes du christianisme qu'il ait pu survivre à ces « inclusions » dans la manifestation originelle de sa Révélation. Ou bien était-ce au contraire l'une de ses forces, d'avoir cet instrument à portée de la main ?

L'indétermination est peut-être la dernière chance pour une idée de conserver son pouvoir sur les esprits. Le christianisme avait sacrifié son indétermination en érigeant en noyau de sa certitude que celui qui devait venir était déjà venu. Bien qu'il promît, qu'on s'en réjouît ou qu'on en tremblât, la perspective d'un retour de celui-ci sur les nuages du ciel au Jour du Jugement, la décision de ce retour en tant qu'événement de Salut devaient être déjà réglées d'avance par la justification ou par l'incroyance. Quoi qu'il dût encore survenir, tout ce qui importait était advenu.

Ce qui conditionne la conscience du judaïsme, c'est l'incertitude du Messie. Personne ne pouvait dire de lui quand et comment il viendrait, ni même qui il serait : quelqu'un qui revient ou quelqu'un qui n'est pas nommé encore – cet état de suspens dans lequel tout est encore possible, dans lequel aucun événement ne peut jamais prouver l'échec du Dieu de l'Alliance, que tout événement tend plutôt à excuser avec un accroissement de l'attente, c'est cela qui était en jeu avec la prétention messianique du christianisme. En ce cas, il se pouvait bien que la nouvelle incertitude que le Sauveur identifié une fois pour toutes laissait à ses fidèles fût un faible équivalent fonctionnel : quel serait le plus grand péché, le péché absolu ?

Son seul sens compréhensible, exclusivement eschatologique, aurait pu être que chacun dût redouter à chaque moment de le commettre. Dans ce cas seulement, il lui faudrait préférer à toute autre chose la fin du monde en tant qu'elle mettrait fin au risque qu'il courait lui-même de commettre ce méfait. Nul instant de la poursuite du temps du monde n'était suffisamment précieux pour contrebalancer la tentation inconnue, dont les conséquences ne pouvaient même pas être effacées par la délivrance, si chèrement payée, de l'emprise de Satan.

Montesquieu dit que tout pouvoir devient despotique dès lors qu'il laisse dans l'indétermination ce qu'est la trahison. La trahison n'est pas la sécularisation du péché contre l'Esprit saint ; mais du point de vue de la fonction, il en prend la place. Trahison et péché sont l'un et l'autre mythiques quand l'on peut être coupable sans avoir commis l'acte, comme dans le cas du péché originel, ou lorsque cet acte ne saurait être évité parce qu'on ne sait pas en quoi il consiste comme dans le péché contre l'Esprit et la trahison idéologique. Voilà que l'alliance de la conscience morale et du système dogmatique échappe au contrôle rationnel. Dans le même temps, il accroît sa prestation dans l'inconnu, dans la mesure où il fait de ceux qui sont encore innocents, ou supposés tels, des complices d'une communauté conjurée contre ceux qui sont déjà coupables ou supposés tels.

Une des conquêtes de l'État de droit, c'est qu'il exige la définition de ses secrets. Il faut que l'on puisse savoir à partir de quand l'abandon peut être qualifié de trahison. Le prix à payer, c'est que les niveaux de confidentialité indispensable et les tampons qui les définissent se multiplient sans arrêt. Et en même temps les risques qu'on s'en serve. Ce n'est pas seulement celui qui livre le secret qui est coupable, mais déjà celui qui fait un usage trop parcimonieux du tampon « Top secret ». Ainsi se met à proliférer une discipline d'arcanes.

Le degré de la trahison est absolu, le risque de la commettre inexorable, quand le soupçon qu'elle pourrait être déjà accomplie devient partout présent. Cela n'a pas été le cas avec le péché contre l'Esprit, cela ne pouvait plus l'être lorsqu'il fallut retirer le niveau d'alarme de l'Apocalypse. En cas de haute trahison, on peut inventer les ennemis et la gravité des situations qui sont accompagnées de la réalité vivante de la trahison.

Il existe d'autres groupes de conjurés qui, comme personne ne leur confie plus de vrais secrets, vivent de la fiction de profondeurs mystérieuses et du contrôle des regards qui cherchent à les percer. Il y a quelques décennies, ces mystères pouvaient même revêtir un aspect esthétique. Les « Cosmiques » de Schwabing [69], au début du siècle, menaçaient de mort qui trahissait leurs secrets. Mais même les membres des cercles les plus étroits ne savaient pas en quoi consistaient ces secrets. Ils n'auraient pas pu davantage être communiqués que le contenu du péché contre l'Esprit saint.

La comtesse Reventlow, une initiée de ces cercles, a inséré ce fait dans une courte scène de son roman sur Schwabing, *Les Carnets de monsieur Dame* : *Constantin pâlit : « Ai-je trahi des secrets cosmiques ? » dit-il en regardant Maria d'un air interrogateur. Celle-ci haussa les épaules : « Ça, on ne le sait jamais. »*

---

[69]. Quartier de Munich, autrefois lieu de rendez-vous des artistes et de la bohême.

SOUVENIR D'ORIGÈNE

Chargé qu'il est d'indétermination, le discours du passé à assumer et du travail de deuil [70] rappelle le destin exégétique du péché biblique « contre l'Esprit saint ». Où est donc celui qui l'aurait jamais commis ? Où est donc cet autre qui se tourmente parce qu'il serait capable de le commettre ? Il reste ainsi une menace, chargée de toute la conscience d'une faute inexpiable, pesant au-dessus de celui qui redoute de devoir un jour constater avec autant de surprise que de désespoir qu'il l'a commise.

Cela s'accordait-il avec un paysage théologique, dans lequel, par principe tout au moins il n'était pas contesté – même si ce n'était pas affirmé – que le diable lui-même pourrait avoir sa part au trésor infini de Rédemption acquis par la mort expiatrice de Jésus ? Car il ne faudrait pas qu'une mesure infinie de grâce soit niée ou mise en doute parce qu'une seule créature serait exclue de son efficace. Aucune source de la Révélation ne permet de déduire que cette disposition était accordée à l'ange déchu, mais elle ne se laisse pas davantage réfuter par le *theologumenon* du trésor des grâces. Origène lui-même, le plus profond des premiers théologiens, *n'avait pas* prétendu que, lors de son *Apokatastasis*, le contradicteur de Dieu serait tiré du dernier des puits de l'Enfer. Il avait seulement voulu laisser ouverte l'hypothèse que, lors de la répétition du cycle du monde, chacun, depuis le haut jusqu'au bas de l'échelle, *puisse* redevenir et être tout.

Le libre choix entre Bien et Mal serait rétabli dans la mesure où il ne serait plus définitif d'être tel ou tel. En définitive, le chef des anges rebelles n'était pas seulement devenu *méchant*, dans son séjour infernal il ne pouvait

---

70. « Vergangenheitsbewältigung » et « Trauerarbeit » : les deux concepts se trouvent en Allemagne au centre de toute discussion qui porte sur le rapport au passé nazi.

certainement pas faire autrement que de le *demeurer*. Origène avait poussé si loin le principe de l'inépuisabilité du fonds du Salut parce qu'il trouvait adéquat pour une infinitude que de l'infini puisse être possible à partir d'elle – et, selon les présupposés de la métaphysique traditionnelle, cela ne pouvait se faire que par la répétition : la même chose, oui, mais pas par le fait des mêmes.

Nous ne savons pas si Origène s'en est sorti avec le « péché contre l'esprit », ni comment. Dans sa conception non plus il n'avait pas sa place. Ce péché a l'inappréciable avantage qu'il partage avec Sa Semblance que personne jamais ne peut baigner dans la joie de l'innocence. Et ceux qui le peuvent sont une menace nullement joyeuse pour tous les préposés à la culpabilité.

Au reste, que faire, si, à peine sortis du ventre de notre mère, il nous a fallu songer au meurtre de celui des parents qui perturbait notre libido ? Meurtriers dès le tout début - il ne s'agit plus là d'une figure démoniaque de projection – nous le sommes tous désormais virtuellement, même si le vœu ne s'accomplit que dans la latence du rêve. Comment se fait-il qu'aucun de ces théologiens, qui n'ont pourtant pas froid aux yeux quand il s'agit de chercher la faute, n'en est jamais venu à dire que ce « péché contre l'Esprit saint » était celui que quiconque avait déjà commis depuis toujours ?

Ce péché, n'était-ce pas d'aventure de *n'avoir pas* refusé l'être dans le corps maternel et de ne pas avoir tué la mère pour empêcher d'autres « méfaits » semblables ? Ou est-ce le concept-limite d'une volonté de vie qui, vu de l'autre côté de l'existence, du côté mortel, se refuse d'accepter la sortie de l'être pour au lieu de cela – dans chaque acte biotropique de défense ou d'accroissement ou de délai acheté – mettre virtuellement l'accent sur l'immortalité ? Nulle part au monde l'idée du Bien ne peut se manifester de manière adéquate – mais une idée du Mal le pourrait-elle ? Si justement l'on partage la supposition biblique que de tous les manquements il en est un qui n'aurait pas été rédimé par le sacrifice du Fils de Dieu, quelqu'un devrait l'avoir commis – par mégarde, puisque en fait nul ne sait en quoi il consiste.

Il faut tenter de se représenter ce « pécheur contre l'Esprit saint » qui en est venu là d'une manière ou d'une autre. Que lui reste-t-il à faire ? Se repent-il de ce qu'il ne savait pas qu'il faisait ? Séjournera-t-il en expiation, comme Grégoire, sur la pierre des postulants pour obtenir une grâce inaccessible ? Si le monde sait ce dont il s'est rendu coupable, exigera-t-il de lui de renoncer au cours du temps et à la perte d'identité qui y est liée ? Pourquoi Jésus dit-il à ses disciples qui lui reprochaient son onction qu'« ils auraient de tout temps des pauvres parmi eux » ? Car il aurait pu et dû dire qu'il ne leur manquerait pas de coupables – qu'ils vivraient de la faute des autres dont ils devaient être autorisés à pardonner les fautes, à l'exception de celle pour laquelle il n'y a pas de rémission ? Ou n'est-ce pas le cas ?

Le refus de l'absolution pour *ce péché-là* ne devait-il pas conduire au besoin autrement plus pressant de faire l'apprentissage de la vie avec la faute ? Ceux qui imposent le « travail de deuil » n'en sont-ils pas en même temps les surveillants ? Le péché irrémissible avait-il été inventé comme instrument pour charger la rémission devenue trop facile du pesant soupçon qu'elle avait peut-être laissé passer l'irrémissible ? Le problème n'est pas tiré par les cheveux : celui qui n'était pas sûr d'être élu risquait de n'avoir commis que l'irrémissible.

Alors on verrait quelqu'un distribuer ces bienfaits alors que ce ne serait qu'un réprouvé. Il ne sert à rien ici de supposer que le catalogue des péchés est constamment élargi pour s'adapter à l'offre du pardon ; tout comme en cas de mort l'entourage exigeait de manière visible le tribut de deuil de ceux qui restent pour contribuer au service de consolation.

C'est une consolation que cela puisse arriver à chacun. Mais il ne faut pas l'accorder à tous ; à la limite, c'est justement ce qui n'est pas permis à quelqu'un et ce pourquoi l'assentiment pourrait être refusé. Il y a toujours des approches de ce point où la consolation comme le pardon se font inutiles. Ne devrait-il pas y avoir de nom, de menace pour cela ? On pressent véritablement comment tout concourt à introduire ce résultat : la contradiction avec l'inépuisabilité de la grâce rédemptrice.

Ce dont on ne peut pas parler, il faut le taire[71]. Conseil qui, dans le cas du « péché contre l'Esprit saint », a été suivi et qu'il convient de continuer à suivre.

---

71. Dernière proposition du *Tractatus logico-philosophicus* de L. Wittgenstein, *op. cit.*, p. 107.

LES EXCÈS DU DIEU DES PHILOSOPHES

La puissance d'un dieu, à quelque moment qu'on la contemple, qu'on la « vive » ou même simplement qu'on l'affirme, paraît être si grande qu'on ne peut pas penser aujourd'hui qu'elle le soit davantage.

Dans le mythe, cela apparaît et s'exprime dans une histoire qui trouve justement sa fin au moment où elle cesse d'être racontée. Pour le dieu qui triomphe en ultime instance, il reste cependant la menace d'un autre dieu qui pourrait être au-dessus de lui comme lui-même était hiérarchiquement le dernier d'une série de dieux toujours plus puissants. Dans le discours de telles menaces, la pointe ironique réside en ceci que le triomphateur ultime sait contrecarrer à temps et à bon droit ces dieux, manifestant ainsi qu'il est insurpassable, et le seul à l'être.

Le dieu des philosophes paraît être plus près de cette forme de processus du mythe que de l'histoire du dogme théologique telle qu'elle s'est développée dans le premier demi-millénaire postérieur au Christ. Du point de vue descriptif, la différence qui sépare le dogme du mythe consistait surtout en ce que l'unicité divine, résultat de l'Ancien Testament, en s'élargissant au Fils et à l'Esprit n'avait pas conduit à une nouvelle rivalité entre générations. Selon sa définition même le « Saint » esprit garantissait l'exact contraire : l'unité du Père et du Fils comme alliance d'amour.

C'est pourquoi la querelle apparemment mesquine entre l'Orient et l'Occident à propos du *filioque* du Credo, c'est-à-dire à propos de la participation commune du Père *et* du Fils au souffle du *Spiritus Sanctus* – n'est pas le *Quodlibet* qu'elle paraît être. La succession, au sein même de la divinité, de l'engendrement et du souffle vivant est bien l'ordre dans lequel se fait la Révélation historique, mais pas en tant que succession de rapports d'hégémonie. Si l'Esprit restait le grand inconnu, cela tenait déjà à son manque de visibilité : il n'était pas le *Logos* qui s'était fait chair, bien qu'il fût la puissance fécondante de cette incarnation.

La réflexion philosophique sur Dieu ignore tout cela lorsque, un autre demi-millénaire plus tard, elle parvient à sa conceptualisation la plus pure et la plus concise avec la définition d'Anselme de Cantorbéry selon laquelle Dieu est ce au-delà de quoi rien de plus grand ne peut être pensé (*quo maius cogitari nequit*). Anselme a tout de suite utilisé ce concept comme type même d'une limite philosophique pour déduire du concept, et de celui-là seul, l'existence. Au-delà de toutes les réfutations et de toutes les récusations, ce modèle est resté inhérent aux rêves qu'a nourris la philosophie d'atteindre des sommets : faire accomplir au concept ce qu'autrement seule la perception avec ses contingences pourrait obtenir. Pour être « cet au-delà de quoi rien de plus grand ne peut être pensé », il fallait qu'il ne lui manque rien : surtout pas l'existence. À celui qui était défini ainsi, l'existence ne pouvait de ce fait faire défaut. Pour l'être insurpassable il était aussi logique qu'il fût prouvé. Il était nécessaire parce que son concept pouvait être pensé. Sans contradiction ? Cette contre-question ne fut soulevée que des siècles plus tard par le pieux Duns Scot qui s'attachait encore plus à la mère de Dieu qu'à son Fils destiné à l'être de toute éternité. La synthèse d'Anselme et de Duns Scot par Leibniz est encore confirmée par le contradicteur de Hegel, Kierkegaard : *La proposition de Leibniz : « Si Dieu est possible, il est nécessaire. » est tout à fait juste.*

Chez Anselme de Cantorbéry – après Origène, le plus grand penseur de la tradition chrétienne du premier millénaire – l'ironie de la gradation qui mène du concept de Dieu au concept de son existence démontrable est qu'il ne tarda pas à introduire la preuve que le concept qu'il avait mis à la base de son argument « ontologique » ne satisfaisait pas à la stricte exigence que rien ne saurait être pensé au-delà et au-dessus de lui pour définir la dignité et la majesté de Dieu. Avec son infatigable perspicacité, Anselme lui-même a poursuivi la gradation : Dieu est plus grand que tout ce qui peut être pensé : *quiddam maius quam cogitari possit*. Voilà qui détruit la possibilité de déduire son existence à partir du concept, y compris dans les conditions posées par Anselme lui-même. Le rapport qu'il pourrait y avoir entre le concept et l'existence n'est même plus compréhensible. Mais, indépendamment de cette conséquence, le passage de ce qui peut être pensé à ce qui est au-delà de la pensée ne peut pas se faire dans l'horizon philosophique. C'est bien plutôt le concept de Dieu de la mystique qui est défini selon sa *via negationis*. Mais il s'agit là d'une distinction que le siècle d'Anselme ne connaît pas et qui, pour lui, n'est pas essentielle.

Elle n'est introduite ici que comme une indication qu'il existe un critère de la certitude que la pensée qui cherche à circonscrire l'idée de Dieu est déjà parvenue à sa limite – ce qui voudrait dire en même temps : au concept vraiment vrai de Dieu. Que cela n'ait jamais été atteint ni accompli avec le concept de l'au-delà de la pensée, que cela se soit bien plutôt poursuivi d'une manière souvent cachée et virtuellement explosive, on le voit dans les processus du douzième siècle qui visent à rejeter la métaphysique aristotélicienne du moteur immobile et de l'indépendance – d'existence et d'essence – du cosmos vis-à-vis de lui. Il fallait désormais pousser à l'extrême la distinction entre le Dieu-créateur et le Dieu-premier moteur : le monde n'était pas l'univers de ce qu'il *pouvait*, mais l'expression de ce qu'il *voulait*. Les définitions négatives de 1277 produisirent durant deux siècles un centrage du concept de Dieu sur l'attribut de la toute-puissance – puis indirectement sur la critique de la prépondérance de la toute-puissance comme préparation des temps modernes. Le remède radical était le panthéisme comme négation de la différence entre la possibilité et la réalité, la puissance et l'œuvre, le vouloir et l'être. Le monde investissait autrement la « place » de la définition selon laquelle il fallait qu'existât *quo maius cogitari nequit*. Il pouvait être ce qui procurait des satisfactions à la raison. Le monde même serait le dieu, le dieu se dispenserait dans le monde et en tant que monde – cela s'entend comme une de ces « formules emphatiques » dont Aby Warburg, faisant récemment école, a parlé à propos de l'art plastique comme du stigmate de son origine rhétorique. Mais on peut encore le voir autrement : le spinozisme avoué ou secret des temps modernes comme artifice qui permet de réduire l'exaltation qui consiste à conduire Dieu, dans l'énigme indéchiffrable de sa liberté, en tant que *deus absconditus* jusqu'aux degrés de l'inconcevable. Le *deus sive natura* de Spinoza échappe à cette exaltation. Il s'est replié sur la sobriété de celui qui ne peut donner plus ou autre chose que ce qu'il a donné : l'Un qui a donné l'Unique. C'était le nouveau gain maximum, le néo-platonisme sans le défaut de la « multiplicité » du monde face à l'Un de son principe absolu. C'était la Création valorisée jusqu'à l'identification avec l'engendrement du Fils, le Fils unique élargi, par-delà l'humanité, jusqu'à faire corps avec le monde : sa *praedestinatio aeterna* faisant un avec la *creatio ab aeterno*. Tous ces chefs-d'œuvre conceptuels avaient été préparés par la *coincidentia oppositorum* de Nicolas de Cuse : rendre possible l'impossible.

La justification du factuel qui n'a besoin d'aucune théodicée découle de son identité avec le divin. Comme très souvent dans l'histoire des théologies, celle-ci – de même que ce degré dans la gradation de Dieu – renferme aussi avant tout une interdiction de pousser plus loin le questionnement qui n'a rien à voir avec un tabou. Ce n'est pas autre chose que l'interdiction de l'absurde.

Si rien d'autre ne peut être que ce qui est, cela ne se mesure pas à la paresse de la pensée de ce qui pourrait éventuellement être mieux. Dans cette mesure, en dépit de la légende sur Lessing colportée par Jacobi, les Lumières n'ont jamais sympathisé de plein cœur avec le spinozisme, abandonnant de ce fait celui-ci à son rôle de « précurseur » du romantisme. Que le plus profond apaisement sur les dieux qui ait jamais été exprimé n'accorde à l'homme d'autre consolation que d'être divin parmi le divin – au lieu d'être celui qui postule ses prérogatives comme dans la *Théodicée* – c'est quelque chose comme le prix du renoncement divin à la transcendance et à l'être-caché.

Le panthéiste veut seulement *voir* le monde autrement, au lieu de vouloir l'*avoir* autrement. Il abjure le volcanisme et se voue au neptunisme aussi longtemps qu'il a le choix de refuser d'attribuer au Tout l'absence de dignité de l'éruptivité comme « expression ». De telles décisions de fond perdurent jusqu'au *Dieu qui ne joue pas aux dés*, qui est raffiné, bien qu'il ne soit *pas sournois*.

Après le tremblement de terre de Lisbonne et le naufrage de la théodicée, après le « succès » en sous-main du spinozisme, pouvait-il y avoir un nouveau degré dans la gradation de Dieu ? Je voudrais concentrer la réponse en une seule phrase : le sublime de l'idée de Dieu s'est manifesté pour la première fois avec la mort constatée, non déplorée et pourtant non surmontée, de Dieu. Sa disparition de la transcendance comme de l'immanence confirma le caractère sans appel de son « aura », ce que l'Ancien Testament appelle le *kabod YHWH* et la Septante la *doxa theou*. Le soupçon volontiers exprimé qu'il ne s'est jamais agi que du successeur n'est pas légitime. Il s'agissait de la « cause de la mort », et il s'agissait du mode du « souvenir ».

Ce n'est pas un hasard si surgit presque simultanément dans la sphère théologique comme dans la sphère esthétique une qualité d'*anamnesis* qui n'avait presque plus jamais été atteinte depuis le platonisme : l'idée inattendue que par le simple « souvenir » de ce qui était perdu était atteinte, « rétablie », attestée, la pleine « réalité » de ce qui avait été. Il faut même en revenir au comparatif du platonisme, ne serait-ce que pour pouvoir décrire ce complexe de phénomènes : c'est moins en tant qu'objet de croyance supposé démontrable ou nécessaire au Salut qu'en tant qu'il a été que le dieu est devenu « plus réel » qu'il ne l'était. Un tel souvenir n'a pas besoin de faire montre du respect théologique de la nostalgie, de la douleur de la séparation et de la privation. Mais l'humanité a fait des « expériences » avec ses dieux qui ne tombent pas sous le coup du simple décret d'oubli.

Tandis que l'athéisme trivial – celui de l'astronaute qui rapporte n'avoir vu nulle trace de Dieu – converge vers la proposition que déjà le psalmiste lui faisait dire : *il n'y a pas de Dieu*, et dit ce faisant que l'affirmation du contraire est depuis toujours une erreur ou une volonté de tromper – ignominieuse –, Nietzsche refuse justement cette proposition. Son « Dieu mort » est le dieu qui par la mort est définitivement devenu, et dont l'existence-au-passé échappe à toute négation. L'*anamnesis* du platonisme si âprement combattu, et pourtant non abattu, a reçu le corollaire moderne de sa « préexistence » : nous nous souvenons de notre histoire avec ce mort comme l'esclave thessalien de Platon placé devant les figures géométriques de Socrate se souvient de quelque chose à quoi il ne peut se souvenir d'avoir été présent. C'est là la communauté platonicienne de cette *anamnesis* : des souvenirs qui restent à ceux qui n'étaient pas là.

Ce qui fait l'objet d'un souvenir n'est pas ce qui est immuable comme les idées ; mais sa dernière « modification » le *rend* immuable. Il acquiert la qualité de tous les souhaits de la métaphysique européenne. En tant qu'il est perdu irrémédiablement, il est devenu immuable. Aussi paradoxal que cela puisse paraître : le Dieu du souvenir, le Dieu du nihilisme, le Dieu des quêtes erratiques du sujet qui se veut inconsolable, ce Dieu est plus puissant que celui de la foi confiante au Juge qui devait avoir déjà certifié par avance aux siens leur acquittement.

Par la pensée de la mort de Dieu, le Dieu des philosophes s'approche en quelque sorte du Dieu historique de la théologie. Ce dernier avait lui-même « fondé » et ritualisé son *anamnesis*. Quel sens aurait eu l'ordre de répéter l'institution de la Cène si le retour sur les nuées célestes était une perspective si sûre qu'elle n'avait besoin que d'attente, pas de souvenir ? Dans la *Passion selon saint Matthieu*, le Fils de l'homme insiste pour qu'on se « souvienne de lui », et il donne à cette mémoire la constance de la « forme symbolique » de sa capacité à souffrir dans son corps.

Le Dieu des philosophes devait aussi pouvoir mourir : c'était là le « changement de rôles » inattendu qui allait se jouer dans le cerveau de Nietzsche : le remplacement de la Passion de Dieu par le surhomme ou par l'aspirant à cette démesure. Mais, comme il le fallait pour Nietzsche, ce dieu mort ne devait pas être sacrifié *pour* l'homme, mais bien plutôt être sacrifié *par* lui pour son avenir et pour le retour éternel de l'avenir. Alors le souvenir de lui devint prise de conscience de l'auto-dépassement de l'homme : l'Histoire comme évidence d'une nouvelle conscience de soi.

Au centre de la réflexion chrétienne, il y avait eu la vision d'un Dieu mourant, vision certes d'un mourant qui devait encore ressusciter, *bien qu*'il vînt précisément de se livrer au souvenir. La contradiction entre rituel mémorial et résurrection n'a jamais été ressentie. Et elle a encore moins éveillé le soupçon que le déclenchement du contrecoup messianique de la Passion pouvait être encore tout à fait inconnu de celui qui instituait la Cène, voire qu'il lui fut contraire.

La différence entre la claire évidence de la Passion et l'imperceptibilité de la Résurrection a rarement choqué. Autant le crucifié, loin de tout docétisme de sa corporéité, était réel, autant le ressuscité, qui se borne à « apparaître » à tels ou tels, entrant et s'évanouissant par des portes fermées, était irréel. Il n'y a donc là rien du triomphe de la mort surmontée que l'Église lui attribuera dans sa liturgie. C'est un « événement sans public », sans tous ceux qui avaient vu en principe ses miracles, et qui maintenant restaient exclus du miracle des miracles qui se déroulait « dans la salle » et dans le « plus étroit cercle ».

Au contraire de ce qui se passe dans le culte communautaire, la résurrection n'est pas une impression « forte » pour le lecteur solitaire de la Bible telle que la Réforme, la toute première, devait le découvrir. Cela a son importance si l'on doit se représenter que le fils de pasteur familier de la Bible qu'était Nietzsche n'a pas besoin d'opposer d'arguments à la possibilité d'une Résurrection pour sa mort de Dieu – l'association des deux ne vient pas à l'esprit. C'est la Passion, et non la vision du Ressuscité, qui avait déterminé le critère de réalisme auquel il fallait désormais mesurer tout ce qui prétendait être la réalité elle-même. Éminemment superflue, l'Ascension est l'épisode qui contraste parfaitement avec la Passion. À quoi bon ce congé de ce qui est nulle présence puisque le Ressuscité ne vivait pas de nouveau parmi les siens comme auparavant et ne faisait que les hanter de manière épisodique.

Ces considérations ramènent à un aspect bien précis de la Crucifixion : l'image du Dieu qui s'offre lui-même, voire s'abandonne. Qu'apprend l'auditeur de la *Passion selon saint Matthieu* dans le cri de désespoir d'*Eli, Eli* sinon cela ? Sans le consentement du Fils à la volonté du Père dans la nuit de Gethsémani, cet extrême du « renoncement », de *kenōsis*, n'aurait pas été possible si l'on suit l'exégèse trinitaire de la dogmatique : Dieu ne pouvait pas s'abandonner lui-même sans être au niveau de la volonté aussi uni que dans le *filioque* du souffle de l'Esprit. Ce n'est pas là, certes, la langue de l'évangéliste, mais c'est l'implication théologique de la dogmatique qui pour le compositeur de la *Passion* est indiscutable. La liberté de la mort sur la croix – liberté d'une non-liberté – fait de cette mort un acte de Salut.

À ce point – dans l'explication dogmatique de la *Passion selon saint Matthieu* – on se rapproche sans y prendre garde d'un nouveau, éventuellement d'un ultime degré du concept de Dieu qui peut s'exprimer négativement ainsi : Dieu ne pouvait être tué, et dans cette mesure la mort de Dieu chez Nietzsche n'est qu'en surface l'acte meurtrier du surhomme ou de celui qui était résolu à cet acte comme à tout autre. Si Dieu était mort, il l'était de par lui-même, tout comme il n'avait existé que par lui même, en tant que *causa sui ipsius*.

Inversement, la Passion mène tout près de cette pensée : personne ne peut tuer Dieu à moins qu'il ne s'y prête. Qu'il s'y prête constitue le cœur même du sacré dans l'histoire chrétienne du Salut. Mais il appartient aussi à l'« histoire du Salut », même s'il ne s'agit plus de celle du christianisme, que Dieu cède la place au « surhomme » pour que celui-ci puisse tout simplement advenir. Cela ressemble encore à une conséquence du premier commandement énoncé sur le Sinaï, le dieu jaloux qui ne tolère à ses côtés aucun dieu étranger. La conséquence de cette obéissance, renoncer aux Baals et au Veau d'or, n'est qu'un terme de l'alternative, l'autre reste toujours celui du mythe, l'ancien dieu doit céder la place au nouveau. Pour le dire de façon excessive, cela signifie : Dieu, en tant que dieu mort, doit céder la place à l'homme en tant qu'être du monde portant la responsabilité de l'Éternel Retour. Il s'agit de cette compétence pour le monde dans son ensemble et pour tous ses destins – et Un seul peut l'avoir. Mais celui qui l'a se définit à partir de l'*anamnesis* de celui qui l'a eue et à qui elle ne pouvait être arrachée qu'en l'écartant du chemin.

Pourquoi devait-elle l'être ? Parce que cet ancien Dieu

du monde avait failli dans sa responsabilité. Comme il avait été prouvé dans le procès de la théodicée, celui perdu de 1755, ou par la constatation de Kant *De l'échec de toutes les tentatives philosophiques de théodicée* de 1791. Un dieu pour qui il n'y avait pas de raison d'être devenait un dieu qui se retirait le droit d'être un fait. C'est là le point culminant de la gradation de Dieu : il veut être identique à son bon droit à l'Être. Et il s'abandonne dans une sorte de Passion métaphysique en restituant son esprit à l'abîme dont il avait surgi en vertu du fait qu'il était lui-même sa propre cause.

Un jour, dans le cours du monde, le surhomme l'y suivra. Peut-être est-il même déjà sur le point de le faire. S'il fallut que mourût le Dieu à qui le monde pouvait être imputé comme faute, alors il faudra que meure l'homme qui ne sait pas rejeter ou éviter cette même faute.

La séparation entre Dieu du Monde et Dieu du Salut en tant que Père et Fils avait été quelque chose comme la tentative d'en finir avec le « poids » du monde, sans tomber dans le dualisme gnostique. Le Dieu incarné était mort, mais le monde avait continué d'exister alors que l'apocalypse ne s'accomplissait pas. En cela déjà, il y avait échec, et seuls le jugement et son exécution restaient en suspens : il n'y avait pas de confiance en celui qui, en tant que créateur, n'avait pas su se défaire du monde. Pire encore : il n'y avait pas de grâce pour lui. La « solution » de Nietzsche est d'une cohérence implacable dans le mouvement de l'antignose des temps modernes, et elle est identique au mythe dans ses procédés : non pas une simultanéité dualiste, mais une succession. Sûr, fidèle, digne de confiance : telles avaient été les qualités du Dieu de l'alliance de l'Ancien Testament. Mais la sûreté qu'il offrait était conditionnée, et ces conditions, il était seul à les poser et à les aggraver. Il en allait encore de même avec le *deus absconditus* : un dieu qui, à la manière des grâces accordées, élisait les bienheureux bénéficiaires du

Salut. Faisant partie de la génération qui succède à ce dieu, l'homme s'estimait assez fiable puisque les actes de Dieu ne s'adressaient à nul autre qu'à lui. La mort de Dieu ouvrait la voie à la confiance absolue en soi de l'homme. Sauf que la voie libérée resta vide.

Était-ce parce qu'à l'histoire du surhomme était attachée l'opprobre d'un meurtre ? Alors tout serait réparé si Nietzsche s'était trompé en racontant l'histoire. Il n'y avait pas eu ce meurtre. Du moins, pas celui-ci, mais en revanche d'innombrables autres qui mettent un terme à la qualification de l'homme à prendre la suite de Dieu. L'état de vacance perdura. Était-ce dû à ce que Nietzsche en réalité n'avait pas mené à son terme la gradation des concepts de Dieu, n'avait pas vu que l'autodissolution était la conséquence de la perte fondamentale ? Était-ce dû au fait qu'il ne pouvait pas comprendre la Passion ?

D'après son origine latine, « passion » a les deux sens de souffrance et de passion que l'allemand ne peut pas rendre [72]. Dieu ne pouvait avoir souffert qu'en tant qu'homme, qu'en devenant homme. Mais poursuivre la gradation de Dieu semble être – si l'on contemple la totalité du mythe et de la religion – quelque chose comme la passion (*Leidenschaft*) de l'homme. Élever son dieu à un degré toujours supérieur revient pour lui à poursuivre sa propre cause, celle de l'homme, comme s'il se préparait à très long terme la place à investir pour son autodéfinition. Jusqu'à ce qu'il y ait une autre solution pour la suite. Émile M. Cioran, le porte-parole tardif de toutes les misanthropies, a décrit en une seule phrase l'ambivalence de cette « passion » distinctive : *Le destin historique de l'homme est de mener l'idée de Dieu jusqu'à sa fin.* [73]

---

72. À la différence du français, le double sens de « passion » correspond en allemand à deux termes de même origine, mais pas absolument identiques (souffrance : « Leiden »/ passion : « Leidenschaft »).
73. E.M. Cioran, *Des larmes et des saints, op.cit.*, p. 82 (en français dans le texte).

Mener l'idée jusqu'à quelle fin ? L'ironie de Nietzsche réside dans l'automatisme avec lequel la fin de Dieu a été aussi celle de l'homme considéré dans toute son historicité préalable en tant que simple hominidé pour le surhomme. Il n'y a pas de vacance : l'*horror vacui* historique l'emporte. Est-ce la « passion » présumée de ces gradations de Dieu jusqu'à son dépassement sur la *via negationis* de prédicats de réel qui mène à la négation *du* prédicat qui, d'après Kant, n'est pas réel ? Mais aussi de l'homme qui n'en est plus un parce que, se lassant de l'humain, il s'en passe et le dépasse.[74]

Le vieux principe de l'*horror vacui* exonère de poser la question de l'énergie qui, passée imperceptiblement par toutes les étapes de la gradation, n'avait pas laissé en repos le présumé chercheur de Dieu, l'infatigable trouveur de Dieu, jusqu'à l'épuisement – ici comme là.

---

74. Nous avons essayé de rendre le jeu de mots que fait Blumenberg sur l'expression : « sich über sein » qui signifie à la fois « être fatigué, se lasser de soi-même », et « dépasser », ici dans le sens du dépassement de l'homme vers le surhomme nietzschéen.

TABLE DES MATIÈRES

L'Horizon

Arpenter l'horizon	9
Un seul auteur, une seule histoire	26
Le commencement de la sagesse	34
Soulagement – ou plus encore ?	40
La générosité théologique de la *Passion selon saint Matthieu*	46
L'« auditeur implicite » sauvé de la raison historique	55
L'horizon métaphorique	
Le rachat	60
L'agneau	70
On ne cessera jamais d'entendre	
Une apostrophe que Goethe ne pouvait pas comprendre	79
Nietzsche pensé comme auditeur de la *Passion selon saint Matthieu*	81
Audition de Rilke comme auditeur de la *Passion selon saint Matthieu*	83
La mère de Wittgenstein	88
« Jamais cet enfant ne sera crucifié... »	90

Les Degrés d'un dieu

Si c'était celui-ci, ça ne peut être un autre	97
Une esthétique de la création : comment elle justifie l'existence du monde	103
Dieu se refuse à être percé à jour	107
Encore et toujours : qu'advint-il au Paradis ?	111
Agrandir Dieu	116
Le travail des patriarches et celui de la musique	122
La crainte d'Abraham devant Dieu pensée à son terme : l'agneau, pas le bélier	130

Corporéité

L'incarnation du verbe, un scandale pour les anges	139
En contrepartie : l'ange de l'annonciation	143
Dieu impliqué dans le monde	145
Depuis quand suis-je ? Depuis quand était celui-là ?	152
Pourquoi si tard ?	173
Une promesse exaucée	179

Renégats

Le comique de Simon Pierre	187
Quand le reniement devient calomnie	191
Les grandes espérances et celui qu'elles poussent	195
Quand quelqu'un devient trop vieux pour encore s'emparer du pouvoir	206
Visite d'une pierre qui aurait presque crié	211
Le réalisme du champ du sang	215
Les trente deniers	219

Entre deux meurtriers

Jésus accessible à la tentation	229
Barrabas et les paroles authentiques de Jésus	234
Les « deux meurtriers » sur le Golgotha	239
« Il appelle Élie ! »	244
Le cri premier	254
Défense théologique et gain humain	259
Nul martyre	261
L'ultime parole de la Passion selon saint Jean	263
Le témoin du quatrième évangéliste	270

Les Larmes

« Nous nous asseyons en larmes... »	279
Jusqu'à la tombe scellée	281
Les larmes du père, à concevoir seulement	291
Paul pleure	295

La puissance des larmes au-dessus de la toute-puissance	298

UN MESSIE IMPERCEPTIBLE

Les Disciples à Emmaüs du Caravage	303
Traces	306
Extrait de ce qui n'est pas écrit	308
Un agraphon mal interprété	310
Le messianique : le prophète et la sibylle	312
Attendre encore le messie : un risque	316
Minimalisme messianique	320
Le messianisme sans salut de la seconde Rome	326
Le péché qui resta sans rémission	332
Souvenir d'Origène	342

LES EXCÈS DU DIEU DES PHILOSOPHES	347

LES PUBLICATIONS DE L'ARCHE

ACHTERNBUSCH Herbert, *La Botte et sa chaussette*
  – *Ella*
  – *Gust*
  – *Susn*
ADAMOV Arthur, *Strindberg*
ADORNO Theodor/EISLER Hanns, *Musique de cinéma*
AKERMAN Chantal, *Hall de nuit*
  – *Un divan à New York*
ALBERTI Rafael, *Cantate des héros et de la fraternité des peuples*
  – *D'un moment à l'autre*
  – *L'Homme inhabité*
  – *Le Repoussoir*
AN-SKI Sh., *Le Dibouk*
ARDEN John, *L'Ane de l'hospice*
  – *L'Asile du bonheur*
  – *La Danse du Sergent Musgrave*
  – *Le Dernier Adieu d'Armstrong*
  – *Vous vivrez comme des porcs*
ARNHEIM Rudolf, *Le Cinéma est un art*
ASCH Sholem, *Dieu de vengeance*
AUDIBERTI Jacques, *Molière*
AUTEUR ANONYME, *Arden de Faversham*
AUTRUSSEAU Jacqueline, *Labiche et son théâtre*
BABLET Denis, *Edward Gordon Craig*
BARNES Djuna, *Antiphon*
  – *Journal d'une enfant dangereuse*
  – *Pièces en dix minutes*
BARRATO Mario, *Sur Goldoni*
BASELITZ Georg, *Charabia et basta*
BAUSCH Pina, voir HOGHE Raimund et MAU Leonore
BAYEN Bruno, *Weimarland. L'Enfant bâtard*
BENJAMIN Walter, *Journal de Moscou*
BERGER John, *Au regard du regard*
BERLIOZ Hector, *Euphonia, ou La Ville musicale*
  – *Histoire du harpiste ambulant*
  – *Le Premier Opéra*
  – *Le Suicide par enthousiasme*
  – *Un bénéficiaire à Calais*
BERNHARD Thomas, *Les Apparences sont trompeuses*
  – *Au but*
  – *Avant la retraite*
  – *Déjeuner chez Wittgenstein*
  – *Dramuscules*
  – *Emmanuel Kant*
  – *Événements*
  – *Le Faiseur de théâtre*
  – *La Force de l'habitude*

- *L'Ignorant et le Fou*
- *Maître*
- *Minetti*
- *Place des héros*
- *Le Président*
- *Le Réformateur*
- *Entretiens avec Krista Fleischmann*
- *Simplement compliqué*
- *La Société de chasse*
- *Une fête pour Boris*

BEUYS Joseph/KOUNELLIS Jannis/KIEFER Anselm/CUCCHI Enzo, *Bâtissons une cathédrale*

BEUYS Joseph, *Par la présente, je n'appartiens plus à l'art*
- *Qu'est-ce que l'argent ?*
- *Qu'est-ce que l'art ?*

BLUMENBERG Hans
- *Naufrage avec spectateur*
- *La Passion selon saint Matthieu*
- *Le Souci traverse le fleuve*

BOND Edward, *Bingo*
- *Commentaire sur les* Pièces de guerre *et le paradoxe de la paix*
- *La Compagnie des hommes*
- *Eté*
- *La Furie des nantis*
- *Grande Paix*
- *Jackets ou la main secrète*
- *Maison d'arrêt*
- *Mardi*
- *Les Noces du Pape*
- *Rouge, noir et ignorant*
- *Sauvés*

BORDAT Denis/BOUCROT Francis, *Les Théâtres d'ombres, histoire et techniques*

BORGAL Clément, *Jacques Copeau*

BRACH Jacques, *Les Douze Facteurs du caractère*

BRASCH Thomas, *Mercedes*

BRECHT Bertolt, *Théâtre*
- *Antigone*
- *Baal*
- *La Bonne âme du Setchouan*
- *La Boutique de pain*
- *Celui qui dit oui, celui qui dit non*
- *Le Cercle de craie caucasien*
- *Combien coûte le fer ?*
- *Coriolan*
- *Le Coup de filet*
- *Dansen*
- *Dans la jungle des villes*
- *La Danse macabre de Salzbourg*

- *Le Débit de pain*
- *La Décision*
- *Déclin de l'égoïste Johann Fatzer*
- *Don Juan*
- *L'Enfant d'éléphant*
- *L'Exception et la règle*
- *Exercices pour comédiens*
- *Fatzer, fragment*
- *Les Fusils de la mère Carrar*
- *Gösta Berling*
- *Grandeur et décadence de la ville de Mahagonny*
- *Grand-peur et misère du IIIe Reich*
- *Hannibal*
- *Homme pour homme*
- *Les Horaces et les Curiaces*
- *Il débusque un démon*
- *L'Importance d'être d'accord*
- *Les Jours de la commune*
- *Lux in Tenebris*
- *Maître Puntila et son valet Matti*
- *Le Mendiant ou Le Chien mort*
- *La Mère*
- *Mère Courage et ses enfants*
- *La Noce chez les petits bourgeois*
- *L'Opéra de quat'sous*
- *Le Précepteur*
- *Le Procès de Jeanne d'Arc à Rouen, 1431*
- *Le Procès de Lucullus*
- *La Résistible Ascension d'Arturo Ui*
- *Rien à tirer de rien*
- *Sainte Jeanne des abattoirs*
- *Les Sept péchés capitaux des petits bourgeois*
- *Schweyk dans la IIe guerre mondiale*
- *Tambours dans la nuit*
- *Tambours et trompettes*
- *Têtes rondes et têtes pointues*
- *Turandot ou le congrès des blanchisseurs*
- *La Véritable vie de Jacob Geherda*
- *Vie de Confucius*
- *La Vie d'Edouard II d'Angleterre*
- *La Vie de Galilée*
- *Les Visions de Simone Machard*
- *Le Vol au-dessus de l'océan*

BRECHT Bertolt, *Poèmes* (9 tomes) dont :
- *Élégies de Buckow*
- *Études*
- *Extraits d'un manuel pour habitants des villes*
- *Histoires de la révolution*
- *Poèmes chinois*

- *Poèmes d'exil*
- *Poèmes de Svendborg*
- *Recueil de Steffin*
- *Sermons domestiques*

Ainsi que les chansons et poèmes extraits des pièces et autres œuvres, les fragments et les poèmes sur les pièces.

BRECHT Bertolt, <u>Essais</u>
- *L'Achat du cuivre*
- *Les Arts et la révolution*
- *Dialogues d'exilés*
- *Ecrits sur la politique et la société*
- *Ecrits sur le théâtre I*
- *Ecrits sur le théâtre II*
- *Petit Organon pour le théâtre*
- *Sur le cinéma*
- *Sur le réalisme*

BRECHT Bertolt, *Prose*
- *Les Affaires de Monsieur Jules César*
- *Les Crabes de la mer du Nord*
- *De la séduction des anges. Textes et poèmes érotiques*
- *Histoires d'almanach*
- *Histoires de monsieur Keuner*
- *Journal de travail 1938-1955*
- *Journaux 1920-1922*
- *Me Ti. Livre des retournements*
- *Notes autobiographiques 1920-1954*
- *Le Roman de quat'sous*
- *Le Roman des Tuis*
- *La Vieille Dame indigne*

BRECHT Bertolt/WEILL Kurt, *Les Sept Péchés capitaux*
BRÜCKNER Christine, *Pourquoi n'as tu rien dit, Desdémone ?*
BÜCHNER Georg, *Léonce et Léna*
- *La Mort de Danton*
- *Woyzeck*

CALDERON Pierre, *Le Schisme d'Angleterre*
CARAGIALE Ion Luca, *Une lettre perdue*
- *M'sieu Léonida face à la réaction*
- *Une nuit orageuse*

CERVANTES Miguel, *Le Vieillard jaloux*
CHURCHILL Caryl, *Septième ciel*
- *Top girls*

CONGREVE William, *Amour pour amour*
DANIELOU Alain, *Yoga, méthode de réintégration*
DEKKER Thomas, *Le Diable au village*
DEUTSCH Michel, *L'Audition*
- *Les Baisers*
- *La Bonne Vie*
- *Convoi*
- *Dimanche*

- *L'Empire*
- *L'homme qui ne fait que passer*
- *Il y a erreur sur la personne*
- *Imprécation dans l'abattoir*
- *Inventaire après liquidation*
- *John Lear*
- *La Négresse bonheur*
- *Le Souffleur d'Hamlet et autres textes*
- *Tamerlan*

DORST Tankred, *La Grande Imprécation devant les murs de la ville*
- *Moi, Feuerbach*

DORT Bernard, *Corneille dramaturge*
DÜSS Louisa, *La Méthode des fables en psychanalyse infantile*
EIGENMANN Éric, *La Parole empruntée*
FABRE Jan, *Elle était et elle est, même*
- *L'Empereur de la perte*
- *Falsification telle quelle, infalsifiée*
- *Le Guerrier de la beauté*
- *L'Interview qui meurt...*
- *Qui exprime ma pensée...*

FASSBINDER Rainer Werner, *L'Anarchie de l'imagination*
- *Anarchie en Bavière*
- *Le Bouc*
- *Le Café*
- *Du sang sur le cou du chat*
- *Les Films libèrent la tête*
- *Gouttes dans l'océan*
- *Les Larmes amères de Petra von Kant*
- *Liberté à Brême*
- *Loup-garou*
- *Nul n'est méchant, personne n'est bon*
- *La Peur dévore l'âme*
- *Preparadise sorry now*
- *Qu'une tranche de pain*
- *Le Village en flammes*

FELLINI Federico, *Je suis un grand menteur*
DE FILIPPO Eduardo, *Leçons de théâtre*
FLEISSER Marieluise, *Pionniers à Ingolstadt*
- *Purgatoire à Ingolstadt*

FO Dario, *Le Gai Savoir de l'acteur*
FORTE Dieter, *Martin Luther et Thomas Münzer ou Les Débuts de la comptabilité*
GAY John, *L'Opéra des gueux*
GIDE André, *Notes sur Chopin*
GOETHE Johann Wolfgang, *Torquato Tasso*
GOGOL Nicolas, *Le Revizor*
GOLDMANN Lucien, *Racine*
- *Situation de la critique racinienne*

GOLDONI Carlo, *L'Adulateur*

- *Arlequin, valet de deux maîtres*
- *La Bonne Mère*
- *La Bonne Epouse*
- *Les Cancans*
- *Le Chevalier de bon goût*
- *Le Chevalier et la Dame*
- *La Femme fantasque*
- *Les Femmes pointilleuses*
- *L'Honnête Aventurier*
- *L'Honnête Fille*
- *Les Jumeaux vénitiens*
- *La Locandiera*
- *Les Tracasseries domestiques*
- *Le Vieux Boute-en-train*
- *La Villégiature*
- *Une des dernières soirées de carnaval*

GOLL Ivan, *Mathusalem*
- *Les Immortels*

GORKI Maxime, *Les Bas-Fonds*
- *Dostigaiev et les autres*
- *Drôles de gens*
- *Egor Boulytchov et les autres*
- *Les Enfants du soleil*
- *Les Ennemis*
- *Les Estivants*
- *La Fausse Monnaie*
- *Iakov Bogomolov*
- *Somov et les autres*
- *Vassa Geleznova 1re version*
- *Vassa Geleznova 2e version*
- *Le Vieux*
- *Les Zykov*

GRIBOÏEDOV Alexandre Sergueievitch, *Le Malheur d'avoir trop d'esprit*
HAN-CHING Kuan, *La Neige au milieu de l'été*
HANDKE Peter, *Appel au secours*
- *La Chevauchée sur le lac de Constance*
- *Gaspard*
- *Les Gens déraisonnables sont en voie de disparition*
- *Introspection*
- *L'Heure où nous ne savions rien l'un de l'autre*
- *Outrage au public*
- *Prédiction*
- *Le Pupille veut être tuteur*

HARE David, *L'Absence de guerre*
HAY Julius, *Avoir*
- *Dieu, Empereur et paysan*
- *Le Gardien de dindons*

HARE David, *L'Absence de guerre*
HENKEL Heinrich, *Olaf et Albert*

HOGHE Raimund/WEISS Ulli, *Pina Bausch. Histoires de théâtre dansé*
HÖLLER Hans, *Thomas Bernhard – Une vie*
HORNEY Karen, *La Personnalité névrotique de notre temps*
 – *Nos conflits intérieurs*
HORVÁTH Ödön von, *Allers-retours*
 – *Le Belvédère*
 – *Casimir et Caroline*
 – *Le Congrès*
 – *Conte féerique original*
 – *Coup de tête*
 – *Don Juan revient de guerre*
 – *Dósa*
 – *Élisabeth, beauté de Thuringe*
 – *Un épilogue*
 – *Figaro divorce*
 – *Foi Amour Espérance*
 – *Le Funiculaire*
 – *L'Heure de l'amour*
 – *L'histoire d'un homme (N) qui grâce à son argent peut presque tout*
 – *L'Inconnue de la Seine*
 – *L'Institutrice*
 – *La Journée d'un jeune homme de 1930*
 – *Légendes de la Forêt Viennoise*
 – *Magasin du bonheur*
 – *Meurtre dans la rue des Maures*
 – *Nuit italienne*
 – *Sladek, soldat de l'Armée noire*
 – *Un Don Juan de notre temps*
 – *Un homme d'affaires royal*
 – *Vers les cieux*
 – *Vers les cieux* - fragment
IVANOV Vsevolod, *Le Train blindé 14-69*
JELINEK Elfriede, *Ce qui arriva quand Nora quitta son mari*
JONSON Ben, *L'Alchimiste*
KAGEL Mauricio, *Parcours avec l'orchestre*
KAISER Georg, *Alcibiade sauvé*
 – *Les Bourgeois de Calais*
 – *Du matin à minuit*
 – *Mississippi*
 – *Octobre*
 – *Proscription du guerrier*
 – *Les Têtes de cuir*
KALISKY René, *Aïda vaincue*
 – *Dave au bord de mer*
KILTY Jerome, *Cher menteur*
KIPPHARDT Heinar, *Le Chien du Général*
 – *En cause J. Robert Oppenheimer*
 – *Joël Brand, histoire d'une affaire*
KROETZ Franz Xaver, *Concert à la carte*

- *Haute-Autriche*
- *Journal du Nicaragua*
- *Meilleurs souvenirs de Grado*
- *Terres mortes*
- *Train de ferme*
- *Travail à domicile*
- *Une affaire d'homme*

LABICHE Eugène, *L'Affaire de la rue de Lourcine*
LACARRIERE Jacques, *Sophocle*
LEFEBVRE Henri, *Critique de la vie quotidienne* :
- *1. Introduction*
- *2. Fondements d'une sociologie de la quotidienneté*
- *3. De la modernité au modernisme*
- *Diderot ou Les Affirmations fondamentales du matérialisme*
- *Musset*

LEIBOWITZ René, *Introduction à la musique de douze sons*
LENZ Jacob, *Notes sur le théâtre*
- *Le Nouveau Menoza*
- *Le Précepteur*
- *Les Soldats*

LOO DING, *Du millet pour la huitième armée*
LUKACS Georg, *Marx et Engels, historiens de la littérature*
- *Pensée vécue, mémoires parlés*
- *Problèmes du réalisme*

MADAULE Jacques, *Claudel dramaturge*
MANGER Itsik, *Le Jeu de Hotsmakh*
MAU Leonore, *Pina Bausch et compagnie*
MAYER Hans, *Brecht et la tradition*
- *Sur Richard Wagner*

MICHELSEN Hans, *Günter Kask*
- *Lappschiess*
- *Stienz*

MOHNNAU Ralph Günter, *Je plante des belladones dans les déserts des villes*
- *Saison de nacres*

DE MOLINA Tirso, *Le Timide au palais*
MONNIER Henri, *La Religion des imbéciles*
- *La Famille improvisée*

MÜLLER Heiner, *Erreurs choisies*
- *Fautes d'impression*
- *Germania 3*
- *Guerre sans bataille*

NOREN Lars, *Automne et hiver*
- *Démons*
- *La Force de tuer*
- *Munich-Athènes*
- *La Veillée*

NOURISSIER François, *Lorca*
OBALDIA René de, *Genousie*

O'CASEY Sean, *La Charrue et les étoiles*
- *Coquin de coq*
- *La Coupe d'argent*
- *Derrière les rideaux verts*
- *Le Dispensaire*
- *L'Étoile devient rouge*
- *La Fin du commencement*
- *Histoire de nuit*
- *Il est temps de partir*
- *Junon et le paon*
- *Lavande et feuilles de chêne*
- *Nannie sort ce soir*
- *L'Ombre d'un franc-tireur*
- *On attend un évêque*
- *Paiement à vue*
- *Poussière pourpre*
- *Roses rouges pour moi*
- *Les Tambours du Père Ned*

OLMI Véronique, *Le Passage*

O'NEILL Eugène, *Ah, solitude !*
- *Anna Christie*
- *Avant le petit déjeuner*
- *Le Brin de paille*
- *La Corde*
- *Dans la zone*
- *De l'huile*
- *De l'or*
- *Derrière l'horizon*
- *Désir sous les ormes*
- *Le Deuil sied à Electre*
- *Différents*
- *Dynamo*
- *L'Empereur Jones*
- *Enchaînés*
- *L'Endroit marqué d'une croix*
- *En route vers Cardiff*
- *L'Etrange Intermède*
- *La Fontaine*
- *Le Grand Dieu Brown*
- *Hughie*
- *Jours sans fin*
- *Le Long Retour*
- *Long Voyage du jour à la nuit*
- *Long voyage vers la nuit*
- *La Lune des Caraïbes*
- *Le Marchand de glace est passé*
- *Marco Millions*
- *Le Môme rêveur*
- *Le Premier Homme*

- *Le Rire de Lazare*
- *Le Singe velu*
- *Tous les enfants du Bon Dieu ont des ailes*
- *Une lune pour les déshérités*
- *Un grain de poésie*

OSTROVSKI Alexandre, *Cœur ardent*
- *Entre soi on s'arrange toujours*
- *La Forêt*
- *On n'évite ni le péché ni le malheur*
- *L'Orage*
- *Le Plus Malin s'y laisse prendre*

OUVRAGES COLLECTIFS
- *Brecht après la chute*
- *Itinéraire de Roger Planchon*
- *Pina Bausch : Parlez-moi d'amour*

PERETZ Isaac-Leib, *Enchaîné devant le temple*
- *La Nuit sur le vieux marché*

PIRANDELLO Luigi, *L'Amie de leurs femmes*
- *Comme tu me veux*

PISCATOR Erwin, *Le Théâtre politique*

PROST Charles, *Adieu, Jérusalem*
- *La Crise des esprits supérieurs*
- *Veillons au salut de l'empire*

REICH Wilhem, *La Fonction de l'orgasme*
- *Passion de jeunesse*

REMY Tristan, *Entrées clownesques*

RICHTER Gerhards, *Tableau abstrait 825-11, 69 détails*

ROBERT Marthe, *Un homme inexprimable, Heinrich von Kleist*

ROBICHEZ Jacques, *Le Symbolisme au théâtre*

RUZANTE, *La Moscheta*

SAUVAGE Micheline, *Calderon*

SCHMITT Carl, *Hamlet ou Hécube*

SEGHERS Anna, *La Révolte des pêcheurs de Sainte-Barbara*
- *Histoire des Caraïbes*

SHAW Bernard, *Androclès et le Lion*
- *Avertissement sur le mariage*
- *Candida*
- *L'Homme du destin*
- *L'Homme et les armes*
- *La Maison des coeurs brisés*
- *Les Maisons des veufs*
- *La Milliardaire*
- *On ne peut jamais dire*
- *La Profession de madame Warren*
- *Pygmalion*
- *Sainte Jeanne*
- *Un bourreau des cœurs*

SIRJACQ Louis-Charles, *Des fakirs, des momies et Maman*
- *L'Hiver, chapitre 1*

SOPHOCLE, *Ajax*
DE SOYE Suzanne, *Les Verbes de la danse*
SPERR Martin, *Scènes de chasse en Bavière*
STRAUSS Botho, *La Chambre et le temps*
- *Chœur final*
- *L'Équilibre*
- *Les Sept Portes*
- *Le Soulèvement contre le monde secondaire*
- *La Tanière*
- *Le Temps et la chambre*
- *Visages connus, sentiments mêlés*
- *Visiteurs*
STRINDBERG August, *Amour maternel*
- *À Rome*
- *L'Avent*
- *Les Babouches d'Abou Kassem*
- *Blanche-Cygne*
- *Camarades*
- *Charles XII*
- *Le Chemin de Damas*
- *Christine*
- *Les Clefs du ciel*
- *Créanciers*
- *Crime et crime*
- *La Danse de mort*
- *Le Dernier Chevalier*
- *Devant la mort*
- *Doit et avoir*
- *Engelbrekt*
- *En l'an quarante-huit*
- *Erik XIV*
- *La Femme de sire Bengt*
- *Le Gant noir*
- *Les Gens de Hemsö*
- *La Grand-route*
- *Gustave Adolphe*
- *Gustave III*
- *Gustave Vasa*
- *Hermione*
- *Le Hollandais*
- *Le Hors-la-loi*
- *L'Ile des morts*
- *Il ne faut pas jouer avec le feu*
- *Le Jarl de Bjälbo*
- *Jouer avec le feu*
- *Le Libre-Penseur*
- *Le Lien*
- *Mademoiselle Julie*
- *La Maison brûlée*

- *Maître Olof (prose)*
- *Maître Olof (prose et vers)*
- *Le Mardi-gras de Polichinelle*
- *La Mariée couronnée*
- *Orage*
- *Pâques*
- *Paria*
- *Le Pélican*
- *Père*
- *La Plus Forte*
- *Premier avertissement*
- *Le Régent*
- *Le Rossignol de Wittenberg*
- *La Saga des Folkungar*
- *La Saint-Jean*
- *Le Secret de la guilde*
- *Simoun*
- *La Sonate des spectres*
- *Le Songe*
- *Voyage de Pierre l'Heureux*

TCHEKHOV Anton, *Ce fou de Platonov*
- *La Cerisaie*
- *Le Chant du cygne*
- *Ivanov*
- *Les Méfaits du tabac*
- *La Mouette*
- *Oncle Vania*
- *L'Ours*
- *Le Sauvage*
- *Sur la grand-route*
- *Tatiana Repina*
- *Tragédien malgré lui*
- *Les Trois Sœurs*
- *Une demande en mariage*
- *Une noce*
- *Un jubilé*

TOURGUENIEV Ivan, *Le Célibataire*
- *Conversation sur la grand-route*
- *Le Déjeuner chez le maréchal*
- *Le Fil rompt où il est mince*
- *L'Imprudence*
- *Le Pain d'autrui*
- *Sans argent*
- *Un soir à Sorrente*
- *Un mois à la campagne*

VIAN Boris, *Les Bâtisseurs d'empire ou Le Schmürz*

VINAVER Michel, *La Demande d'emploi*
- *Les Huissiers*
- *Théâtre de chambre*

- *Les Travaux et les jours*
VOLKOV Solomon, *Conversations avec George Balanchine*
WEISS Peter, *Cinéma d'avant-garde*
WEKWERTH Manfred, *La Mise en scène dans le théâtre d'amateurs*
WENDERS Wim, *Avec Michelangelo Antonioni*
- *Emotion pictures*
- *Une fois*
- *La Logique des images*
- *La Vérité des images*
XENAKIS Iannis, *Kéleütha, Écrits*
ZEITLIN Aaron, *Jacob Jacobson ou A propos de la Genèse*

CET OUVRAGE A ÉTÉ ACHEVÉ D'IMPRIMER
LE VINGT ET UN OCTOBRE MIL NEUF CENT
QUATRE-VINGT-SEIZE DANS LES ATELIERS
DE NORMANDIE ROTO IMPRESSION S.A.
À LONRAI (61250)
N° D'IMPRIMEUR : 961680

Dépôt légal : octobre 1996
Imprimé en France